VINÍCIUS PONCIANO

SÃO CLEMENTE MARIA HOFBAUER

Bicentenário da morte

(1820-2020)

EDITORA
SANTUÁRIO

Dados Internacionais de Catalogação na Publicação (CIP) de acordo com ISBD

P795s Ponciano, Vinícius

São Clemente Maria Hofbauer: Bicentenário da morte (1820–2020) / Vinícius Ponciano. - Aparecida : Editora Santuário, 2021.
200 p. ; 16cm x 23cm.

ISBN: 978-65-5527-145-4

1. Biografia. 2. Religião. 3. São Clemente Maria Hofbauer. I. Título.

CDD 922
20213474 CDU 929:2

Elaborado por Vagner Rodolfo da Silva - CRB-8/9410

Índice para catálogo sistemático:

1. Biografia de religiosos 922
2. Biografia : Religião 929:2

1ª impressão

Rua Pe. Claro Monteiro, 342 – 12570-000 – Aparecida-SP
Tel.: 12 3104-2000 – Televendas: 0800 016 00 04
www.editorasantuario.com.br
vendas@editorasantuario.com.br

Dedicação e Agradecimento

Padre Vinícius Ponciano, C.Ss.R.

Dedico este livro ao Padre Marlos Aurélio da Silva, Superior Provincial, e agradeço o apoio a mim dado na execução deste trabalho.

Em um segundo momento, dedico aos meus pais, Alcides Ponciano Filho (in memoriam) e Nilda Alves Ponciano, meus irmãos e minha irmã, sobrinhos e sobrinhas, e agradeço as orações, a confiança e o apoio ao longo de toda a minha vida e missão redentoristas.

Por fim, não menos importante, dedico este livro ao meu sobrinho neto, Breno Ponciano, e ao meu grande Amigo, Gustavo Ribeiro. Ambos, apesar da pouca idade, são pessoas extraordinárias que eu muito admiro. Desejo que eles continuem crescendo como Jesus cresceu: em tamanho, graça e muita sabedoria.

SUMÁRIO

Bicentenário da morte de São Clemente Maria Hofbauer (1820-2020)

Por Vinícius Ponciano[1]

Estamos na Modernidade Líquida. Este tempo, seria imprudente negar, ou mesmo subestimar, impõe-nos profundas mudanças. Com o advento da modernidade fluida, ao longo do tempo, percebemos que os seres humanos se distanciam cada vez mais de sua essência. Daí nos vem a urgente necessidade de despertar a autoconsciência, a compreensão e a responsabilidade individuais e comunitárias, a fim de promover a autonomia e a liberdade de forma saudável e responsável, principalmente nos ambientes de Vida Consagrada. Não raramente, nesses ambientes, vemos crescer a busca do eu primeiro e os desejos narcisísticos.

Este livro tem como público-alvo os Missionários Redentoristas e todos aqueles e aquelas que, de certa forma, se alimentam da Espiritualidade Redentorista. Sabemos que ventos tenebrosos sopram e nuvens pesadas se formam no horizonte epistemológico da Missão Redentorista no Brasil e no mundo. Dessa constatação nos vem a necessidade da Reestruturação para garantir o bom êxito de nossa Missão Redentorista onde quer que nós estejamos atuando.

Levando-se em consideração os aspectos acima mencionados, o objetivo deste nosso livro outro não é senão estimular os Missionários Redentoristas e todos aqueles e aquelas que estão ligados à atuação pastoral e que estão, evidentemente, ajudando na dinamização da vida paroquial ou outras instituições ligadas à vida da Igreja. A saber: escolas, seminários, asilos, orfanatos, casas de recuperação etc., para atuarem de maneira eficiente e eficaz, a fim de garantirem a boa promoção das relações humanas. Para tal

[1] PONCIANO, Vinícius. Missionário Redentorista. Bacharel em Filosofia pela PUCCAMP – Pontifícia Universidade Católica de Campinas, SP. Graduado em Teologia pelo ITESP – Instituto Teológico São Paulo, SP.

fim, recorrerei aos escritos da *Spicilegium Historicum – Congregationis SSmi Redemptoris* – por ocasião do *Bicentenário da Morte de São Clemente Maria Hofbauer (1820-2020). Annus LVIII 2020. Fasc. 1. Collegium S. Alfonsi de Urbe.* Espero que a proposta pastoral de São Clemente M. Hofbauer nos ajude a viver melhor o Carisma Redentorista na atual sociedade líquido--moderna.

Bicentenary of the death os St. Clement Maria Hofbauer (1820-2020)

By Vinícius Ponciano[1]

We are in Liquid Modernity. This time would be unwise to deny, or even underestimate, impose profound changes on us. With the advent of fluid modernity, over time, we realize that human beings are increasingly distancing themselves from their essence. Hence, we have the urgent need to awaken individual and community self-awareness, understanding and responsibility, in order to promote autonomy and freedom in a saldable and responsible way, especially in the environments of Consecrated Life. Not infrenquently, in these environments we see the search for the first self and narcissistic desires grow.

This work is aimed at Redemptorist Missionaries and all those who, in a certain way, feed on Redemptorist Sipirituality. We know that dark winds are over and heavy clouds form on the epistemological horizon of Redemptorist Mission in Brazil and in the World. From this realization comes the need for Restructuring to ensure the success of our Redemptorist Mission wherever we are acting.

Taking into account the above mentioned aspects of the objective of our work, it is none but to encourage Redemptorist Missionaries and all those who are linked to pastoral action and who are, of course, helping to boost parish life or other institutions linked to the life of the Church. Namely: schools, seminars, nursing homes, orphanages recovery homes, etc., to act efficiently and effectively to ensure the good promotion of human relations. To this end, I will turn to the writings of the *Spicilegium Historicum – Congregationis SSmi Redemptoris – on the occasion of the Bicentenary of the Death of St. Clement Maria Hofbauer (1752-1820). Annus LVIII. 2020.*

[1] PONCIANO, Vinícius. Redemptorist Missionary. Bachelor of Philosophy from PUCCAMP – Pontifical Catholic University of Campinas, SP. Graduated in Theology from ITESP – Institute Theological San Paul, SP.

Fasc. 1. Collegium S. Alfonsi de Urbe. I hope that pastoral proposal of St. Clement M. Hofbauer will help us to live Redemptorist Charisma in today's liquid-modern society.

I

Clemente Maria Hofbauer:
o Missionário Redentorista que carregou consigo a humanidade

A Congregação do Santíssimo Redentor, fundada no ano de 1732, na cidade de Scala, no Reino de Nápoles, por Santo Afonso Maria de Ligório, encontra-se em festa. Seus membros, com alegria e devoção, celebraram, em 2020, o *Bicentenário Della Morte Di S. Clemente Maria Hofbauer* (1820-2020).

Na atualidade líquido-moderna não nos faltam amplas biografias que abordam todos os aspectos e momentos da vida e missão de São Clemente M. Hofbauer. Entretanto não podemos negar, por mais grandioso que isso tudo possa soar, existirem algumas distorções e desfigurações ideológicas que, nas palavras de *Otto Weiss* – historiador da Congregação Redentorista –, *"mal se ajustam ao Hofbauer histórico como homem de seu tempo"* (WEISS, 2011, p. 7). Clemente M. Hofbauer, infelizmente, foi muito estilizado. Por exemplo: para alguns biógrafos ele foi apresentado como político eclesiástico, como precursor da *"Ação Católica"* ou como um fundamentalista. Essas são algumas distorções que se formaram ao redor da vida e missão de São Clemente M. Hofbauer. A celebração do Bicentenário da Morte de São Clemente M. Hofbauer se mostrou um tempo oportuno para se remover os entulhos acumulados ao longo dos séculos a respeito do *modus vivendi et operandi* desse exímio Missionário Redentorista que viveu nas terras transalpinas.

Felizmente, informações mescladas na série *Monumenta Hofbaueriana*[1] nos permitem traçar, com equilíbrio e lucidez, uma linha sobre a historiografia clementiana desenvolvida ao longo de duzentos anos. Informa-nos o Redentorista *Vincenzo La Mendola* que *"há aspectos da personalidade e da mensagem espiritual de Clemente M. Hofbauer que precisam ser estudados em profundidade, devido a sua importância e relevância cruciais"* (MENDOLA,

[1] Trata-se de 17 volumes publicados, de historiadores e pesquisadores redentoristas, de 1915 a 2020.

2020, p. 4). A ocasião do *Bicentenario Della Morte di S. Clemente M. Hofbauer* (1820-2020) se tornou um momento oportuno para fazê-lo. Ainda, após esse momento celebrativo, continua sendo importante que nos atentemos para a ação pastoral exercida por São Clemente M. Hofbauer quando ele esteve em Varsóvia e Viena, no período de 1787 a 1820.

A ação missionária clementiana, desde sua gênese, segundo Mendola, *"assumiu uma face missionária, caracterizada fortemente pela identidade redentorista, encarnada e expressa em uma série de obras apostólicas e de caridade"* (MENDOLA, 2020, p. 4). A força motora que impulsionava a vida apostólica de São Clemente M. Hofbauer, nas palavras de Mendola, era sua *"capacidade de ler os sinais dos tempos, de interpretar as urgências sociais e eclesiais de um contexto bem definido e de buscar respostas adequadas, a partir da própria identidade carismática"* (MENDOLA, 2020, p. 4). Todas as realizações pastorais de São Clemente M. Hofbauer tiveram como denominador comum, ainda segundo Mendola, *"a missão, entendida como a busca de meios e ferramentas para alcançar a salvação humana"* (MENDOLA, 2020, p. 4).

São Clemente M. Hofbauer, seria imprudente de nossa parte negar, ou mesmo subestimar, trabalhou incansavelmente, nos dizeres de Mendola, *"no campo da Igreja e do mundo como redentorista, concentrando todas as suas energias na realização de sua própria vocação"* (MENDOLA, 2020, p. 4). No centro de toda iniciativa apostólica de São Clemente M. Hofbauer, de fato, havia uma forte pregação evangélica. Essa *práxis* aquecia e iluminava toda a sua ação apostólica. São Clemente M. Hofbauer nasceu para ser Sacerdote. E o foi na Congregação do Santíssimo Redentor. Com clareza relevante, ele compreendeu o propósito de sua vocação. Recorda-nos Mendola:

> Clemente tinha claro o propósito de sua vocação: proclamar o Evangelho aos mais abandonados, especialmente àqueles que não têm ajuda espiritual; buscar e promover a dignidade de todo homem, principalmente o pobre, direcioná-lo para a salvação, através da proposta de um caminho claro de conversão e de árduo itinerário de santidade; criar lugares e momentos de encontro e diálogo entre as religiões e confissões-cristãs (MENDOLA, 2020, p. 4.).

Informa-nos ainda Mendola a respeito do propósito vocacional de São Clemente M. Hofbauer:

> Promover a integração das minorias linguísticas e culturais; evangelizar através da cultura e arte, educar os jovens para a boa-nova do Evangelho através de um acompanhamento espiritual sério; estender a proclamação de Cristo para os que estão próximos e para os que estão distantes e apresentá-lo como boa notícia; curar as feridas e indicar caminhos internos de cura (MENDOLA, 2020, p. 4).

Que conclusão nós podemos tirar dessas linhas programáticas que nortearam a ação apostólica de São Clemente M. Hofbauer? Creio que elas são suficientemente claras para nos fazer compreender, em plena atualidade líquido-moderna, o valor e a importância da proposta pastoral de São Clemente M. Hofbauer: Um Missionário Redentorista que viveu, segundo Mendola, *"a Vida Religiosa como profecia em seu tempo"* (MENDOLA, 2020, p. 4). Testemunhas oculares e biógrafos atestam, com unanimidade, que a ação missionária de São Clemente Maria Hofbauer, nas palavras de Mendola, *"não é o resultado do idealismo e de sua iniciativa pessoal"* (MENDOLA, 2020, p. 4). São Clemente M. Hofbauer seguiu a tradição missionária de sua Congregação Religiosa.

São Clemente M. Hofbauer foi um Missionário Redentorista dinâmico e criativo. Era ele possuidor de muitos dotes pessoais. Adquiriu, ao longo de suas peregrinações, a riqueza do conhecimento. De forma incansável ele buscava novos métodos, estilos missionários, novos caminhos e novos meios de evangelização. Todas essas ações ou iniciativas contribuíram com sua formação espiritual e pastoral. Peregrinações, experiências eremitas, contatos com diferentes culturas e realidades eclesiais diversas foram luzes ao longo da vida e missão de São Clemente M. Hofbauer. Ele não temia o novo. Ao contrário, ele procurava estar sempre atualizado para dar a seus destinatários uma resposta nova, aberta e dinâmica. Para São Clemente M. Hofbauer, não havia portas fechadas, trincheiras ou fronteiras intransponíveis. Para ele sempre havia uma passagem. Nem que fosse estreita. É da porta estreita que nos vem a salvação (cf. Mt 7,13-14).

A jornada espiritual e a ação pastoral de São Clemente M. Hofbauer, na Congregação do Santíssimo Redentor, foram fundamentais em suas sucessivas escolhas pastorais. A assimilação e formação de sua identidade redentorista se deu de forma processual. Muito ajudou nesse processo de formação da identidade redentorista a convivência de São Clemente M.

Hofbauer com os Missionários Redentoristas do *Stato Pontificio*. Foi por meio dessa convivência que ele aprendeu, nas palavras de Mendola, *"o espírito e o modo de ser redentorista"* (MENDOLA, 2020, p. 5). Uma vez tendo ele aprendido o espírito e o modo de ser redentorista, com determinação e zelo, procurava sempre novos esboços missionários e novas experiências pastorais. A busca incansável pelo novo marcou a vida e a missão de São Clemente M. Hofbauer na Congregação do Santíssimo Redentor. Lembra-nos, mais uma vez, Mendola que *"São Clemente M. Hofbauer não estava isento de longas pesquisas e tentativas contínuas de encontrar estratégias de propagandas modernas e adequadas"* (MENDOLA, 2020, p. 5), para que a boa-nova do Evangelho pudesse chegar, de forma sempre nova, aos lugares mais distantes. As energias e os dons naturais dele estiveram sempre à disposição de seus destinatários.

São Clemente M. Hofbauer, por meio de sua ação missionária, transformou o tecido social e eclesial de seu tempo. Com seu jeito simples e determinado deu origem a um movimento espiritual e a um movimento de renovação da vida cristã. Essas reformas, segundo Mendola, deram-se *"através de uma reforma pastoral articulada que pode estar ligada à renovação da Igreja na Europa nos séculos XVIII e XIX"* (MENDOLA, 2020, p. 5). Há muito material documental – *Monumenta Hofbaueriana* – sobre a vida desse exímio Missionário Redentorista. Infelizmente, essa é uma falha impossível de ser corrigida. Há, lamentavelmente, uma escassez de fontes diretas e de primeira mão sobre o *modus vivendi et operandi* de São Clemente M. Hofbauer. Recorda-nos Mendola que

> não foram recebidos escritos espirituais e homiléticos do Santo, mas apenas longos testemunhos a esse respeito, os quais, necessariamente, passam pelo filtro, nem sempre desinteressado, dos oradores, quase todos Redentoristas, envolvidos nos movimentos que levaram a sua glorificação (MENDOLA, 2020, p. 6).

Ainda, segundo Mendola, *"as únicas fontes diretas são cartas autobiográficas, raramente generosas de notícias sobre a experiência pastoral de São Clemente M. Hofbauer e suas aplicações práticas"* (MENDOLA, 2020, p. 6). Apesar dos limites existentes a respeito dos escritos e das homilias de São Clemente M. Hofbauer, toda a literatura hagiográfica que temos atualmente desenvolve, nas palavras de Mendola, *"um perfil fascinante do Missionário Redentorista de fronteira, cuja vida e ação pastoral fornecem uma base sólida para o desenvolvimento da Congregação do Santíssimo Redentor na Europa e no mundo"* (MENDOLA, 2020, p. 6). O exame minucioso, apesar da grande quantidade de documentos e fontes esclarecedoras vindas de um coro de depoimentos, confirma a relevante personalidade de São Clemente M. Hofbauer em seu pensar e agir. O *modus vivendi et operandi* de São Clemente M. Hofbauer foram ações formativas. A morte e a personalidade singular que determinaram a vida de São Clemente M. Hofbauer muito contribuíram com o crescimento da Congregação Redentorista em um primeiro momento na Europa e, posteriormente, em várias regiões do mundo. São Clemente M. Hofbauer realizou concretamente a grande aspiração de Santo Afonso Maria de Ligório – Fundador da Congregação do Santíssimo Redentor : *"dilatar a congregação em todo o Mundo"* (MENDOLA, 2020, p. 6).

Levando-se em consideração todos esses aspectos acima mencionados, é imprescindível que todos se conscientizem de que para aproveitarmos bem a proposta pastoral de São Clemente M. Hofbauer em nossa era fluida é preciso demitizá-lo. Lembra-nos o historiador redentorista Otto Weiss que *"a finalidade de tal demitização é obter um conhecimento melhor de Clemente Hofbauer"* (WEISS, 2011, p. 7). São Clemente M. Hofbauer foi, infelizmente, altamente estilizado e desfigurado ao longo da história. O Bicentenário de sua morte se revelou um momento oportuno para tirar o apóstolo de Varsóvia e o patrono de Viena do Olimpo. Foi São Clemente M. Hofbauer um ícone? Um estandarte? Uma encarnação que acontece apenas uma vez a cada cem anos? Foi ele porventura o homem austríaco ideal? Um modelo de europeu católico? O romano sério e o germano audaz? Talvez sim! Talvez não! Talvez mais não do que sim. Nas palavras de Ernst Karl Winter, São Clemente M. Hofbauer foi um *"homem, patriota fiel e de bem com todo mundo, que carregava consigo a humanidade"* (WINTER, 1924, p. 437).

Palavras-chave:

Pastoral. Missão. Monumenta Hofbaueriana. Identidade Redentorista. Rosto Missionário. Abandonados. Minorias. Cultura. Evangelização.

Modernidade Líquida. Missionário de Fronteira. Demitização. Distorção. Desfiguração. Olimpo. Espiritualidade. Humanidade.

Questões para refletir e melhorar:

1. Somos, na atual sociedade fluida, ainda, interpelados pela proposta pastoral de São Clemente M. Hofbauer?
2. Olhando para a Vida e Missão de São Clemente M. Hofbauer, a quantas anda sua Vida e Missão Redentorista, em um mundo marcado e regido por um acelerado processo de liquefação?
3. A Reestruturação para a Missão é por você compreendida como uma nova via e um novo meio de evangelização?
4. Na atual sociedade líquido-moderna, a exemplo de São Clemente M. Hofbauer, estamos anunciando, de modo sempre novo, o Evangelho aos mais abandonados, especialmente aos que se encontram desprovidos de ajuda material e espiritual?
5. Compreendemos nossa Missão Redentorista no mundo líquido-moderno como uma busca por meios e ferramentas para alcançar a salvação dos homens e das mulheres alimentados pelos sentimentos hedonísticos, pela busca do "eu primeiro" e pelo desejo narcisístico?

Bibliografia

MENDOLA, Vincenzo La. *La proposta pastorale di San Clemente Hofbauer.* In: La Rivista Spicilegium Historicum Congregationis SSmi Redemptoris. Annus LXVIII, 2020, Fasc. 1. Collegium S. Alfonsi de Urbe, p. 3-6.
WEISS, Otto. *Encontros com São Clemente (1751-1820).* In: Prefácio; tradução Clóvis Bovo. Aparecida, SP: Editora Santuário, 2011, p. 7.
WINTER, Ernst Karl. *P. Nikolaus Joseph Albert von Diessbach. In: Zeitschrift schweizerische Kirchengeschiehte* 18, 1924, p. 437.

II

Breve *Curriculum Vitae* de São Clemente M. Hofbauer

O *Bicentenario Della Morte Di S. Clemente M. Hofbauer* (1820-2020) revelou-se um tempo oportuno e favorável para aprimorar nosso conhecimento perspectivista, adquirido ao longo dos anos, a respeito de São Clemente M. Hofbauer: O *Apóstolo de Varsóvia* e *Patrono de Viena* (WEISS, 2011, p. 9). O Bicentenário de sua morte convoca-nos para historiar sua vida e sua obra. O historiador Otto Weiss, Missionário Redentorista, adverte-nos sobre o *"perigo de criar um Clemente Maria segundo nossa imagem e semelhança"* (WEISS, 2011, 9). Na era das *fake news* esse perigo é iminente. As fontes devem ser sempre seguras. Há muitas fontes falsificadas. Lembra-nos o sociólogo Zygmunt Bauman que nós estamos na era da *"fluidez"* (BAUMAN, 2001, p. 7). Tudo na era líquido-moderna se move facilmente. Tudo simplesmente flui. Crenças e lealdades, segundo *Bauman*, não resistem por muito tempo à *"liquefação"* (BAUMAN, 2001, p. 9).

Na era da liquefação é muito comum o conhecimento perspectivista. Ninguém tem mais, pelo menos por muito tempo, uma velha opinião formada acerca de todas as coisas ou a respeito de tudo. Na era dos líquidos, lembra-nos Weiss que, *"em cada pessoa, muda o ponto de vista, a perspectiva"* (WEISS, 2011, p. 9), a cada momento. O próprio tempo muda ao longo da história. Não é mesmo? Cada um vê aquilo que lhe interessa. Espero que o Bicentenário da morte de São Clemente M. Hofbauer tenha lançado novos fachos de luz sobre sua vida e sua missão, sobre sua personalidade e seu mundo. Dado o exposto, pontuarei algumas datas e alguns fatos alguns importantes que marcaram a vida de São Clemente M. Hofbauer. Seu *Curriculum Vitae* é, sem dúvida, uma fonte de inspiração para nós, Missionários Redentoristas, chamados, hoje, para evangelizar, segundo *Bauman*, no *"momento da modernidade fluida"* (BAUMAN, 2001, p. 12).

O *Curriculum Vitae* de São Clemente M. Hofbauer nos informa que o nome original do Santo homenageado era João Hoffbauer. Veja que o sobrenome de Clemente era grafado com dois f. Nos dizeres do historiador Otto Weiss, São Clemente M. Hofbauer

> nasceu em Tasswitz (Morávia), no dia 26 de dezembro de 1751. Aos 16 anos, começou um aprendizado de padeiro em Znaim (...). Em 1778, João Hoffbauer fez uma peregrinação a Roma, onde juntou-se, pela emissão dos votos religiosos, a uma comunidade de eremitas, e adotou o nome de Clemente. Em 1778, voltou como eremita para sua pátria, construiu para si uma cela nas proximidades de Mühlfraun e assumiu uma vida de eremita (WEISS, 2011, p. 10-11).

Sabemos muito pouco a respeito dos anos seguintes. Ainda, segundo Weiss,

> é certo que em 1779/80 Clemente frequentou como eremita um curso de catequese em Viena e proveu seu sustento como ajudante de padeiro; que estudou Filosofia e Teologia em Viena e encontrou benfeitores que lhe possibilitaram esse estudo; que ficou conhecendo seu amigo, o jovem estudante Tadeu Hübl, da Boêmia, dez anos mais novo que ele (WEISS, 2011, p. 11).

Sobre o ingresso de São Clemente M. Hofbauer na Congregação do Santíssimo Redentor, informa-nos *Weiss* que

> provavelmente em 1782 aconteceu o primeiro encontro de Clemente com Nikolaus Joseph Albert von Diessbach, convertido, ex-jesuíta, oriundo de Berna, que exerceu forte influência sobre ele e chamou sua atenção para a Congregação Redentorista (WEISS, 2011, p. 11).

Informa-nos ainda Weiss que,

> três anos depois, entrou para a Congregação Redentorista em Roma com seu amigo Tadeu Hübl. Em 1786, após a ordenação, ambos vol-

> taram para o norte e detiveram-se um ano em Viena para completar seus estudos (WEISS, 2011, p. 11).

Por fim, mas não menos importante, continua nos informando Weiss que

> Hofbauer foi nomeado Superior de todas as casas a serem fundadas ao norte dos Alpes. Daí vem o nome de "Redentoristas transalpinos". Foi-lhe confiado o título de Vigário-Geral pelo Superior-Geral de Roma (WEISS, 2011, p. 11).

Em 1787, Hofbauer e Tadeu Hübl assumiram com ardor e dedicação o pastoreio em Varsóvia. Mais tarde, segundo Weiss, *"os alemães que participavam da Irmandade de São Beno, em Varsóvia, precisavam de um padre"* (WEISS, 2011, p. 12). Os dois Redentoristas acederam prontamente o pedido feito a eles. Assim, nas palavras de Weiss *"nasceu a primeira casa redentorista fora da Itália, na então Varsóvia Prussiana"* (WEISS, 2011, p. 12). Essa comunidade redentorista era bem diversificada. Seus membros não eram somente alemães. Entre eles havia também, segundo Weiss, *"poloneses e franceses emigrantes"* (WEISS, 2011, p. 12). O edifício da comunidade redentorista era realmente muito pobre. Lá, no mesmo quarto, dormiam de três a quatro padres.

São Clemente M. Hofbauer foi um Missionário Redentorista incansável e dinâmico. Trabalhava nas escolas fundadas e dirigidas pelos Redentoristas. A atividade pastoral acontecia na igreja de São Beno, que logo se tornou um centro religioso. É importante que se mencione aqui, nas palavras de Weiss, *"a organização dos leigos ou Associação dos Oblatos, que Clemente Hofbauer criou para fomentar a Fé e elevar a moralidade"* (WEISS, 2011, p. 12). Infelizmente, mais tarde, no dia 20 de junho de 1808, nos dizeres de Weiss, *"caiu a florescente comunidade redentorista de Varsóvia, vítima da dissolução por ordem de Napoleão"* (WEISS, 2011, p. 12). Ainda, segundo Weiss, *"os padres não poloneses foram transportados para a fortaleza de Küstrin e repatriados após curta reclusão"* (WEISS, 2011, p. 12). Citando mais uma vez Weiss, *"para Clemente Hofbauer, Viena valeu como sua pátria. Viajou para lá com o estudante de Teologia Martin Stark e o Irmão Matthias Widhalm"* (WEISS, 2011, p. 12).

A Pastoral em Viena começou tudo do ponto zero. São Clemente M. Hofbauer tinha 57 anos. Ele era, de fato, um Missionário Redentorista incansável. Não parava um minuto. Não se deixava abater por nada. Para ele, não havia dificuldade que não pudesse ser vencida. Informa-nos Weiss que Clemente Hofbauer, *"de 1808 a 1813, serviu na igreja nacional dos italianos, igreja dos Minoritas. De 1813 em diante, atuou como confessor das Irmãs e do Reitor da igreja Santa Úrsula"* (WEISS, 2011, p. 12-13). Nesse período ele não tinha atividade paroquial e nenhuma função específica. Sendo assim, ele era pau para toda obra! Não obstante, ele não foi uma pessoa inativa. Com criatividade e coragem, desenvolveu atividades pastorais e caritativas quase inacreditáveis.

Novamente citando as palavras de Weiss, o incansável Clemente Hofbauer atuou *"como confessor, pregador, conselheiro dos Núncios, e ainda achava tempo bastante para levar mantimentos aos pobres e dedicar-se ao apostolado dos moradores das periferias, enfermos, agonizantes, desesperados"* (WEISS, 2011, p. 13). São Clemente M. Hofbauer foi, de fato, um Missionário Redentorista iluminado. Sua vida e sua missão eram referências relevantes. Sua pequena comunidade logo se tornou, segundo Weiss, *"o centro de diversos círculos de acadêmicos, estudantes e professores, entre eles figuras de liderança do Romantismo tardio de Viena"* (WEISS, 2011, p. 13). Em virtude dos fatos acima mencionados, é imprescindível que todos nós nos conscientizemos de que a demitização de São Clemente M. Hofbauer é fundamental para atualizarmos nossa vida e missão. Distorções e ideologias, como nuvens pesadas e tenebrosas, pairaram sobre o homem e sacerdote Hofbauer. É *fake news* quando afirmamos que São Clemente M. Hofbauer rejeitou o iluminismo e a modernidade crescente. Igualmente, não é verdade afirmar que Clemente Hofbauer foi *"o derrotador do iluminismo, o pai da Contrarreforma no século XIX"* (WEISS, 2011, p. 6), um homem contrário a Roma, um anti-iluminista, papista, fundamentalista e a corporificação do Romantismo tardio de Viena. Essas afirmações são distorções gritantes. Tudo isso é *fake news*.

Palavras-chave

Distorções. Estilização. Iluminismo. Modernidade. Anti-iluminista. Demitização. Conhecimento. Perspectivista. Peregrinação. Liquefação. Fluidez. Leigos. Oblatos. Moralidade. Pobres. Apostolado. Napoleão. Periferias. Agonizantes. Desesperados. Confessor. Pregador.

Questões para refletir e melhorar:

1. O que você, realmente, sabe de São Clemente M. Hofbauer?
2. O que você sabe sobre Clemente Hofbauer é fruto de sua pesquisa ou foi alguém que lhe disse?
3. O que hoje ainda nos interpela em São Clemente M. Hofbauer?
4. São Clemente viveu uma vida realmente pobre. A quantas anda nosso voto de pobreza?
5. Biógrafos afirmam que Clemente Hofbauer foi tudo, menos inativo. Foi confessor, pregador, conselheiro de Núncios, socorria os pobres, cuidava dos moradores das periferias, dos enfermos, agonizantes e desesperados. Quanta coisa, não! Diante dos fatos, qual é a qualidade de nossa atividade pastoral na era líquido-moderna?

Bibliografia

BAUMAN, Zygmunt. *Modernidade Líquida.* Tradução, Plínio Dentizien. Rio de Janeiro: Jorge Zahar Ed., 2001, p. 7, 9, 12.

WEISS, Otto. *Encontros com São Clemente (1751-1820).* Tradução Clóvis Bovo. Aparecida, SP: Editora Santuário, 2011, p. 6, 10, 11, 12, 13.

III

São Clemente M. Hofbauer: o homem peregrino

São Clemente M. Hofbauer – *propagator insignis Congregationis SS.mi Redemptoris* – teve uma profunda ligação com a Itália. Nas palavras de Vincenzo La Mendola, *"diversos motivos de ordem religiosa e vocacional levaram o santo acima citado, muitas vezes, a realizar peregrinações em direção a Roma"* (MENDOLA, 2020, p. 7). O que nosso Santo Redentorista procurava em Roma? O que tanto o encantava na Cidade Santa? São Clemente M. Hofbauer era movido em suas peregrinações pelo forte desejo, segundo Mendola, *"de visitar o túmulo dos apóstolos, visitar os lugares santos da cidade e venerar as insignes relíquias"* (MENDOLA, 2020, p. 7). Ainda, segundo Mendola, *"o período compreendido entre 1784 e 1787 foi determinante para sua pesquisa vocacional"* (MENDOLA, 2020, p. 7). Infelizmente, não se investigou, com maior profundidade, os fatos ou acontecimentos que *"precederam e marcaram a vida desse Santo redentorista"* (MENDOLA, 2020, p. 7). O Missionário Redentorista Giuseppe Orlandi (1935-2013) observou em seu interessante ensaio que *"infelizmente, isso, juntamente com a fase anterior, continua sendo o período menos estudado por seus biógrafos"* (MENDOLA, 2020, p. 7).

São Clemente M. Hofbauer foi um vocacionado muito zeloso e preocupado com a manutenção da qualidade de sua vocação. Até ele chegar a ser um Missionário Redentorista passou, segundo Mendola, por *"longa e trabalhosa busca"* (MENDOLA, 2020, p. 7). Informa-nos ainda Mendola que *"viajar como peregrino foi uma das características de sua vida"* (MENDOLA, 2020, p. 7). Ainda sobre as peregrinações de São Clemente M. Hofbauer, o biógrafo e Missionário Redentorista Giuseppe Heinzmann (1925-2004) afirma que *"ninguém sabe exatamente quantas vezes Clemente Hofbauer partiu como peregrino"* (MENDOLA, 2020, p. 7) rumo à Cidade Santa: Roma. O principal biógrafo de São Clemente M. Hofbauer, o Missionário Redentorista Michel Haringer (1817-1887), *"relata três viagens de Clemente Hofbauer à Itália"* (MENDOLA, 2020, p. 7). Nessa sequência, o biógrafo anteriormente mencionado, fazendo uso das fontes à sua disposição, não nos traz, lamentavelmente, segundo Mendola, *"detalhes logísticos das três peregrinações"* (MENDOLA, 2020, p. 7) que ele, o biógrafo, menciona.

Também o historiador Otto Weiss concorda com esse número de peregrinações feitas por São Clemente M. Hofbauer. Mas com alguma reserva quanto à data da *"primeira peregrinação"* (MENDOLA, 2020, p. 7). As peregrinações de São Clemente M. Hofbauer, evidentemente, não são meras viagens turísticas à Cidade Santa: Roma. Seja lá quantas elas foram, seria imprudente de nossa parte negar que elas tiveram um relevante valor testemunhal. Afirma M. Haringer (1817-1887) *"que as três peregrinações que São Clemente M. fez a Roma o ajudaram a amadurecer a ideia de ordenar-se Sacerdote e depois, sucessivamente, entrar em uma ordem religiosa de vida ativa"* (MENDOLA, 2020, p. 8). Lembra-nos o historiador Weiss, em sua obra *La Congregazione al di là delle Alpi*, que *"Nikolaus Joseph Albert von Diessbach (1732-1798), convertido, ex-jesuíta, oriundo de Berna, exerceu forte influência sobre Clemente e chamou sua atenção para a Congregação Redentorista"* (WEISS, 2011, p. 11).

Durante as peregrinações a Roma, São Clemente M. Hofbauer adquiriu uma bagagem espiritual e pastoral que se revelou fundamental nas fases sucessivas de sua vida pessoal e atividades missionárias. Graças a essas peregrinações, Clemente Hofbauer entrou em contato com a Congregação do Santíssimo Redentor, em Roma. Nas palavras de Mendola, *"Clemente Hofbauer foi recebido na Congregação Redentorista e lá recebeu sua formação inicial em pouquíssimo tempo"* (MENDOLA, 2020, p. 9). Ainda, segundo Mendola, *"Clemente Hofbauer aprendeu com os padres das casas de Roma, Frosinone e Scifelli, o modelo missionário redentorista"* (MENDOLA, 2020, p. 9). Após esse brevíssimo tempo de formação, ele foi enviado para além dos Alpes e se adaptou, nas palavras de *Mendola*, *"às difíceis condições ambientais e políticas de Varsóvia e outras fundações, sob seu governo"* (MENDOLA, 2020, p. 9).

Tendo em vista os aspectos acima observados, a respeito das peregrinações de São Clemente M. Hofbauer à *città eterna*, Roma, vamos aprofundar, um pouco mais, sobre as duas primeiras viagens – *peregrinações* –, feitas por Clemente Hofbauer: O homem peregrino.

A Primeira Viagem (1778-1779)

A primeira viagem – *peregrinação* – de São Clemente M. Hofbauer para Roma, foi programada, segundo Mendola, *"durante sua permanência em Viena, onde ele exercia o ofício de padeiro"* (MENDOLA, 2020, p. 9). Quando isso aconteceu, Clemente Hofbauer já tinha a idade adulta. Assim descreveu o biógrafo:

> Quando exercitava seu ofício de padeiro veio a resolução de peregrinar a Roma para visitar a tumba do príncipe dos Apóstolos: São Pedro. Junto de Clemente Hofbauer, no mesmo forno, estava trabalhando Pietro Kunzmann, nativo da diocese de Erbipoli, com o qual Clemente Hofbauer tinha uma estreita amizade. Ambos eram estimulados pela virtude (MENDOLA, 2020, p. 9).

Continua descrevendo o biógrafo:

> Pietro Kunzmann, respondendo aos impulsos de seu coração, imediatamente aceitou o convite de seu amigo Clemente Hofbauer para sair em peregrinação para Roma: La Città Eterna. Mas suas economias não eram suficientes para custear a longa jornada. Diante do fato, não tiveram dúvida. Eles venderam as melhores roupas, que usavam naqueles lugares, com botões de prata, e foram para Roma (MENDOLA, 2020, p. 9).

A viagem inaugural de São Clemente M. Hofbauer para Roma foi realizada, provavelmente, nos dizeres de Mendola, *"quando ele tinha entre 27 e 29 anos"* (MENDOLA, 2020, p. 9). Alguns biógrafos datam a primeira viagem de Clemente Hofbauer a Roma entre 1768 e 1769. Outros a datam entre os anos 1767 e 1768. A viagem de Viena para Roma era uma viagem arriscada e cara. Mesmo assim, São Clemente M. Hofbauer a fez com piedade e muita devoção. O Santo da oração e da ação não se descuidava de sua vocação. Movido por motivos genuinamente espirituais, São Clemente M. Hofbauer não abria mão de suas peregrinações para Roma. Mesmo sendo elas arriscadas e caras.

Clemente Hofbauer procurava, sempre, a realização concreta de sua própria vocação. Daí vem seu forte desejo de longos períodos de oração e de um lugar, nas palavras de Mendola, *"para ter alguns sinais para entender o que era a vontade de Deus"* (MENDOLA, 2020, p. 10). Clemente Hofbauer, sendo ele um piedoso peregrino, conheceu muitos lugares famosos. Mas, segundo Mendola, *"o destino de suas grandes viagens sempre foi Roma"* (MENDOLA, 2020, p. 10). A *Città Eterna* atraia, constantemente, São Clemente M. Hofbauer. G. Heinzmann, em sua obra *Una evangelizzazione nuova*, afirma: *"Senza Roma Clemente Hofbauer non serebe stato mai se stesso"* (MENDOLA, 2020, p. 10). Clemente Hofbauer encarnou uma tipologia, nas palavras de Mendola, *"do peregrino-eremita"* (MENDOLA, 2020, p. 10).

Na estrada rumo a Roma, São Clemente M. Hofbauer era um homem profundamente contemplativo. Nosso Santo Redentorista gostava de longos períodos de silêncio e solidão. Daí o gosto dele pelas peregrinações. Roma, ontem e hoje, foi e continua sendo um grande centro histórico e cultural. Muitos são os que a visitam, por uma infinidade de motivos, a Cidade Eterna. P. Stella, em sua obra *Il Giansenismo in Italia*, informa-nos que

> muitos escolhiam Roma como um destino de viagens culturais. Outros a procuravam para fazer carreira eclesiástica. E outros ainda, como o francês Benedetto Giuseppe Labre, procuravam a cidade dos Papas porque viam nela certa auréola de austeridade que muito lembrava o jansenismo francês (MENDOLA, 2020, p. 10).

São Clemente M. Hofbauer quando ia a Roma ia contra a corrente, contra o fluxo. Sua inspiração e motivação eram, exclusivamente, espirituais. Como homem peregrino ele guardava a austeridade. Com paciência e determinação, procurava os santuários e os lugares solitários para fazer suas orações em profundo recolhimento. Lembra-nos M. Rosa, em sua obra *Settecento religioso. Politica della regione e religione del cuore*, que *"a reforma religiosa de Giuseppe II, no território do Império, todos os locais de peregrinações, constituídos por antigas abadias e mosteiros, foram gradualmente desmontados"* (MENDOLA, 2020, p. 10). Entretanto, nos dizeres de J. Chélini e H. Branthomme, na obra *Le vie di Dio. Storia dei pellegrinaggi cristiani dalla fine del Medioevo al XX secolo*, *"as peregrinações foram severamente proibidas, mas não desapareceram completamente"* (MENDOLA, 2020, p. 10). Sendo assim, segundo os autores citados acima, *"alguns homens, por exemplo, movidos pela piedade ou pela curiosidade, aventuravam-se particularmente em uma ou outra peregrinação"* (MENDOLA, 2020, p. 10). As proibições reforçaram a coragem amadurecida de São Clemente M. Hofbauer e seu amigo *Pietro Kunzmann*.

O que Clemente Hofbauer tanto procurava em Roma que não havia em Viena: A cidade iluminista? Segundo F. Ferrero, na obra *La investigación histórica*, seguramente São Clemente M. Hofbauer,

> sentiu-se atraído pelos testemunhos da Igreja antiga, ele foi motivado pelo desejo de se aproximar do Pontífice, cuja pessoa e cujo papel como Pastor da Igreja Universal foram fortementes desafiados nos Alpes. Seu amor pela Igreja, a busca pela ortodoxia romana, seu pedido de desculpas pela fé, controvérsias com não católicos, são características que definem seu perfil como cristão católico romano desde os primeiros anos de sua vida (MENDOLA, 2020, p. 11).

Os autores J. Chélini e H. Branthomme, na obra *Le vie di Dio, Storia dei pellegrinaggi cristiani dalla fine del Medioevo al XX secolo*, afirmam que São Clemente M. Hofbauer *"parecia ter sempre razões válidas para cultivar seu desejo de realizar, mesmo em tempos difíceis, uma peregrinação"* (MENDOLA, 2020, p. 11). Entretanto Clemente Hofbauer não era um homem irresponsável ou inconsequente. Tendo ele sempre em vista todas as dificuldades que o momento histórico proporcionava aos cristãos católicos, foi um peregrino transalpino muito discreto. São Clemente M. Hofbauer foi um homem apaixonado pela espiritualidade e pela mística que brotavam dos cantos e recantos de Roma. O acervo religioso de Roma era para Clemente Hofbauer uma fonte inesgotável de fé, esperança e caridade. Roma foi para ele um relevante nicho espiritual. Lá, ele se sentia bem. Lá, ele buscava força e sentido para sua vida, para sua vocação e missão.

Stendhal, um dos viajantes mais conhecidos da história moderna, observa, por meio de sua obra *Passeggiate romane*, distinções interessantes e interpretações originais e nos diz que:

> Os romanos do nosso século não são incrédulos como nós; talvez tenham algumas dúvidas sobre religião na juventude. Mas muito poucos deístas podem ser encontrados em Roma; havia mais antes

> de Lutero e até ateus, mas depois os Papas ficaram com medo e observaram a educação com muito cuidado (Mendola, 2020, p. 11).

Continua nos informando *Stendhal* que,

> O povo do campo está tão imbuído do catolicismo que acredita que tudo acontece por natureza em um milagre (...). O povo de Roma testemunha todo o ridículo dos cardeais e dignitários da corte papal, por outro lado, tem uma pena muito esclarecida (MENDOLA, 2020, p. 11).

Embora o ambiente *giuseppinista* tenha sido um tempo diverso e difícil, principalmente para o exercício das atividades religiosas católicas, *D. Carpanetto*, em sua obra *La Chiesa in Italia nell'età delle riforme, dei Lumi e delle Rivoluzione, in Storia religiosa dell'Italia*, informa-nos que em *"Roma tinha ainda a impressão de estar diante de uma sociedade cristã que tinha como seu único ponto de referência o Pontífice"* (MENDOLA, 2020, p. 12). Ainda, segundo D. Carpanetto, *"o povo de fato persistia na crença e nos comportamentos tradicionais, mesmo que houvesse sinais de distanciamento da fé tradicional, que permaneceu circunscrita e elitista"* (MENDOLA, 2020, p. 12).

M. Rosa, em sua obra *Il Giansenismo nell'Italia del Settecento*, lembra-nos que a *"visão idílica do ambiente romano popular de Stendhal e de Clemente Hofbauer não correspondia exatamente com a realidade apresentada, até porque, Roma também teve seu jansenismo. Na verdade, ela foi considerada o centro ativo do jansenismo italiano"* (MENDOLA, 2020, p. 12). O jansenismo italiano, em comparação com o jansenismo francês e o jansenismo do resto da Europa, foi *sui generis*. Sendo assim, ele teve implicações menos drásticas. M. Rosa, em sua obra acima citada, afirma que o jansenismo, *nell'Italia del Settecento*, *"foi descrito como um movimento composto, um amálgama constituído por personalidades de diferentes origens"* (MENDOLA, 2020, p. 12).

O jansenismo italiano, em comparação com outras formas de jansenismo nacional, era menos extremo. Sua preocupação consistia em saber, segundo H. Gross, em sua obra *Roma nel Settecento*, *"se uma decisão do Papa, tomada ex cathedra é falível ou não"* (MENDOLA, 2020, p. 12). Informa-nos A. Lippi, em sua obra *Mistico ed evangelizzatore*, *"que circulava nos ambientes romanos elitizados o pedido de San Paolo della Croce, com evidente preocupação, para que se orasse continuamente pelo Papa e pela Igreja"* (MEN-

DOLA, 2020, p. 12). Na cidade de Roma, nas palavras de F. A. Marcucci, em sua obra *Lettere alle suores e alle educande*, havia Academias qualificadas para *"responder aos violentos ataques dos iluministas e do pensamento jansenista mais radical"* (MENDOLA, 2020, p. 12). O poder do Sumo Pontífice Romano, o Concílio e toda a Igreja e sua infalibilidade, em suas definições de Fé e Costume, estavam sendo colocados em dúvida. M. Caffiero informa-nos, por meio de sua obra *La politica della santità, nascita di un culto nell'età dei lumi*, *"que os novos módulos místicos e visionários apostavam suas fichas nos novos protagonistas religiosos: as mulheres, o povo, os leigos de forma geral"* (MENDOLA, 2020, p. 13).

São Clemente M. Hofbauer tinha muito apreço pela religiosidade popular e pelos leigos. Tanto que os introduziu em sua missão apostólica. Clemente Hofbauer tinha um carinho e respeito pela gente simples que compunha a grande maioria dos cidadãos. Entretanto ele também se preocupava muito com a ambiguidade religiosa deles. Tais cidadãos eram classificados, nas palavras de H. Cross, em sua obra *Roma nel Settecento*, *"como bons católicos e maus cristãos"* (MENDOLA, 2020, p. 13). Ainda, segundo o mesmo autor acima citado, a experiência espiritual das pessoas *"parecia terminar em manifestações externas que ao longo dos séculos foram excessivas e enfáticas"* (MENDOLA, 2020, p. 13). São Clemente M. Hofbauer, por meio de suas peregrinações, estava buscando uma Fé sustentável e de uma Espiritualidade que pudesse auxiliá-lo ao longo de sua vida missionária.

Daí, nas palavras de V. E. Giuntella, em sua obra *Roma nel Settecento*, vem a preocupação de São Clemente M. Hofbauer de se *"ocupar em visitar Igrejas e Santuários, prolongar sua oração pessoal e participar frequentemente das celebrações litúrgicas"* (MENDOLA, 2020, p. 13). Clemente Hofbauer apreciava uma liturgia bem celebrada e suntuosa. Os católicos do tempo do Império não estavam acostumados com os acordes e harmonia litúrgicas. Citando uma vez mais o autor já acima mencionado, São Clemente M. Hofbauer *"ficou impressionado com o sentimento religioso dos romanos, marcado pelo espetáculo de práticas devocionais, alimentadas por crenças misturadas com superstições"* (MENDOLA, 2020, p. 13). No Ano Santo de 1775, recorda-nos *F. A. Marcucci*, em *Archivi Concezioniste Ascoli, Omelie e discorsi (1756-1794)*, que *"Roma recebeu a visita de vários missionários e pregadores populares de várias ordens e congregações religiosas. Esse momento missionário foi como uma ventania na vida do povo. Trouxe uma onda de renovação e fervor para a vida religiosa do povo*" (MENDOLA, 2020, p. 13). Ainda segundo o autor citado anteriormente, os trinta missionários foram enviados para quinze igrejas em Roma, com a seguinte recomendação do vice-líder: "*Façam uma clara pregação com o dever de falar, com a mesma clareza da boa educação das crianças e da devoção à Imaculada Conceição*" (MENDOLA, 2020, p. 13). Essa Missão iniciou-se no dia 8 de dezembro: Dia da Imaculada Conceição.

A Missão, pregada em Romano Ano Santo de 1775, levou muita gente para a cidade. São Clemente M. Hofbauer foi um, entre muitos outros cristãos piedosos, que foi em peregrinação para a Cidade Eterna: Roma. Por exemplo, *Benedetto Giuseppe Labre (1748-1783), que tinha fama de santidade*. Segundo *Mendola*, essa peregrinação aconteceu "*sem as condições mínimas de logística, saneamento básico e alimentação*" (MENDOLA, 2020, p. 14). Entretanto os efeitos da peregrinação sobre os peregrinos eram impressionantes. Na obra *Vita del Beato Clemente*, encontra-se o seguinte registro: "*Eles retornaram para Viena grandemente fortalecidos na fé e com um coração cheio de emoções e intenções salutares*" (MENDOLA, 2020, p. 14).

Sobre a mesma linha se move um outro biógrafo, *Edoardo Hops*. Em sua obra *Il santo della preghiera e dell'azione, Clemente Maria Hofbauer, versione italiana dal tedesco a cura di F. Tatarelli* , ele adiciona uma interessante consideração:

> A peregrinação a pé durou cerca de dois meses (...). Nela, os peregrinos adquiriram um conhecimento direto dos países do Sul, ampliando os horizontes culturais, elevando o espírito e, por último, mas não menos importante, um amor entusiasta e triunfante pela Igreja e pelo Papa (MENDOLA 2020, p. 14).

A Segunda Viagem (1782)

A segunda viagem – *peregrinação* – de São Clemente M. Hofbauer, plausivelmente, aconteceu no outono de 1782. Informa-nos F. Ferrero, em sua obra *San Clemente Maria Hofbauer y el eremitismo romano del siglo XVIII y XIX, in SHCSR (1969)*, que a finalidade específica dessa peregrinação foi: "*fazer uma experiência de vida eremita, impossível nos territórios do Império após a supressão de todos os eremitérios*" (MENDOLA, 2020, p. 14).

G. Giarrizzo, em sua obra *Illuminismo e religione: l'Italia religiosa ala fine del Settecento, in Storia dell'Italia religiosa, II (L'età moderna)*, informa--nos que *"não há dúvida de que, após a viagem de Pio VI a Viena e sua sensacional humilhação, Roma foi ainda mais respeitada entre os fiéis de toda a Europa"* (MENDOLA, 2020, p. 14-15). As peregrinações eram para os cristãos católicos autênticas fontes de esperança. Entretanto as intransigências e a persistência da política antirromana, imposta pelo Soberano, atentaram gravemente contra as mais variadas esperanças oriundas do ambiente cristão católico. Apesar da dificuldade acima referida, São Clemente M. Hofbauer, que segundo Mendola era *"um militante entre os cristãos católicos ligados a Roma"* (MENDOLA, 2020, p. 15), juntamente com seu companheiro Taddeo Hübl, não deixou de escolher a *città eterna*, novamente, como destino de peregrinação. Roma, a *Città Eterna*, nas palavras de Mendola, *"representava o local ideal para viver como bons católicos, sem restrições ou limitações à fé e suas representações"* (MENDOLA, 2020, p. 15).

A intolerância do pensamento, do comportamento e a persistência da política antirromana, imposta pelo do Soberano, faziam com que as peregrinações a Roma se tornassem ainda mais perigosas. As dificuldades e os perigos que os peregrinos encontravam e enfrentavam eram inevitáveis. São Clemente M. Hofbauer, *"Il santo della preghiera e dell'azione"*, não se deixava abater por tais dificuldades, perseguições e intolerâncias. Ao contrário, ele se deixava ser levado, tão somente, pela piedade que emanava dos cantos e recantos da cidade que ele tanto admirava e amava: Roma, a *Città Eterna*. Infelizmente, sabe-se muito pouco da segunda viagem – *peregrinação* – de Clemente Hofbauer e seu companheiro Taddeo Hübl a Roma. A esse respeito, afirma *E.* Hosp, em sua obra *Il santo della preghiera e dell'azione*, *"que nada sabemos sobre esta segunda peregrinação"* (MENDOLA, 2020, p. 15).

Assim sendo, a evidência dessa segunda peregrinação a Roma concentra-se na experiência do peregrino e na piedade. Roma, apesar de todas as dificuldades, era para São Clemente M. Hofbauer uma terra fértil que nutria, abundantemente, sua religiosidade. Roma era para ele uma *conditio sine qua non*. Sem as devoções, as liturgias bem celebradas, as pregações feitas pelos missionários populares, não iria sobreviver às intempéries de seu tempo. Na cidade de Roma, São Clemente M. Hofbauer encontrava numerosos locais de culto e lugares em que se praticavam rituais antigos e práticas devocionais. Havia também, nas palavras de Mendola, *"igrejas onde eram veneradas as imagens milagrosas da Virgem Maria, e relíquias famosas e memórias preciosas da era cristã eram mantidas"* (MENDOLA, 2020, p. 15). Informa-nos ainda Mendola

> que certa tradição, interna da Congregação do Santíssimo Redentor, não suportado por nenhum documento, diz que um dos Santuários Marianos urbanos visitados por São Clemente M. Hofbauer tenha sido o de San Matteo na Via Merulana, onde se venerava o ícone della Madona del Perpetuo Soccorso. A hipótese não deve ser excluída (MENDOLA, 2020, p. 15).

Continua informando-nos Mendola que,

> de fato, São Clemente M. Hofbauer parou e viveu em várias ocasiões no distrito de Monti, e é provável que, visitando as Basílicas de S. Maria Maggiore e de San Giovanni, em Laterano, tenha feito a parada habitual em San Matteo, passeando com o grupo dos noviços no Monte Esquilino. Provavelmente, eles visitaram a Igreja Agostiniana (MENDOLA, 2020, p. 15).

Se na primeira parte do século a reevangelização, implementada pela Igreja no século XVIII, afetou o campo e as periferias, a segunda parte da ação de recristianização se orientou para as cidades, incluindo Roma. Os Jesuítas tiveram um relevante papel nessa missão urbana e, também, em outras similares atividades e iniciativas pastorais. A Missão pregada pelos Missionários Jesuítas despertou nos cristãos católicos um fervor religioso popular de proporções consideráveis. Os biógrafos S. Nanni, na obra *Roma religiosa nel Settecento*, e G. Heinzmann, na obra *Una evangelizzazione nuova*, informam-nos que a cidade de Roma, sob os pontificados de Bento XIV, Clemente XIII, Clemente XIV e Pio VI, foi reenvangelizada pela presença de missionários populares. A saber: *"Cappuccini, Francescani riformati, Pii operai, Passionisti e Redentoristi"* (MENDOLA, 2020, p. 16). Esses pregadores populares muito ajudaram no crescimento da fé, principalmente daqueles mais simples e abandonados, até mesmo, pela própria Igreja que se enveredava pela via do elitismo, do poder, da honra e da glória.

Os missionários anteriormente citados tiveram nesse processo, segundo H. Gross, em sua obra *Roma nel Settecento*, *"um relevante papel de liderança"*

(MENDOLA, 2020, p. 16). Nas palavras de Mendola, *"de 1774 a 1785, a ampla atividade de pregação foi fortalecida pelo vice-presidente Francesco Antonio Marcucci (1717-1798), protetor interino da Congregação do Santíssimo Redentor e amigo de San Paolo della Croce e discípulo de San Leonardo de Porto Maurizio, uma figura proeminente para a história religiosa da cidade de Roma, na segunda metade do século XVIII"* (MENDOLA, 2020, p. 16). Sob seu impulso, Roma floresceu novamente em sua prática religiosa. San Leonardo de Porto Maurizio, quando jovem, teve experiência de missão popular e fez muitas pregações. San Leonardo, tendo como base sua experiência missionária e presença no meio popular, nas palavras de A. Zingale, em sua obra *La Chiesa al tramonto della Contrariforma. Aspetti dell'evangelizzazione nella civiltä dei Lumi*,

> estimulou a piedade dos romanos, favorecendo a pregação popular, intensificando os exercícios quaresmais, as quarenta horas, os exercícios espirituais, principalmente os do clero. Ele participou pessoalmente dos inúmeros festivais promovidos por ordens e paróquias religiosas. Tais práticas devocionais foram promovidas a partir do jubileu de 1750, e se intensificaram até o fim do século, fazendo com que seus efeitos se sentissem na vida religiosa do povo (MENDOLA, 2020, p. 16).

O. Niccoli, em sua obra *La vita religiosa nell'Italia moderna*, informa-nos que

> a Roma pré-revolucionária, dos últimos vinte anos do século XVIII, reagiu às agressões e perseguições com uma religiosidade devocional. A saber: via-crúcis, recitação do Rosário, procissões e lealdade absoluta à causa do Papa reinante (MENDOLA, 2020, p. 17).

R. Sbardella, em sua obra *Riformelle francescane*, diz-nos que

> uma espiritualidade culta, rigorista e antibarroca espalhou-se na Toscana, Piemonte e Liguria e tentou entrar nos Stato Pontificio. Os Passionistas dos Santos Giovanni e Paolo e os Franciscanos reformados de San Bonaventura al Palatino desempenharam um papel de liderança nesse importante processo de evangelização (MENDOLA, 2020, p. 17).

C. A. Naselli, em sua obra *Storia dei Passionisti*, vol. II, parte I, diz-nos que *"os primeiros missionários pregaram a missão na cidade por vontade de Pio VI. Essa missão urbana durou de 5 a 15 de agosto de 1783, em quatro praças: Navona, Barberini, Scossacavalli e S. Maria em Trastevere, nos meses que antecederam a chegada de Clemente Hofbauer em Roma"* (MENDOLA, 2020, p. 17). G. de Rosa, em sua obra *Chiesa e religione popolare nel mezzogiorno*, informa-nos que

> não se pode excluir que São Clemente M. Hofbauer tenha tido a oportunidade de ouvir os pregadores populares e de se deparar com o fervor despertado por esse tipo de pregação, durante a qual, em Roma, ocorreu uma recuperação pastoral do Tridentino, fenômeno conhecido como "tridentinismo de retorno" (MENDOLA, 2020, p. 17).

São Clemente M. Hofbauer, podemos assim dizer, foi um autodidata. Estudos anteriores o fizeram aprender o latim. Daí, com facilidade, ele aprendeu, pelo menos nos rudimentos essenciais, a língua italiana. O mesmo não podemos dizer de seu amigo Taddeo Hübl. Outro dado a ser levado em consideração é que Clemente Hofbauer tinha uma capacidade extraordinária de se adaptar às culturas e aos lugares mais diversos. O outro diferente nunca foi problema para Clemente Hofbauer. O trâmite livre que ele tinha entre as pessoas e as culturas diversas o ajudou, muito, a aprender e a falar outras línguas com certa facilidade. São Clemente M. Hofbauer e seu inseparável amigo Taddeo Hübl dominavam a língua italiana. A prova disso, nos dizeres de *G. Donati*, em sua obra *Compendio della vita di San Clemente Maria Hofbauer*,

> é demonstrada a partir da carta endereçada ao padre Geral e aos confrades italianos. Também o padre Taddeo Hübl durante sua reitoria foi várias vezes chamado para atender a confissão de soldados italianos. O padre Clemente Hofbauer, por sua vez, atendia em Viena a confissão de alemães e italianos (MENDOLA, 2020, p. 17).

A elasticidade foi uma característica peculiar e inseparável da vida e ação de São Clemente M. Hofbauer. O biógrafo G. Heinzmann, em sua obra *Una evangelizzazione nuova*, diz-nos que *"durante a primeira aparição em Varsóvia, Clemente Hofbauer e Taddeo Hübl foram repetidamente identificados como ex-jesuítas romanos"* (MENDOLA, 2020, p. 18). Esse fato mostra o modo de ser e agir de Clemente Hofbauer e seu amigo. Ambos foram muito influenciados pelo tempo romano. É presumível que Clemente Hofbauer, quando esteve em Roma, procurou saber o que era preciso fazer para entrar na vida eremita. PH. Roullard, por meio de sua obra *Eremitismo*, afirma que de fato *"havia um hospício que abrigava eremitas peregrinos, fundado em 1588 pelo Fr. Albenzio Rossi, cujos membros eram conhecidos como 'eremitas da Porta Angélica' ou 'eremitas da Ascensão'"* (MENDOLA, 2020, p. 18). Outro biógrafo, T. Goffi-P. Zovatto, em sua obra *La spiritualità del Settecento, in Storia della Spiritualità*, informa-nos que no *"Granducato de Toscana, por volta da metade do século XVIII, viviam 168 eremitas isolados e disciplinarmente supervisionados pelos bispos"* (MENDOLA, 2020, p. 18). T. Goffi-P. Zovatto, em sua obra, acima citada, informa-nos ainda que *"a experiência do eremita foi difundida nas regiões centrais da Península Italiana, supervisionadas pelos bispos, interessados no aspecto disciplinar dos solitários"* (MENDOLA, 2020, p. 18).

Não se sabe com precisão as reais circunstâncias que levaram São Clemente M. Hofbauer e seu inseparável amigo Taddeo Hübl à cidade de Tivoli. Os dois peregrinos lá chegaram pela antiga via Tiburtina: um lugar repleto de memórias da vida cristã. A. Bocchini, quando dissertou sobre a antiga via Tiburtina e suas memórias da vida cristã, em um artigo intitulado *A Pescara passando per Tivoli, in L'Osservatore Romano del 26.4.1992*, informa-nos que a antiga via Tiburtina era *"pontilhada com antigas estações religiosas que guardam as memórias dos mártires"* (MENDOLA, 2020, p. 18). Pode ser que Clemente Hofbauer e seu companheiro tenham escolhido a antiga via Tiburtina por questões devocionais. Os primórdios da vida cristã encantavam e tocavam, profundamente, o coração e a vida desses dois peregrinos. Em Tivoli, o bispo era o beneditino *Barnaba Chiaramonti*. Foi das mãos dele que São Clemente M. Hofbauer e Taddeo Hübl receberam o hábito dos eremitas.

E. Boaga, em *L'abito degli eremiti nel medioevo e in época moderna, in La sostanza dell'effimero. Gli abiti degli ordini religiosi in Occidente*, informa-nos que *"o hábito dos eremitas era de tecido áspero, com capuz, mais curto que o normal.*

Tinha uma corda na cintura (cinto), uma coroa do Rosário – um terço com 49 Ave-Marias. Em cada sete Ave-Marias contemplavam-se as Sete Dores de Maria Santíssima – *(às vezes, o escapulário ou a cóclea:* uma toca com abas laterais para tampar as orelhas*) e uma capa curta. Sua forma dependia da Ordem em que se professava*" (MENDOLA, 2020, p. 18). Nossos dois peregrinos, agora eremitas, professaram seus votos religiosos nas ordens terceiras. Nossos dois peregrinos, particularmente, São Clemente M. Hofbauer, segundo G. Donati, na obra *Compendio della vita di San Clemente Maria Hofbauer* –, "*ansiava pela solidão*" (MENDOLA, 2020, p. 19). N. Tommasini, em *La Madona di Quintiliolo nella Devozione dei Tiburtini*, informa-nos que depois que o bispo Barnaba Chiaramonti provou os dois novos eremitas, "*atribuiu-lhes algumas salas e uma horta adjacente à igreja da Madonna di Quintiliolo, muito venerada pelos tiburtinos, cuja nova igreja havia sido concluída em 1766*" (MENDOLA, 2020, p. 19).

A coroação solene do ícone *della Madonna di Quintiliolo* pelo Capítulo do Vaticano, no ano de 1755, e a intensificação do culto ao entorno do ícone contribuíram com o crescimento da devoção dos fiéis. A *Madonna di Quintiliolo* não era apenas venerada pelos habitantes de Tiburtina. Mas por todos os países vizinhos. Esses detalhes nos fazem compreender por que o bispo Barnaba Chiaramonti se preocupava tanto com o Santuário Tiburtino. Sobre as questões acima elencadas podemos, para nosso maior esclarecimento, conferir os escritos de Anselmo Da Remo Centese, *Catalogo delle immagini mariane incoronate dal reverendissime Capitolo Vaticano com introduzione del P. Ottavio da Alatri e traduzione dell'Ordo caeremoniarum*. O bispo de Tivoli não demorou para confiar nos dois eremitas estrangeiros que acabaram de professar. Ele passou para eles a administração do pequeno, porém frequentado, Santuário. Nem todos os eremitas tinham habilidades administrativas. Essa experiência não durou muito. Mas foi para São Clemente M. Hofbauer, o homem apaixonado pela solidão, um momento decisivo em seu processo de discernimento. Na obra *Vita del Beato Clemente*, encontram-se os seguintes dizeres:

> Ele gostaria de passar a vida toda lá; mas onde ele pensou que havia encontrado um lar permanente, ele entendeu que Deus o chamava não da maneira puramente contemplativa, mas da atividade de trabalho contínuo na vinha mística. Então, depois de apenas seis meses, e provavelmente após a solene procissão que ocorre

> em 15 de agosto, quando a imagem de Maria é levada de volta da catedral para a Igreja de Quintiliolo, Clemente Hofbauer deixou a amada solidão movendo-se em direção a Viena, onde no outono do mesmo ano de 1783 vamos encontrá-lo prestes a retomar seus estudos (MENDOLA, 2020, p. 19).

A obra *Atti e memorie della Società Tiburtina di storia e dàrte, vol. XI--XII, 1931-32 (X-XI), in particolare p. 73*, dá-nos a seguinte informação:

> Giovanni Hofbauer vestiu o hábito eremita. Depois, mudou seu nome para Clemente Maria. Conquistou a confiança do bispo de Tivoli Barnaba Chiaramonti e passou a tomar conta da pequena ermida e do santuário mariano de Quintiliolo. De fato, tudo isso aconteceu na história do curto episcopado tiburtino de Chiaramonti. Sem dúvida, uma página memorável (MANDOLA, 2020, p. 19).

G. Pengo, em sua obra *Storia della Chiesa in Italia, Dal Concilio di Trento ai nostri giorni, vol. II*, informa-nos que *"não há dúvida de que a iniciativa dos beneditinos não é um caso isolado, mas está em plena harmonia com a orientação de todo o século para o religioso italiano, em que a tendência eremita se manifestou dentro de numerosas ordens religiosas e fora delas, por todo o século"* (MENDOLA, 2020, p. 20). G. Heinzmann afirma, em sua obra *Una evangelizzazione nuova*, que *"não sabemos se a decisão de Clemente Hofbauer de deixar o eremitério está de alguma forma relacionada aos atritos que o bispo Chiaramonti teve com o Capítulo da Catedral e com o clero da cidade"* (MENDOLA, 2020, p. 20). G. F. Rossi, em sua obra *Le missioni nella diocese di Tivoli (secoli XVII-XIX), in L. Mezzadri (a cura di), Le missioni popolari della Congregazione della Missione nei secoli XVII-XVIII, Studi e Documenti*, informa-nos que *"em 1762 na cidade de Tivoli contava com 60 eclesiásticos, entre cânones e sacerdotes"* (MENDOLA, 2020, p. 20).

Informa-nos uma vez mais *G. Heinzmann*, em sua obra, já acima citada, que *"certamente estava na intenção do bispo beneditino estabelecer religiosos permanentes no santuário rural, talvez para removê-lo da influência e da administração excessivamente preocupada del Capitolo citadino"* (MENDOLA, 2020, p. 20). Informa-nos ainda G. Heinzmann que havia um forte desejo, da parte do bispo Chiaramonti,

> de potencializar e disciplinar as formas de culto e devoção ao ícone milagroso. Essa foi uma das tentativas pastorais em seu breve episcopado. Não há dúvida de que, no período de permanência em Tivoli, os dois eremitas, Clemente Hofbauer e Taddeo Hübl, provavelmente professados na terceira ordem franciscana, tiveram contato com o clero local, pelo menos com o encarregado de oficiar a Igreja, mas não há documentação que possa fornecer dados para entender ou esclarecer melhor que tipo de relacionamento foi esse (MENDOLA, 2020, p. 20).

G. Heinzmann, por meio de sua obra *Una evangelizzazione nuova*, informa-nos, uma vez mais, que *"ao lado do clero secular, a cidade de Tivoli tinha ordens religiosas, incluindo uma casa de missionários vicentinos, de onde começaram as missões populares para toda a diocese. Os lazaristas eram um ponto de referência para o clero tiburtino e um recurso para a pregação local"* (MENDOLA, 2020, p. 20). Informa-nos ainda G. Heinzmann que

> não recebemos nenhuma notícia sobre a pregação específica dos padres da cidade de Tivoli, no ano de 1783. No entanto, não se pode excluir que Clemente Hofbauer e Taddeo Hübl tiveram a oportunidade de ouvir sermões populares em ocasiões devocionais, como na festa dalla Madonna di Quintiliolo, da qual os dois eremitas, certamente, participaram com fervor e devoção. Pelo menos dos momentos litúrgicos. O único dado certo é que a experiência espiritual de São Clemente M. Hofbauer, em sua breve parada na comunidade tiburtina, foi o "noviciado de sua vida", uma etapa fundamental em sua jornada (MENDOLA, 2020, p. 20).

Na obra *Vita del Beato Clemente. In: San Clemente Hofbauer*, F. Ferrero nos diz que *"a mudança de nome, o poder vestir um hábito religioso e a prolongada experiência de vida solitária e contemplativa marcaram profundamente a vida de São Clemente M. Hofbauer"* (MENDOLA, 2020, p. 21). O recolhimento, a solidão e a longa meditação foram características relevantes que acompanharam toda a vida de Clemente Hofbauer e Taddeo Hübl. A Espiritualidade, fecundada no silêncio contemplativo, era para São Clemente M. Hofbauer uma *conditio sine qua non*. Não podemos falar de São Clemente M. Hofbauer, mesmo nos dias atuais, sem levar em consideração seu estilo de vida espiritual, fortemente marcado pelo silêncio contemplativo e pelo longo período de oração pessoal. A vida no Eremitério era dura e exigente. Mesmo assim, segundo a obra anteriormente mencionada, *"muitos anos depois São Clemente M. Hofbauer lembrou da sala de estar tiburtina com uma frase, tirada do Summarium, que se tornou célebre: "Oh, se você conhecesse a posição agradável de Tivoli! Lá oramos bem, e a alma se sente separada do mundo e totalmente unida a Deus"* (MENDOLA, 2020, p. 21).

Lendo a obra *Vita del Beato Clemente, em particular a nota 2*, encontramos os seguintes dizeres:

> Deve-se notar que em Tivoli Clemente Hofbauer, participando da procissão suntuosa e solene do ícone mariano, ficou fascinado por esse aspecto solene da liturgia italiana. Como o alegrou e contagiou a procissão de São Bennone. Clemente Hofbauer, segundo o biógrafo, falava dessa procissão com enorme prazer (MENDOLA, 2020, p. 21).

O pequeno eremitério tiburtino contagiava os visitantes e os peregrinos que a ele se dirigiam. Um detalhe interessante da vida do pequeno eremitério tiburtino e sua relação afetuosa com os visitantes e peregrinos é assim relatado pelo *Informatio Super Dubio*:

> itinerantes recorriam diariamente ao pequeno santuário della Madonna di Quintiliolo. Todos queriam saudar a Santíssima Virgem milagrosa. Os peregrinos gostavam também de visitar os eremitas. Eram bem acolhidos por eles. A região era muito silenciosa (MENDOLA, 2020, p. 21).

O informativo, acima mencionado, nos diz ainda que

> os transeuntes, como cabras selvagens, batiam na porta e gritavam para serem atendidos pelos eremitas. Quem bate na nossa porta? Quem nos chama? Perguntavam os eremitas recolhidos nos braços da solidão. Quem nos bate na porta e nos chama é La Madonna di Quintiliolo (MENDOLA, 2020, p. 21).

O que faziam os eremitas? Informa-nos a esse respeito G. Heinzmann, por meio de sua obra *Una evangelizzazione nuova*, que

> os eremitas tinham a tarefa de tocar o sino, alimentar a lâmpada da Madonna di Quintiliolo. Eles também ajudavam os peregrinos a subirem o acesso ao santuário. Visitavam, algumas vezes, os doentes, davam assistência aos pobres peregrinos e, esporadicamente, ensinavam o catecismo (MENDOLA, 2020, p. 22).

O. D'Alatri, em sua obra *I frati cappuccini*, diz-nos que certa vez

> alguns criminosos tentaram despojar o venerável ícone de seus hábitos e dons votivos. Os zeladores dedicados se opuseram, ao qual os saqueadores responderam com golpes de machado. Mas estes não feriram os amantes vigilantes da Virgem milagrosa. Outros dizem que os vigilantes della Madonna de Quintiliolo foram feridos sim. Mas as feridas desapareceram. Milagre! Uma pequena pintura a óleo da época, agora preservada na sala habitada por São Clemente M. Hofbauer, lembra o episódio horrível (MENDOLA, 2020, p. 22).

As poucas lembranças de São Clemente M. Hofbauer estão guardadas em uma cela, no antigo convento dos capuchinhos, adjacente ao santuário tiburtino. Nos dizeres de N. Tommasini, na obra *La Madonna di Quintiliolo nella Devozione dei Tivoli*, *"na igreja, no altar do Crucifixo, havia uma oval em tela exposta à veneração. Essa tela foi doada pelos Redentoristas, juntamente com a reforma do altar em 1914, e restaurada pela professora Anna Benedetti"* (MENDOLA, 2020, p. 22). N. Tommasini, na obra acima mencionada, informa-nos, uma vez mais, *"que a tela roubada foi substituída por uma reprodução oval e afixada na parede esquerda da mesma capela. No calendário próprio da diocese de Tivoli – Subiaco, a memória de São Clemente M. Hofbauer é obrigatória"* (MENDOLA, 2020, p. 22).

Informa-nos, também, Mendola que *"é possível que São Clemente M. Hofbauer, em busca de memórias religiosas, naquele parêntese tiburtino, tenha visitado a área sagrada de Subiaco e o santuário agostiniano della Madonna del Buon Consiglio em Genazzano: locais de peregrinações perto de Tivoli"* (MENDOLA, 2020, p. 22).

Continua, ainda, informando-nos Mendola que,

> em 20 de abril de 2018, por ocasião da novena em preparação para a festa della Madonna del Buon Consiglio, dedicada aos santos que vagavam por Genazzano, foi comemorada com uma

> celebração eucarística presidida pelo padre Vincenzo La Mendola. Nesse dia o santuário foi contemplado com a presença do Santo Redentorista – São Clemente M. Hofbauer –, cujo retrato foi exibido na Igreja pela primeira vez e sua relíquia dada aos fiéis (MENDOLA, 2020, p. 22).

A parada em Genazzano – lugar de peregrinação próximo de Tivoli –, é obrigatória, podemos assim dizer. Esse lugar de peregrinação é vivo na tradição do santuário. Lá, São Clemente M. Hofbauer é, como já nos foi dito acima, lembrado por meio de uma tela que se encontra preservada no convento. A venerada *Madonna del Buon Consiglio*, segundo A. Campagna, em sua obra *La Madonna del Buon Consiglio, all'Albania in Italia*, *"foi uma das principais devoções de Sant'Alfonso"* (MENDOLA, 2020, p. 22-23). Ainda segundo A. Campagna, na obra acima citada,

> *La Madonna del Buon Consiglio* foi muito honrada por São Clemente M. Hofbauer e seu companheiro Taddeo Hübl. Em um momento de discernimento e busca vocacional, inconscientemente, a venerada Madonna del Buon Consiglio colocou os dois eremitas na esteira do santo napolitano: Sant'Afonso. Posteriormente, Clemente Hofbauer e Taddeo Hübl encontraram essa devoção entre os Missionários Redentoristas e especialmente em Scifelli. A Casa e a igreja dos Redentoristas de Scifelli, fundada em 1773, foi dedicada por seu fundador, o Abade Arnaud, à Madonna del Buon Consiglio (MENDOLA, 2020, p. 23).

A devoção à *Madonna del Buon Consiglio* acompanhou São Clemente M. Hofbauer e seu companheiro Taddeo Hübl nas várias etapas de seus longos ministérios, conforme relata um de seus biógrafos, na obra *Vita di San Clemente*:

> Por trás do exemplo de Sant'Alfonso, ela foi nutrida por uma devoção muito terna sob o título de Mãe do Bom Conselho, à qual se expressa um testemunho desse processo. Essa devoção à *Madonna del Buon Consiglio* o levou a frutos abundantes. A *Madonna del Buon Consiglio* o iluminou de maneira extraordinária, enquanto muitas famílias lhe pediam conselho por motivos comerciais, e ninguém se arrependia de seguir seus conselhos (MENDOLA, 2020, p. 23).

As históricas memórias de Raffaele Buonnano sobre o culto litúrgico e as suntuosas cerimônias praticadas no santuário agostiniano, após a concessão de missas e ofícios, em 1779, são descritas na obra *Della Immagine di Maria Santissima del Buon Consiglio*, muito venerada em Genazzano, recordam-nos que, *"em Genazzano, São Clemente Hofbauer e seu inseparável companheiro tiveram a oportunidade de observar outras formas de culto e devoção popular, em um momento de libertação da devoção mariana e de seu culto litúrgico"* (MENDOLA, 2020, p. 23). N. Tommasini, em sua obra *La Madonna di Quintiliolo*, recorda-nos que *"a experiência tiburtina de Clemente Hofbauer e Taddeo Hübl terminou após seis meses. Já a de seu parceiro Emanuel Kunzmann terminou depois de três anos"* (MENDOLA, 2020, p. 23).

Há uma tradição, colecionada por alguns biógrafos, que diz que Clemente Hofbauer deixou Tivoli sem dizer nada para Pietro Kunzmann: seu amigo de forno e de peregrinação. Segundo o biógrafo G. Heinzmann, na obra *Una evangelizzazione nuova*, *"esse particular parece desmotivado ou insustentável, por causa da amizade e o compartilhamento do caminho espiritual entre Clemente Hofbauer e Pietro Kunzmann"* (MENDOLA, 2020, p. 24). É bom que saiba que tal argumento não procede. Creio que tal pensamento é mais uma inverdade dita a respeito de São Clemente M. Hofbauer. O biógrafo acima mencionado nos diz que, *"pelo contrário, a decisão de deixar a experiência religiosa e espiritual tiburtina foi uma escolha madura e compartilhada entre os dois amigos eremitas, o que demonstra a liberdade e ação de Clemente Hofbauer, no discernimento realizado"* (MENDOLA, 2020, p. 24).

Em virtude dos fatos mencionados acima, sobre as duas viagens – *peregrinações* – feitas por São Clemente Maria Hofbauer e Taddeo Hübl, seu inseparável amigo, a Roma, é imprescindível que nos conscientizemos de que Clemente Hofbauer vive em uma Europa embalada pelos acordes do lema da Revolução Francesa (1789-1799): *"Liberté, Égalité, Fraternité"*. O iluminismo influenciou muito negativamente a vida, os costumes tradicionais e a prática religiosa dos habitantes de Viena. Com o advento da emancipação e da individualidade, o europeu, de forma geral, e o cidadão vianense, de forma particular, encontravam-se sob a regência *"fluidez"* (BAUMAN, 2001, p. 7). Em Viena, a cidade iluminista, proliferavam, abundantemente, os cenários distópicos. Esses acontecimentos atingiram, diretamente, a vida espiritual de Clemente Hofbauer. Daí sua ida a Roma. As peregrinações que ele fazia com seu companheiro Taddeo Hübl muito o ajudavam a fortalecer sua fé e proteger sua vocação. Apesar de tudo isso, São Clemente M. Hofbauer, *o "Apóstolo de Varsóvia" e "Patrono de Viena"* (WEISS, 2011, p. 9), não foi um *"líder anti-iluminista austríaco"* (WEISS, 2011, p. 7), como sugerem alguns biógrafos.

Se olharmos, com nossos olhos bem abertos, para o mundo de São Clemente M. Hofbauer, vamos perceber muitas semelhanças. A era líquido-moderna não é diferente do Iluminismo: considerado como o Século das Luzes. O sociólogo Zygmunt Bauman, por meio de sua obra *Modernidade Líquida*, lembra-nos que na era da *"liquefação"* (BAUMAN, 2001, p. 9), *"os sólidos se encontram em estado avançado de desintegração"* (BAUMAN, 2001, p. 10). Não há na atualidade fluida solidez que se possa confiar. Nada, ou quase nada, é administrável. Que significado têm, em nossos dias fluidos, as lealdades tradicionais, os símbolos e os gestos sagrados, a religião, os deveres para com a família e o lar? Que relevância têm as obrigações éticas? Que valor têm os direitos costumeiros e as obrigações? As boas iniciativas pessoais e sociais foram restringidas. O imperativo vigente é, segundo *Bauman, "derreter os sólidos"* (BAUMAN, 2001, p. 10). O que realmente importa é o nexo dinheiro.

As relações sociais, tão importantes na formação do ser cidadão, encontram-se, nas palavras de *Bauman, "no ar, nuas, desprotegidas, desarmadas e expostas, impotentes para resistir às regras de ação e aos critérios de racionalidade"* (BAUMAN, 2001, p. 10). Na realidade líquida e instrumental, a economia tem o papel determinante. As alavancas políticas, éticas, culturais e morais, capazes de mudar ou reformar a nova ordem líquida, nas palavras de *Bauman, "foram quebradas ou feitas curtas ou fracas demais"* (BAUMAN, 2001, p. 11). A vida humana tornou-se irrelevante e ineficaz no mundo fluido. Não há no mundo líquido-moderno limites para a liberdade individual. A ordem é para soltar o freio, nos dizeres de Bauman, da *"desregulamentação, da liberalização, da flexibilização, da fluidez crescente"* (BAUMAN, 2001, p. 11). Esse excesso de liberdade de escolha dos indivíduos, inevitavelmente, ajuda na proliferação dos *"cenários distópicos"* (BAUMAN, 2001, p. 11). O que vemos aqui ou acolá, outra coisa não é, senão o ressurgimento da ditadura, da subordinação, da opressão e da escravização. Tudo isso favorece o nascimento do desengajamento social. Há mais desencontros do que encontros no admirável mundo líquido-moderno. Os planos individuais estão, cada vez mais, acima dos planos da sociedade, da comunidade.

O momento da modernidade fluida, fortemente marcado pelo derretimento dos sólidos, prioriza as escolhas individuais e atenta contra os projetos e ações coletivas ou comunitárias. As pessoas estão como zumbis: *"mortas e ainda vivas"* (BAUMAN, 2001, p. 12). O que é realmente uma família na era líquido-moderna? Que relevância têm a maternidade e a paternidade – núcleo da vida familiar – na era do divórcio? Lembra-nos Ulrich Beck que *"avós e avôs são incluídos e excluídos sem meios de participar nas decisões de seus filhos e suas filhas"* (BAUMAN, 2001, p. 13). Todas essas coisas, podemos afirmar, estavam acontecendo, também, no mundo iluminista de São Clemente Maria Hofbauer. Essas coisas o preocupavam muito. No tempo dele, e também em nosso tempo, as instituições existentes foram e, ainda continuam sendo, colocadas no cadinho para serem derretidas e novamente moldadas e refeitas para se adequarem, mais e mais, à liberdade de escolha dos indivíduos. O iluminismo e a modernidade fluida são forças transgressivas, indomáveis e rompedoras de fronteiras e valores pessoais, familiares, sociais e religiosos. Sendo assim, a vida do indivíduo está caminhando, inevitavelmente, para o fim. Assim como o advento da Modernidade Líquida está produzindo em nós profundas mudanças, o Iluminismo, também, produziu mudanças profundas nos homens e nas mulheres do tempo de São Clemente M. Hofbauer. Seria de nossa parte imprudente negar, ou mesmo subestimar, tal fato.

O Iluminismo no tempo de Clemente Hofbauer foi, e a Modernidade Líquida continua sendo, nas palavras de Bauman, *"a diferença que faz a diferença"* (BAUMAN, 2001, p. 15). O céu não é mais o limite. Ainda segundo *Bauman, "a diferença entre "próximo" e "distante", ou entre o espaço selvagem e o civilizado e ordenado, está a ponto de desaparecer"* (BAUMAN, 2001, p. 18). Estamos, novamente citando *Bauman*, infelizmente *"no fim da era do engajamento mútuo"* (BAUMAN, 2001, p. 18). Informa-nos ainda *Bauman* que *"as principais técnicas do poder são agora a fuga, a astúcia, o desvio e a evitação"* (BAUMAN, 2001, p. 18). Os poderes globais e fluidos expulsam de nossa cabeça o desejo pelo bem comum, pela família, pela sociedade e pela comunhão. Estamos sendo transformados, dia após dia, em indivíduos sedentários, inativos e completamente alheios a tudo que está acontecendo bem próximo de nós. No estágio fluido da modernidade o que estamos vendo? Segundo Bauman, nós estamos vendo *"a diminuição do apetite pela reforma social, do interesse pelo bem comum e pela imagem da boa sociedade. Es-*

tamos vendo a decadência da popularidade do engajamento político, ou a alta dos sentimentos hedonísticos e do 'eu primeiro'" (BAUMAN, 2001, p. 33).

Tendência ao totalitarismo e inclinações totalitárias intrínsecas pairam sobre o horizonte epistemológico da família, da sociedade e da Igreja. Autonomia, liberdade de escolha, autoafirmação humana e o direito de ser e permanecer diferente e alheio aos acontecimentos são, no universo líquido-moderno, nuvens pesadas e ventos tenebrosos, que atentam contra a proposta da missão redentorista de viver e crescer em comunidade na era líquido-moderna. Até quando vai durar o poder emancipatório dessas ideias moldadas na forja da dominação, da emancipação, da individualidade e do desejo de satisfazer, segundo Bauman, "*o desejo narcisístico*"? (BAUMAN, 2001, p. 54). Observando todos esses aspectos, de ontem – *Iluminismo* –, e de hoje – *Modernidade Líquida* –, é-se levado a acreditar que esses acontecimentos contribuíram com o forte desejo de São Clemente M. Hofbauer e Taddeo Hübl deixar Viena – *a cidade iluminista* – de irem em peregrinação para Roma: a *città eterna*.

Palavras-chave

Roma. Peregrinação. Amizade. Espiritualidade. Vocação. Reforma religiosa. Ortodoxia. Fé tradicional. Liturgia. Leigos. Devoções populares. Imitação. Cultura. Decadência. Tradição. Eremita. Fluidez. Líquido. Iluminismo. Emancipação. Individualidade. Narcisismo.

Questões para refletir e melhorar:

1. São Clemente M. Hofbauer viveu em tempos difíceis. Principalmente para a *práxis* da fé cristã católica. As peregrinações a Roma e as visitas aos santuários e ao túmulo de Pedro, o Príncipe dos Apóstolos, ajudavam Clemente Hofbauer a manter, sempre viva, sua fé, espiritualidade e vocação. A atualidade líquido-moderna não é muito diferente do Iluminismo austríaco. O que você tem feito para proteger sua fé, espiritualidade e vocação?
2. A Constituição 1 trata a respeito da Missão da Congregação do Santíssimo Redentor na Igreja. Na letra da Constituição, acima citada, lemos: "*A Congregação do Santíssimo Redentor, fundada por Santo Afonso, é um instituto religioso*

de diversos ritos, missionário, clerical, de direito pontifício e isento, cuja finalidade é: continuar o exemplo de Jesus Cristo Salvador pregando aos pobres a Palavra de Deus como disse Ele de si mesmo: Enviou-me para evangelizar os pobres". Dado o exposto, a quantas anda a qualidade de nosso dinamismo missionário? Estamos atendendo às urgências pastorais e nos esforçando, realmente, para *"evangelizar os homens mais abandonados, principalmente os pobres?"* (Const. 1).

3. A oração pessoal foi para São Clemente M. Hofbauer e para Taddeo Hübl uma *conditio sine qua non* para garantir a qualidade saudável de sua fé, espiritualidade e vocação no período do Iluminismo austríaco. A Constituição 26 diz o seguinte: *"Os Redentoristas sem cessar apliquem a si próprios a advertência de Cristo Redentor: 'É preciso orar sempre sem jamais esmorecer'"* (Lc 18,1). Na atualidade líquido-moderna, nós, Redentoristas, estamos nos esforçando para viver o espírito de oração que tanto estimulou e inspirou São Clemente M. Hofbauer e seu inseparável companheiro?

Bibliografia

A. CAMPAGNA. La Madonna del Buon Consiglio, p. 92. Apud, MENDOLA, Vincenzo La. *La proposta pastorale di San Clemente Hofbauer*. In: SHCSR 68 (2020), p. 23.

A. LIPPI. *Mistico ed evangelizzatore*. San Paolo della Croce, Cinisiello Balsamo, 1993, p. 239. Apud, MENDOLA, Vincenzo La. *La proposta pastorale di San Clemente Hofbauer*. In: SHCSR 68 (2020), p. 12.

A. ZINGALE. *La Chiesa al tramonto della Controriforma. Aspetti dell'evangelizzazione nella civiltà dei Lumi*, Roma, 2004, p. 55-59. Apud, MENDOLA, Vincenzo La. *La proposta pastorale di San Clemente Hofbauer*. In: SHCSR 68 (2020), p. 16.

BAUMAN, Zygmunt. Modernidade Líquida; tradução, Plínio Dentzien. Rio de Janeiro: Jorge Zahar Ed., 2001, p. 7, 9-10, 11-13, 15, 18, 33, 54.

C. A. NASELLI. Storia dei Passionisti, vol. II, parte I, Pescara, 1981, p. 236. Apud, MENDOLA, Vincenzo La. *La proposta pastorale di San Clemente Hofbauer*. In: SHCSR 68 (2020), p. 17.

C. ANSELMO. *Catalogo delle imagine mariane incoronate dal reverendíssimo Capitolo Vaticano com introduzione del Padre Ottavio da Alatri e traduzione dell'Ordo caeremoniarum*, Soc. Tip. A. Macioce & Pisani, Isola del

Libri, 1933. Apud, MENDOLA, Vincenzo La. *La proposta pastorale di San Clemente Hofbauer*. In: SHCSR 68 (2020), p. 19.

D. CARPANETTO. *La Chiesa in Italia nell'età delle riforme, dei Lumi e della Rivoluzione, in Storia religiosa dell'Italia*, a cura di L. Vaccaro, Milano, 2016, vol. II, p. 572-600. Apud, MENDOLA, Vincenzo La. *La proposta pastorale di San Clemente Hofbauer*. In: SHCSR 68 (2020), p. 12.

D. ROCCIOLO. *La construzione della città religiosa: strutture ecclesiastiche a Roma tra la metà del Cinquecento e l'Ottocento, in Roma Città del Papa*, Storia d'Italia, Annali (16), 365-393, 381. Apud, MENDOLA, Vincenzo La. *La proposta pastorale di San Clemente Hofbauer*. In: SHCSR 68 (2020), p. 17.

E. HOPS. *Il santo della preghiera e dell'azione*, Clemente Maria Hofbauer, versione italiana dal tedesco a cura di F. Tatarelli, Roma, 1954, p. 21. Apud, MENDOLA, Vincenzo La. *La proposta pastorale di San Clemente Hofbauer*. In: SHCSR 68 (2020), p. 14.

________. *Il santo della preghiera e dell'azione*, Clemente Maria Hofbauer, versione italiana dal tedesco a cura di F. Tatarelli, Roma, 1954, p. 23. Apud, MENDOLA, Vincenzo La. *La proposta pastorale di San Clemente Hofbauer*. In: SHCSR 68 (2020), p. 15.

E. BOAGA. *L'abito degli eremiti nel medioevo e in época moderna, in La sostanza dell'effimero. Gli abiti degli ordini religiosi in Ocidente*, a cura di G. Rocca, Roma, 1999, p. 519-520. Apud, MENDOLA, Vincenzo La. *La proposta pastorale di San Clemente Hofbauer*. In: SHCSR 68 (2020), p. 18.

F. A. MARCUCCI. *Lettere alle suore e alle educante* (1742-1797), Roma, 2012, p. 796-798. Apud, MENDOLA, Vincenzo La. *La proposta pastorale di San Clemente Hofbauer*. In: SHCSR 68 (2020), p. 12.

F. FERRERO. *La investigación histórica*, p. 351. Apud, MENDOLA, Vincenzo La. *La proposta pastorale di San Clemente Hofbauer*. In: SHCSR 68 (2020), p. 11.

________. *San Clemente Maria Hofbauer y el eremitismo romano del siglo XVIII y XIX*, in SHCSR 17 (1969), p. 225-353, seguito da você di dizionario inserite in DIP Di questo argomento, F. Ferrero è uno dei maggiori conosscitori. Apud, MENDOLA, Vincenzo La. *La proposta pastorale di San Clemente Hofbauer*. In: SHCSR 68 (2020), p. 14.

F. FERRERO. *San Clemente Maria Hofbauer*, p. 251. Apud, MENDOLA, Vincenzo La. *La proposta pastorale di San Clemente Hofbauer*. In: SHCSR 68 (2020), p. 21.

G. DONATI. *Compendio della vita di San Clemente Maria Hofbauer*, Isola Libri (FR), 1909, p. 51. Apud, MENDOLA, Vincenzo La. *La proposta pastorale di San Clemente Hofbauer*. In: SHCSR 68 (2020), p. 17.
G. DONATI. *Compendio della vita di San Clemente Maria Hofbauer*, Isola Libri (FR), 1909, p. 12. Apud, MENDOLA, Vincenzo La. *La proposta pastorale di San Clemente Hofbauer*. In: SHCSR 68 (2020), p. 19.
G. F. ROSSI. *Le missioni nella diocese di Tivoli* (secoli XVII-XIX), in L. Mezzadri (a cura di), *Le missioni popolari della Congregazione della Missione nei secoli XVII-XVIII, Studi e Documenti*, Roma, 2002, p. 501-539, 535. Apud, MENDOLA, Vincenzo La. *La proposta pastorale di San Clemente Hofbauer*. In: SHCSR 68 (2020), p. 20.
G. GIARRIZZO. *Illuminismo e religione: l'Italia religiosa ala fine del Settecento*, in Storia dell'Italia religiosa, II (L'età moderna), Roma-Bari, 1994, 477-521, 510. Apud, MENDOLA, Vincenzo La. *La proposta pastorale di San Clemente Hofbauer*. In: SHCSR 68 (2020), p. 15).
G. HEINZMANN. *Una evangelizzazione nuova*, p. 24-25. Apud, MENDOLA, Vincenzo La. *La proposta pastorale di San Clemente Hofbauer*. In: SHCSR 68 (2020), p. 10.
________. *Una evangelizzazione nuova*, p. 53. Apud, MENDOLA, Vincenzo La. *La proposta pastorale di San Clemente Hofbauer*. In: SHCSR 68 (2020), p. 16.
________. *Una evangelizzazione nuova*, p. 53. Apud, MENDOLA, Vincenzo La. *La proposta pastorale di San Clemente Hofbauer*. In: SHCSR 68 (2020), p. 18.
________. *Una evangelizzazione nuova*, p. 31. Apud, MENDOLA, Vincenzo La. *La proposta pastorale di San Clemente Hofbauer*. In: SHCSR 68 (2020), p. 20.
G. HEINZMANN. *Una evangelizzazione nuova*, p. 29. Apud, MENDOLA, Vincenzo La. *La proposta pastorale di San Clemente Hofbauer*. In: SHCSR 68 (2020), p. 21.
________. *Una evangelizzazione nuova*, p. 31. Apud, MENDOLA, Vincenzo La. *La proposta pastorale di San Clemente Hofbauer*. In: SHCSR 68 (2020), p. 22.
G. PENGO. *Storia della Chiesa in Italia, Dal Concilio di Trento ai nostri giorni*, vol. II, Milano, 1978, p. 141-142. Il caso di san Clemente viene portato dall'autore ad esempio, per descrivere la tendenza all'eremitismo che

attraversa tutto il Settecento italiano. Apud, MENDOLA, Vincenzo La. *La proposta pastorale di San Clemente Hofbauer*. In: SHCSR 68 (2020), p. 20.

H. GROSS. *Roma nel Settecento*, Bari, 1990, p. 313. Per uma analisi più dettagliata del Giansenismo romano si rimanda all'opera di P. STELLA, *Il Giansenismo in Italia*, vol. II, p. 145-156. Apud, MENDOLA, Vincenzo La. *La proposta pastorale di San Clemente Hofbauer*. In: SHCSR 68 (2020), p. 12.

________. *Roma nel Settecento*, Bari, 1990, p. 314. Per uma analisi più dettagliata del Giansenismo romano si rimanda all'opera di P. STELLA, *Il Giansenismo in Italia*, vol. II, p. 145-156. Apud, MENDOLA, Vincenzo La. *La proposta pastorale di San Clemente Hofbauer*. In: SHCSR 68 (2020), p. 13.

________. *Roma nel Settecento*. Bari, 1990, p. 318. Per uma analisi più dettagliata del Giansenismo romano si rimanda all'opera di P. STELLA, *Il Giansenismo in Italia*, vol. II, p. 145-156. Apud, MENDOLA, Vincenzo La. *La proposta pastorale di San Clemente Hofbauer*. In: SHCSR 68 (2020), p. 16.

J. CHÉLINI; H. BRANTHOMME. Le vie di Dio, Storia dei pellegrinaggi cristiani dalla fine del Medioevo al XX secolo, Milano, 2004, p. 65. Apud, Apud, MENDOLA, Vincenzo La. *La proposta pastorale di San Clemente Hofbauer*. In: SHCSR 68 (2020), p. 11.

L. FIORANI. *Il secolo XVIII*. In: AA. VV., *Riti cerimonie feste e vita di popolo nella Roma dei Papi*, Bologna, 1970, p. 217-257, 220. Apud, MENDOLA, Vincenzo La. *La proposta pastorale di San Clemente Hofbauer*. In: SHCSR 68 (2020), p. 11.

M. CAFFIERO. *La politica della santità, nascita di un culto nell'età dei lumi*, Bari, 1996, p. 197. Apud, MENDOLA, Vincenzo La. *La proposta pastorale di San Clemente Hofbauer*. In: SHCSR 68 (2020), p. 13

M. ROSA. *Settecento religioso. Politica della regione del cuore*, Venezia, 1999, p. 121-122. Apud, MENDOLA, Vincenzo La. *La proposta pastorale di San Clemente Hofbauer*. In: SHCSR 68 (2020), p. 10.

M. ROSA. *Il Giansenismo nell'Italia del Settecento*, Venezia, 1999, p. 73. Apud, MENDOLA, Vincenzo La. *La proposta pastorale di San Clemente Hofbauer*. In: SHCSR 68 (2020), p. 12.

MENDOLA, Vincenzo La. *La proposta pastorale di San Clemente Hofbauer*. In: SHCSR 68 (2020), p. 20.

________. *La pastorale di San Clemente Hofbauer*. In: SHCSR 68 (2020), p. 7-11, 14-15, 18-19, 21, 23-24.

N. TOMMASINI. *La Madonna di Quintiliolo nella Devozione dei Tiburtini*, Tivoli, 1997, p. 36. Apud, MENDOLA, Vincenzo La. *La proposta pastorale di San Clemente Hofbauer*. In: SHCSR 68 (2020), p. 19, 22.

O. D'ALTRI. *I frati cappuccini in Tivoli*, p. 48. Apud, MENDOLA, Vincenzo La. *La proposta pastorale di San Clemente Hofbauer*. In: SHCSR 68 (2020), p. 22.

O. NICCOLI. *La vita religiosa nell'Italia moderna*, Roma, 2008, p. 242-243. Apud, MENDOLA, Vincenzo La. *La proposta pastorale di San Clemente Hofbauer*. In: SHCSR 68 (2020), p. 14.

O. NICCOLI. *La vita religiosa nell'Italia moderna*, Roma, 2008, p. 242. Apud, MENDOLA, Vincenzo La. *La proposta pastorale di San Clemente Hofbauer*. In: SHCSR 68 (2020), p. 17.

P. STELLA. *Il Giansenismo in Italia*, vol. II (*Il movimento Giansenista e la produzione libraria*), Roma 2006, p. 145-146. Apud, MENDOLA, Vincenzo La. *La proposta pastorale di San Clemente Hofbauer*. In: SHCSR 68 (2020), p. 10.

PH. ROULLARD. *Eremitismo*, in DIP, vol. III, Roma, 1996, coll. 1240-1244. Apud, MENDOLA, Vincenzo La. *La proposta pastorale di San Clemente Hofbauer*. In: SHCSR 68 (2020), p. 10.

________. *Eremitismo*, in DIP, vol. III, Roma, 1996, coll. 1234-1235. Apud, MENDOLA, Vincenzo La. *La proposta pastorale di San Clemente Hofbauer*. In: SHCSR 68 (2020), p. 18.

R. SBARDELLA. Riformelle francescane, in DIP 7, coll. 1764-1767. Apud, MENDOLA, Vincenzo La. *La proposta pastorale di San Clemente Hofbauer*. In: SHCSR 68 (2020), p. 17.

STENDHAL. *Passeggiate romane*, Milano, 2004, p. 9-10. Apud, MENDOLA, Vincenzo La. *La proposta pastorale di San Clemente Hofbauer*. In: SHCSR 68 (2020), p. 11.

S. NANNI. *Roma religiosa nel Settecento*, p. 77-111. Apud, MENDOLA, Vincenzo La. *La proposta pastorale di San Clemente Hofbauer*. In: SHCSR 68 (2020), p. 16.

T. GOFFI-P. ZOVATTO. *La spiritualità del Settecento, in Storia della Spiritualità*, 6, Bologna, 1990, p. 213. Apud, MENDOLA, Vincenzo La. *La proposta pastorale di San Clemente Hofbauer*. In: SHCSR 68 (2020), p. 18.

V. E. GIUNTELLA. Roma nel Settecento, Bologna, 1971, p. 169. Apud, MENDOLA, Vincenzo La. *La proposta pastorale di San Clemente Hofbauer*. In: SHCSR 68 (2020), p. 13.

WEISS, Otto. *La Congregazione al di là delle Alpi*, p. 354; E. HOSP, *Il santo della preghiera e dell'azione*, p. 20; G. HEINZMANN, *Una evangelizzazione nuova*, p. 25; Per quanto riguarda la cronologia riteniamo più attendibile dell'Haringer perchè diretamente attinta dai processi. Apud, MENDOLA, Vincenzo La. *La proposta pastorale di San Clemente Hofbauer*. In: SHCSR 68 (2020), p. 9.

________. *Encontros com São Clemente (1751-1820)*; tradução Clóvis Bovo. Aparecida, SP: Editora Santuário, 2011, p. 7, 9.

IV

Da comunidade ideal para a comunidade real

Em tempos líquido-modernos, o horizonte epistemológico da comunidade encontra-se encoberto. Sopram contra ele, seria imprudente negar, ventos impetuosos. Soma-se a isso a implícita credibilidade, que nós, seres humanos, estamos acima do bem e do mal, e que temos tudo o que precisamos para tomar o caminho certo de uma vez por todas. Armados de razão, *"como o sujeito de Descartes e o homem de Kant"* (BAUMAN, 2001, p. 193), cremos que somos seres infalíveis em nossos caminhos humanos. Na autoestrada iluminada pela razão não existem cruzamentos, rotatórias, viadutos e, menos ainda, retornos. Nela, escolhas diferentes não são permitidas. Tudo o que escapa à razão é visto como uma pedra de tropeço ou uma lesão cerebral. A razão tornou-se, de uma vez por todas, uma propriedade exclusiva de cada ser humano. O indivíduo escolarizado e socializado, pelos princípios da razão, ao se autoafirmar, automaticamente, ele se autoconstrói. Vivemos em um mundo emancipado e individualizado. Nele, proliferam-se, na velocidade da luz, a diminuição do apetite pela reforma social, a expansão do desinteresse pelo bem comum, a decadência da popularidade e do engajamento político e a *"alta dos sentimentos hedonistas e do 'eu primeiro'"* (BAUMAN, 2001, p. 33).

As questões, acima elencadas, contribuem, inevitavelmente, com o advento da dominação, com todo o seu séquito de horrores, impondo, assim, *"novas limitações à liberdade"* (BAUMAN, 2001, p. 54) e aos princípios éticos com o objetivo de satisfazer, evidentemente, o *"desejo narcisístico"* (BAUMAN, 2001, p. 54) de alguns poucos privilegiados. Esse *modus operandi et vivendi*, que se fundamenta, exclusivamente, no querer dos indivíduos, atenta, sem sombra de dúvida, contra a comunidade. O papel da comunidade no atual mundo fluido é cada vez menos claro. Segundo Bauman, *"a valente defesa da comunidade e a tentativa de restaurar sua posição (...) ficam mais esgarçadas a cada ano que passa"* (BAUMAN, 2001, p. 194). A liquefação acelerada do mundo em que nós vivemos e o excesso de emancipação e individualidade colocam a comunidade em desvantagem. Sendo assim, a comunidade, inevitavelmente, está fadada ao desaparecimento. A sobrevivência saudável da comunidade depende, exclusivamente, de seus próprios membros. Suas escolhas e responsabilidades individuais não podem ultrapassar os princípios e as normas fundantes da comunidade.

A autoafirmação e a autoconstrução do indivíduo, quando desconsideram ou estão acima do querer ou da vontade da comunidade, fazem com que ela deixe de ser um porto seguro para tornar-se, irrevogavelmente, um lugar de tormenta, quiçá, o próprio *Inferno de Dante*! Dessa forma, é elementar que no interior da comunidade, de preferência nas cristãs, de forma geral, e nas de Vida Consagrada, de forma particular, seus membros sejam, de comum acordo, seres comunitários e não, meramente, individualistas exacerbados. A neutralidade, a postura universalista e racionalista transformam o indivíduo, consagrado ou não, em um ser humano abstrato e desconectado de tudo o que está acontecendo ao seu entorno. Os homens e as mulheres que fazem parte dos mais variados tipos ou modelos de comunidades, de preferência aqueles e aquelas que são consagrados e consagradas a Deus, são chamados e chamadas, por Jesus, o Mestre, para serem sal da terra: *"Vos estis sal terrae"* (Mt 5,13). Ter nome ou fama de consagrado ou consagrada não é importante. O que importa, de fato, são as boas obras e ações, a vida vivida de forma oblativa e o bom exemplo. São essas coisas que convertem o mundo. *Vos estis sal terrae.*

Adverte-nos o padre *Antônio Vieira* (1608-1697): *"O pregar, que é falar, faz-se com a boca; o pregar, que é semear, faz-se com a mão. Para falar ao vento, bastam palavras; para falar ao coração, são necessárias obras"* (VIEIRA, 1665, p. 90-91). Dizer que é bom ser parte de uma Comunidade Religiosa e não contribuir, diretamente, com o projeto comunitário, por causa dos apegos às mesmíssimas escolhas individuais é um testemunho oblíquo. Na Comunidade Religiosa, de forma mais particular, todos e todas têm o papel de ser sal da terra: *"Vos estis sal terrae"* (Mt 5,13). Temos de fazer o que o sal faz. E o que o sal faz? Ele impede a putrefação da carne. Quando o sal não mais salga, ele não serve mais para nada! Disse Jesus: *"Vós sois o sal da terra. Mas se o sal perder seu sabor, com que se há de temperar? Para nada mais presta, senão para ser lançado fora, e ser pisado pelos homens"* (Mt 5,13). Não se pode na Comunidade Religiosa acender, ao mesmo tempo, uma vela para Deus e outra vela para o diabo. E, menos ainda, ser pregador/a de si mesmo/a. O projeto político e social da Comunidade Religiosa, sempre à luz do Carisma fundante, não está subalterno aos interesses individuais.

Os ideais comunitários devem estar sempre à frente dos quereres particulares. O sucesso comunitário está na comunhão, na solidariedade e na oblatividade de seus membros. A acelerada *"liquefação"* (BAUMAN, 2001, p. 195) da vida líquido-moderna nos traz, inelutavelmente, aborrecimento, incômodo, consequências penosas e um crescente desequilíbrio, segundo *Bauman*, *"entre a liberdade e as garantias individuais"* (BAUMAN, 2001, p. 195). Em tempos líquido-modernos vemos, implacavelmente, não somente o aumento das responsabilidades individuais, por causa do não pertencimento e descompromisso comunitário, mas também, segundo *Bauman*, *"um aspecto muito visível do desaparecimento das velhas garantias"* (BAUMAN, 2001, p. 195). Soma-se a isso, não podemos negar, o aumento da fragilidade dos laços humanos. A fragilidade e transitoriedade dos laços humanos, na modernidade líquida, atentam contra nosso papel de sal no interior da comunidade que fazemos parte e no mundo onde somos chamados a viver e crescer em comunidade de forma testemunhal: *"Vos estis sal terrae"* (Mt 5,13).

Situações paradoxais, nas palavras de Bauman, *"provocam e evocam respostas paradoxais"* (BAUMAN, 2001, p. 196). Assim sendo, à luz da emancipação e da individualização, vamos vendo a liquefação dos valores humanos fundamentais. O evangelho comunitário vem dia após dia perdendo sua relevância no admirável mundo fluido. Proliferam-se na velocidade da luz a indolência, a intolerância e a hipocrisia das elites sociais e religiosas. *"Vos estis sal terrae"* (Mt 5,13). Incertezas, infortúnios da vida urbana, ansiedade em relação ao presente, ao dia de amanhã e ao futuro mais distante, também, não nos faltam. A Comunidade Religiosa, como porto seguro, está desaparecendo. Ela está sendo tragada, rapidamente, pelas águas caudalosas que emanam da emancipação e individualização excessiva de seus membros. O destino e o sonho da comunidade encontram-se perdidos, segundo Bauman, *"no mar turbulento da mudança constante, confusa e imprevisível"* (BAUMAN, 2001, p. 196). A Comunidade Religiosa, de forma particular, e os demais modelos de comunidade existentes no mundo encontram-se em colapso. *The community of the communitarian gospel* está cada vez mais difícil de ser encontrada.

A palavra comunidade, no atual mundo líquido-moderno, é utilizada indiscriminadamente. A palavra comunidade vem perdendo sua essência, sua relevância e sua dimensão político-social. Com o advento da *identidade,* a palavra comunidade passou a ser entendida, segundo minha compreensão, como uma alegoria, um belo conto de fadas, e não mais uma experiência pessoal. A Comunidade Religiosa, particularmente, deixou de ser *Ágora.* Isto é, segundo Bauman, *"o lugar do encontro, debate e negociação entre o indivíduo e o bem comum, privado e público"* (BAUMAN, 2001, p. 51), para se transformar em um lugar abstrato, estético, irrelevante e infecundo. Sua composição, salvo raras exceções, não são mais por pessoas dinâmicas e criativas, mas por grupos afins. No interior da Comunidade Religiosa, lamentavelmente, vemos a multiplicação dos cenários distópicos, hostilidades, emboscadas e conspirações fervilhantes. O caos é bramido dos telhados. As incertezas ontológicas dos religiosos e das religiosas fazem com que eles e elas se demonizem uns aos outros e umas às outras. Inclinações e desejos fratricidas não faltam.

Na Exortação Apostólica *Evangelii Gaudium* (EG) – A alegria do Evangelho – o Papa Francisco escreveu:

> Para os que estão feridos por antigas divisões, é difícil aceitar que os exortemos ao perdão e à reconciliação, porque pensam que ignoramos sua dor ou pretendemos fazer-lhes perder a memória e os ideais. No entanto, caso vejam o testemunho de comunidades autenticamente fraternas e reconciliadas, isto é sempre uma luz que atrai (Papa Francisco. In: EG, n. 100, p. 65).

Continua nos dizendo o papa Francisco:

> Por isso me dói muito comprovar como em algumas comunidades cristãs, e mesmo entre pessoas consagradas, se dá espaço a várias formas de ódio, divisão, calúnia, difamação, ciúme, a desejos de impor as próprias ideias a todo o custo, e até perseguições que parecem uma implacável caça às bruxas. Quem queremos evangelizar com esses comportamentos? (Papa Francisco. In: EG, n. 100, p. 65).

A linguagem e a escolarização da razão, apostando sempre na autoafirmação e na autoconstrução dos indivíduos, transformam a Comunidade

Religiosa em uma verdadeira selva onde os mais fortes mandam e os mais fracos obedecem. Dominações e desejos narcisísticos impõem limites à liberdade e à missão. "*Vos estis sal terrae*" (Mt 5, 13). A desconsideração das ideias e dos desejos dos outros beira à tirania. Negligência e arrogância encontram sempre terreno fecundo para seu desenvolvimento no interior da Comunidade Religiosa. A falta de uma conversação frutífera transforma os grandes ideais da Vida Religiosa Consagrada em meras crenças. A Comunidade Religiosa é dom de Deus. Não é simplesmente um querer humano. É um chamado divino (cf. Is 6,1-13; Jr 1,4-9; Lc 6,12-16). No pretérito distante, escreveu o fundador da Congregação do Santíssimo Redentor – Santo Afonso Maria de Ligório (1696-1787) – sobre o valor e a importância da Vida Comunitária Redentorista:

> Os Redentoristas, para corresponderem a sua missão na Igreja, exercem a obra missionária de modo comunitário. Pois, a forma apostólica de vida em comum abre, do modo mais eficaz, o caminho para a caridade pastoral. Por isso, para os Redentoristas, é lei essencial de sua vida: viver em comunidade e por meio da comunidade realizar o trabalho apostólico (Const. 21. Art. 1º – **A comunidade**).

Continua nos dizendo Santo Afonso:

> Por esse motivo, sempre se considere o aspecto comunitário ao se aceitar um trabalho missionário. A comunidade, porém, não é somente a convivência material dos confrades, mas, ao mesmo tempo, comunhão de espírito e fraternidade (Const. 21. Art. 1º – **A comunidade**).

Segue Santo Afonso:

A vida comunitária leva os confrades a porem em comum, em fraterna e sincera convivência, à maneira dos Apóstolos (cf. Mc 3,14; At 2,42-45; 4,32), orações e deliberações, dores e trabalhos, sucessos e insucessos e também os bens temporais, a serviço do Evangelho (Const. 22. Art. 1º – **A comunidade**).

Por fim, mas de forma não menos importante, Santo Afonso segue nos informando, uma vez mais, sobre a vida comunitária redentorista que

> as formas concretas dessa vida comunitária devem ser harmoniosamente estabelecidas de acordo com as necessidades da evangelização e as exigências da caridade fraterna, tendo-se presente que o termo "comunidade" significa tanto a Congregação em sua totalidade quanto a (vice-) província ou a comunidade local ou pessoal (Const. 22. Art. 1º – **A comunidade**).

Em virtude dos fatos mencionados, sobre a putrefação da Comunidade, mais particularmente da Comunidade Religiosa, por causa do excesso de emancipação, individualização e a não participação de seus membros, é-se levado a acreditar que se não nos tornarmos semelhantes ao sal, no interior das mais variadas comunidades que fazemos parte, elas tendem a desaparecer ou se tornarão insossas. Isto é, perderão de vez a relevância. *"Vos estis sal terrae"* (Mt 5,13). Dado o exposto, passaremos a estudar três que marcaram a vida e a missão de São Clemente Maria Hofbauer e seu inseparável companheiro Taddeo Hübl. A saber: ***1)*** *L'ingresso nella Congregazione Redentorista (1784).* ***2)*** *I formatori.* ***3)*** *I "modelli" di vita redentorista.* Nosso estudo, indubitavelmente, contará com a reflexão e o esclarecimento de nosso confrade Padre *Vincenzo La Mendola*, em sua obra *La proposta pastorale di San Clemente Hofbauer*, in: *La Rivista Spicilegium Historicum Congregationis SSmi Redemptoris (SHCSR) 68, 2020.*

Ao contrário das duas primeiras viagens – *peregrinações* – de São Clemente Maria Hofbauer e Taddeo Hübl a Roma – *Urbs Aeterna* –, a terceira *peregrinação* a Roma foi, nas palavras de *La Mendola*, *"extensivamente documentada e estudada"* (LA MENDONA, 2020, p. 24). Esse empreendimento contou com a dedicação do Missionário Redentorista padre *Giuseppe Orlandi*, em sua obra *Gli anni 1784-1787 nella vita di San Clemente Maria Hofbauer, suggerimenti per una rilettura*, in SHCSR 34 (1986), p. 187-280. Na obra acima citada, encontram-se também as hipóteses sobre a aproximação e entrada de Clemente Hofbauer, e seu companheiro Taddeo Hübl, na Congregação Redentorista. Em sintonia com o pensamento do padre Vincenzo La Mendola, estudaremos, a partir de fontes documentais, relevantes pontos da biografia de Clemente Hofbauer. A saber: sua personalidade, sua formação religiosa e sua fisionomia como missionário redentorista. Os Redentoristas que Clemente Hofbauer encontrou *nello Stato Pontificio* marcaram profundamente sua vida. Eles muito contribuíram com a entrada de Clemente Hofbauer, também com a entrada de seu companheiro inseparável, Taddeo Hübl, na Congregação Redentorista. O *modus operandi et vivendi* desses primeiros Missionários Redentorista tiveram, segundo LA Mendola, *"um peso, não insignificante, na futura atividade pastoral desses dois redentoristas transalpinos"* (LA MENDOLA, 2020, p. 24), na Congregação Redentorista.

O ingresso na Congregação Redentorista (1784)

A primeira comunidade redentorista em que Clemente Hofbauer viveu chamava-se *San Giuliano*, também conhecida pelo nome de *San Giulianello*. Localizava-se em Roma e foi fundada em 1783. Essa residência havia sido um convento carmelita. Nessa mesma comunidade redentorista funcionava, segundo o padre *Giuseppe Orlandi*, em sua obra *I Redentoristi nello Stato Pontificio, in Storia della Congregazione del SS. Redentore*, a sede do Procurador Geral da Congregação e o Noviciado (LA MENDOLA, 2020, p. 24). A primeira comunidade redentorista era uma comunidade especial. Seus moradores eram confrades do Reino de Nápoles da segunda e terceira geração. As condições econômicas não eram boas. Clemente Hofbauer encontrou uma situação bastante precária. O início de uma fundação é sempre mais difícil! Mas tal situação não intimidava o desejo dos confrades redentoristas da casa romana no *Stato Pontificio* de pregar as Santas Missões Redentoristas no exterior. Isto é, fora *dello Stato Pontificio*. Não se podia fazer muitas missões no *Stato Pontificio*. Segundo o padre G. Orlandi:

> O Stato Pontificio no século XVIII foi evangelizado principalmente por São Leonardo de Porto Maurizio. Depois pelos Lazaristas, pelos Jesuítas e pelos Passionistas que fundaram inúmeros retiros, motivo pelo qual os Redentoristas, na segunda fase de seu assentamento lá, não tinham pedidos frequentes de missão (LA MENDOLA, 2020, p. 24).

Infelizmente, com o passar do tempo, começou a serpentear entre os confrades redentoristas da comunidade romana (1783) certo descontentamento. Alimentando-se de meras crenças particulares, eles acabaram cedendo aos encantamentos do preconceito. O descontentamento, no que diz respeito às relações com os confrades do Reino de Nápoles, logo se transformou em uma acentuada rivalidade. Esse ambiente, sem dúvidas, não era o ideal. Tensões, polêmicas e controvérsias também não faltaram no interior da pioneira comunidade redentorista. As desconsiderações das ideias e dos desejos dos *"outros diferentes"* – os que não eram oriundos do Reino de Nápoles –, evidentemente tornaram-se promotoras de tirania. Não demorou muito e logo chegou entre eles a negligência e, imperativamente, a arrogância em alguns. O melhor de uma pessoa se perde na arrogância! Essas questões acima elencadas transformaram, sem sombra de dúvida, a comunidade redentorista romana em um *"campo de batalha"* (BAUMAN, 2001, p. 57), fazendo assim, infelizmente, com que ela deixasse de ser uma *"sala de conferência"* (BAUMAN, 2001, p. 57). Isto é, um espaço aberto, dinâmico e criativo para interagir e dialogar com o *"outro diferente"*.

Foi na comunidade redentorista, acima apresentada, que São Clemente M. Hofbauer recebeu sua primeira formação redentorista, juntamente com seu inseparável amigo Taddeo Hübl. No dia 14 de outubro de 1784, Vincenzo Gagliardi – um jovem redentorista – fez sua primeira profissão religiosa na pequena Igreja de *San Giuliano*. Sendo assim, não podemos excluir a hipótese de que Clemente Hofbauer e Taddeo Hübl tenham participado, fervorosamente, desse rito de profissão religiosa tão importante para nós, Missionários Redentoristas, do pretérito distante e do tempo presente. Os religiosos que compunham a comunidade redentorista romana foram para Clemente Hofbauer e Taddeo Hübl modelos a serem imitados e seguidos. Não obstante, eles não deixaram de confrontar e pôr à prova os dois jovens postulantes das terras transalpinas. Esses foram tempos difíceis para São Clemente Hofbauer e seu companheiro. Entretanto um momento de recolhimento, oração, convivência, aprendizado, e de profundo discernimento vocacional. Eles estavam encantados com a abertura e as novas experiências pastorais. Contagiados com o jeito de ser e agir dos Missionários Redentoristas, os noviços das terras transalpinas não viam a hora de professarem seus votos na Congregação Redentorista.

Os formadores e os "modelos" de vida redentorista

A vida religiosa redentorista, apesar das dificuldades pessoais e materiais, encantava os jovens transalpinos, segundo o padre La Mendola, *"com suas observâncias, sua maneira de interpretar e viver o carisma fundamental, e com as inovações que surgiram nas formas de pregação"* (LA MENDOLA, 2020, p. 25). A comunidade redentorista romana foi mesmo, de fato, uma verdadeira comunidade formativa. Os noviços Clemente Hofbauer e Taddeo Hübl aprenderam muito com ela. Durante esse período, a Comunidade Religiosa Redentorista de Roma contava com a presença dos seguintes Missionários: padre Francesco Antonio De Paola (1736-1814), padre Giuseppe Landi (1725-1797), Isidoro Leggio (1737-1801) e, por um período, padre Carmine Picone (1727-1795). Faziam parte também dessa comunidade redentorista alguns irmãos consagrados e alguns poucos noviços, que lá se encontravam para receber o curto treinamento (formação redentorista). Padres, Irmãos e Noviços Redentoristas, do pretérito distante, incontestavelmente, foram personalidades fortes e singulares que contribuíram, seria imprudente de nossa parte negar, ou mesmo subestimar, com o futuro auspicioso da Congregação do Santíssimo Redentor.

Lembra-nos La Mendola que foi com esses Missionários Redentoristas, acima citados, que Clemente Hofbauer e Taddeo Hübl fizeram *"sua primeira experiência de vida redentorista"* (LA MENDOLA, 2020, p. 25). O noviço Clemente Hofbauer, nas palavras de La Mendola, *"era dotado de uma forte personalidade e um animado temperamento. Seu caráter era vivo e austero"* (LA MENDOLA, 2020, p. 25). Os noviços transalpinos, com seriedade e abertura de coração e mente, acolhiam com satisfação os ensinamentos dados pelos padres formadores. Esse curto percurso formativo, porém muito fecundo, contribuiu com a formação religiosa e humana dos noviços: futuros Missionários Redentoristas. Entre os padres formadores, mencionados acima, merece maior destaque, por causa de sua linha expansionista, o padre Francesco Antonio De Paola (1736-1814). Todos os confrades residentes, da pequena comunidade redentorista romana, gravitavam na órbita do De Paola. O padre Giuseppe Orlandi, em sua obra *Il Redentoristi nello Stato Pontificio*, informa-nos que De Paola, *"fez malabarismos em favor de sua linha expansionista e de suas aberturas quanto aos métodos e às formas de implementação do carisma"* (LA MENDOLA, 2020, p. 26).

Ainda, segundo G. Orlandi, na mesma obra citada, o padre De Paola *"recrutou candidatos e os treinou (formou) espiritual e culturalmente nas casas de Noviciado e Estudantado, localizadas fora do Reino de Nápoles"* (LA MENDOLA, 2020, p. 26). O De Paola era um líder nato. Ele teve uma notável ascendência sobre a pequena comunidade redentorista. Segundo La Mendola, a personalidade forte, marcante e o espírito de liderança do padre De Paola sobre os confrades vinham de *"sua sólida formação cultural, de suas fortes habilidades de falar outras línguas e de sua capacidade de negociar com a Cúria Romana e com as autoridades existentes"* (LA MENDOLA, 2020, p. 26). Informa-nos ainda La Mendola que De Paola *"gozava da confiança do padre Fundador da Congregação Redentorista: Santo Afonso Maria de Ligório, De Paola conhecia bem o temperamento do Fundador. Por esse motivo, embora com algumas reservas, ele procurava encorajar e corrigir as falhas de Sant'Alfonso oriundas de seu temperamento difícil"* (LA MENDOLA, 2020, p. 26). De Paola tinha muitas designações na Congregação Redentorista. A saber:

> Capitular, mestre de noviços, superior de diversas comunidades, pregador e superior de numerosas missões populares no Reino de Nápoles e no Stato Pontificio. O padre De Paola tinha muitos conhecimentos. Ele ministrava cursos de exercícios espirituais para o clero, a pedido dos bispos das dioceses do baixo Lazio. Os bispos o estimavam muito. Tanto que os bispos o usavam, também, como examinador do clero nas visitas pastorais (LA MENDOLA, 2020, p. 26).

Segundo o julgamento de V. Gagliardi, registrado no *Direttorio apostólico*, p. 55, De Paola, pelo fato de ter vivido na mesma época de Sant'Alfonso, foi considerado o *"principal pregador da Congregação do Santíssimo Redentor"* (LA MENDOLA, 2020, p. 26). La Mendola, ao falar dos feitos e das várias qualidades que acompanhavam De Paola nos diz que,

> o aspecto cultural no padre De Paola era predominante. Isso está demonstrado Nelle Grandezze di Maria e em algumas cartas de Sant'Alfonso, nas quais é evidente que o Fundador lhe enviou alguns trabalhos para serem revisados pelo De Paola. Seu zelo e fiel observância da *Regola originaria* são lembrados por nossos historiadores (LA MENDOLA, 2020, p. 26).

O *modus vivendi et operandi* do padre De Paola, sem sombra de dúvida, muito inspirou nosso estimado São Clemente M. Hofbauer e seu companheiro Taddeo Hübl. Aspectos substanciais e relevantes da vida e missão de Paola contribuíram com a formação da personalidade e da missionariedade de Clemente Hofbauer que foi, mais tarde, reconhecido como o Segundo Fundador da Congregação do Santíssimo Redentor. Graças a sua visão expansionista, herdada do próprio De Paola, e seu ousado, aberto, dinâmico e criativo modelo missionário, a Congregação Redentorista expandiu-se e frutificou abundantemente além da seara italiana. Clemente Hofbauer não demorou muito para encantar os olhos dos recém-chegados. Executava com responsabilidade os cargos que lhes eram confiados e seguia passo a passo o que aprendeu na breve, porém fecunda, formação redentorista que teve. Para *La Mandela*,

> É muito provável que o desejo de São Clemente Maria Hofbauer de exportar a Congregação Redentorista para além dos Alpes tenha se casado com os objetivos expansionistas do padre De Paola, [auto] investido no papel de "dilatador" da Congregação Redentorista fora do Reino de Nápoles. Nos dois noviços transalpinos, as aspirações missionárias do padre De Paola encontraram total entendimento (LA MENDOLA, 2020, p. 27).

São Clemente M. Hofbauer não foi um Missionário Redentorista pela metade. Logo ele procurou se inteirar das questões que abordavam sobre o futuro da missão redentorista nas regiões que se encontravam fora do Reino de Nápoles. No entender de La Mendola, por exemplo, a questão dos internatos nas casas redentoristas, lançada mais tarde no capítulo de Scifelli,

> foi certamente um tópico debatido na pequena comunidade redentorista romana e, portanto, abordada por São Clemente M. Hofbauer, talvez já em busca de modalidades missionárias alternativas, para implantar a Congregação Redentorista em países, no que diz respeito às Leis, Culturas e Tradições, bem diferentes da Itália (LA MENDOLA, 2020, p. 27).

São Clemente M. Hofbauer e seu companheiro inseparável, Taddeo Hübl, transmitiram seu amor pela Congregação do Santíssimo Redentor e a seu Fundador Santo Afonso Maria de Ligório. Os dois Missionários Redentoristas transalpinos, externaram, prontamente, um verdadeiro sentimento de pertencimento ao único corpo missionário. Isto é, em nada eles se sentiam diferentes dos Missionários Redentoristas do Reino de Nápoles. Lembra-nos, mais uma vez, La Mendola que,

> a admiração e o respeito de São Clemente M. Hofbauer pelo padre De Paola continuaram ao longo de toda a sua vida. Ele estabeleceu e manteve, baseando-se sempre na obediência e dependência, relações filiais com De Paola, conforme o registro de uma correspondência de arquivo (LA MENDOLA, 2020, p. 27).

Dado o exposto, podemos hipotizar que o padre Francesco Antonio De Paola, com sua visão expansionista, marcou, positivamente, a vida e missão de São Clemente M. Hofbauer e Taddeo Hübl. O mesmo não podemos dizer dos padres Isidoro Leggio e Pietro Paolo Blasucci. De Paola, graças a seus conhecimentos e sua visão de mundo, não mediu esforços para manter atualizado o carisma fundante da Congregação Redentorista em um mundo em mudança. Para De Paola, o futuro da Congregação Redentorista estava na abertura de seus membros para os *"outros diferentes"*, que se encontravam além do Reino de Nápoles. De Paola compreendia que se as comunidades redentoristas quisessem continuar, com fecundidade, sendo um sinal visível da Redenção, em um mundo marcado por relevantes mudanças, elas deveriam ser semelhantes à *Ágora* grega. Isto é, *"o lugar de encontro, debate e negociação entre o indivíduo e o bem comum, entre o privado e o público"* (BAUMAN, 2001, p. 51). A individualização e emancipação chegaram para ficar em nossas comunidades. Essas duas realidades, levadas até as últimas consequências, têm fragilizados muito nossas comunidades redentoristas. Buscas inconclusivas multiplicam-se entre nós.

Somam-se a isso temores, ansiedades e ódios compartilhados entre nós. É relevante entre nós o número de indivíduos solitários que não conseguem pensar e agir além de si mesmos, de suas próprias vontades e quereres. Não há Comunidade Religiosa que consiga sobreviver com a práxis desse *modus vivendi et operandi* liquefeito e narcisístico. Nossas comunidades, infelizmente, estão sendo ocupadas por um *"ego nu, atemorizado e agressivo"* (BAUMAN,

2001, p. 47). O Missionário Redentorista que está sempre à procura de si mesmo e de sua sociabilidade afetuosa, facilmente se perderá na selva de seu eu. O isolamento – *confinamento solitário do ego* – é para nós Missionários Redentoristas, que somos chamados para *"exercer a obra missionária de modo apostólico"* (Const. 21. Art. 1º), uma sentença de morte. Que o amor à Congregação Redentorista, a visão de mundo sempre nova e expansionista e o empreendedorismo que nortearam a vida do Missionário Redentorista De Paola e de seus confrades possam, também, fortalecer-nos para que o Evangelho possa ser anunciado de modo sempre novo no admirável mundo líquido-moderno.

O padre De Paola influenciou na escolha do modelo de missão adotado, mais tarde, por São Clemente M. Hofbauer e seu companheiro. Para Clemente Hofbauer, De Paola era um Missionário Redentorista extraordinário. Uma relevante referência que deveria ser imitada e seguida. Posteriormente, o próprio De Paola demonstrou, pessoalmente, seu interesse na futura missão que estava sob a responsabilidade dos dois confrades estrangeiros: Clemente Hofbauer e Taddeo Hübl. Em uma carta escrita no dia 31 de maio de 1788, dirigida ao Núncio Monsenhor Saluzz, está registrado o apoio do padre De Paola à futura missão transalpina. A carta diz o seguinte: *"Declaro disposto a alugar uma casa, às custas da Congregação Redentorista, para receber os novos recrutas locais (jovens vocacionados) e qualquer bom sacerdote"* (LA MENDOLA, 2020, p. 28). De Paola tinha um apreço muito grande por Clemente Hofbauer e Taddeo Hübl. Tanto que ele saiu, pessoalmente, em defesa dos dois religiosos redentoristas, das infundadas acusações feitas pelo padre Isidoro Leggio.

O padre Leggio tinha uma visão menos clara da importância da Congregação Redentorista fora do Reino de Nápoles. Segundo ele, em minha compreensão, a garantia do futuro da Congregação Redentorista estava na orientação (formação) mais rígida, particularmente, no que diz respeito à observância da antiga *Regola dell'Istituto*. Nas palavras do padre Leggio, ele não havia encontrado nenhuma mudança substancial que garantisse a permanência de Clemente Hofbauer e Taddeo Hübl na Congregação Redentorista. Ainda, segundo Leggio, os dois redentoristas *"estavam mais preocupados em adaptar a Regola dell'Istituto aos costumes da Nação e aos novos tempos"* (LA MENDOLA, 2020, p. 28), do que vivenciá-las no dia a dia de suas vidas. A atitude de Leggio aproximou, ainda mais, o padre De Paola dos dois Missionários Redentoristas das terras transalpinas. Prontamente, ele demonstrou abertura e elasticidade em relação a eles. Disse até que mandaria reforços da Itália. Caso não desse certo o projeto de fundação fora do Reino de Nápoles – *missão transalpina* – ele os traria novamente para o *Stato Pontificio*. Sem o devido apoio a evangelização nova não tem como acontecer.

O padre De Paola foi muito além. Ele confiava plenamente no empenho de Clemente Hofbauer e de seu companheiro Taddeo Hübl. Sendo assim, ele lhes deu total confiança e liberdade de movimento. Como se isso não bastasse, De Paola, segundo La Mendola, *"nomeou 'verbalmente' São Clemente M. Hofbauer Vigário Geral e o confirmou nessa posição, no dia 21 de maio de 1788"* (LA MENDOLA, 2020, p. 28). A fórmula que usou De Paola deu a São Clemente M. Hofbauer grande liberdade de ação: "*Eu constituo você nosso Vigário Geral para todas as coisas possíveis*" (LA MENDOLA, 2020, p. 28). Clemente Hofbauer, por sua vez, continuou tranquilo. Não fez dessa nomeação um trampolim para atingir aqueles que não o apoiavam, e até queriam ver ele e Taddeo Hübl fora da Congregação Redentorista por causa da não observância mais rígida *della Regola dell'Istituto*. Ao contrário, ele conservou seu respeito e uma atitude sincera de grande estima por seu primeiro Superior Geral, padre De Paola. A implantação de uma nova evangelização que contemplasse os *"outros diferentes"*, isto é, os que se encontravam fora do Reino de Nápoles, foi bastante rejeitada por alguns que nos antecederam. Sem a devida *Reestruturação*, para a missão, a nova evangelização não acontece. Só a observância constitucional não é suficiente para garantir o futuro, saudável e sustentável, da Congregação Redentorista e suas demais comunidades espalhadas mundo afora.

Dado o exposto, passo a falar agora do padre Pietro Paolo Blasucci (1729-1817). O historiador F. Ferrero, em sua obra *Función histórica de San Clemente Maria Hofbauer em la Congregatiòn del Ssmo. Redentor* (1785-1820), informa-nos que

> as relações do padre Blasucci com São Clemente M. Hofbauer e a comunidade redentorista bennonita não eram serenas, como nos indicam algumas cartas, endereçadas ao novo Superior Geral da Congregação Redentorista, nas quais Clemente Hofbauer

> reclama da indiferença e pouco cuidado como o ramo nórdico da Congregação Redentorista pelos confrades da Itália (F. FERRERO. SHCSR, 1986, p. 329-330).

Lamentavelmente, a indiferença e o pouco cuidado do padre Blasucci e de outros Redentoristas da Itália pela pessoa de Clemente Hofbauer e a pequena comunidade redentorista de *San Bennone – que havia sido fundada nas terras transalpinas* –, em meu modo de entender, foram moldados na forja do preconceito, da intolerância e do medo do novo. A atitude de Blasucci é infinitamente inaceitável. Segundo La Mendola,

> o padre Blasucci não teve um conhecimento direto dos dois redentoristas transalpinos. Ele permaneceu, a maior parte de seu tempo, fechado no Reino de Nápoles, alimentando-se de sua própria mentalidade, principalmente no que se dizia a respeito à missão redentorista fora do Reino de Nápoles (LA MENDOLA, 2020, p. 29).

Como se isso não bastasse, continua nos informando La Mendola que

> Blasucci enviou uma carta ao Núncio Saluzz, no ano de 1793, na qual ele definiu, com um apelativo infeliz, a Comunidade Redentorista de San Bennone como "bambina". Quando esse inaceitável episódio aconteceu, a comunidade de San Bennone já estava no pleno exercício de seu ministério missionário (LA MENDOLA, 2020, p. 29).

O padre Blasucci e seus consultores ignoravam completamente a fundação da comunidade redentorista transalpina, seus membros e sua missão. Eles não entenderam o compromisso e a abertura apostólica da comunidade redentorista bennonita. O fato de Blasucci ter chamado a comunidade bennonita de *"criança"* e o desinteresse dos confrades redentoristas da Itália pelo ramo nórdico da Congregação Redentorista muito entristeciam São Clemente Maria Hofbauer e seu companheiro Taddeo Hübl. Recorda-nos La Mendola que Clemente Hofbauer, certa vez, lamentou o ocorrido com pesar, em uma carta confidencial endereçada a um amigo seu de *Spello*, Paolo Chiodetti. Escreveu Clemente Hofbauer: *"Faz mais de 20 anos que ele disse ao nosso Superior Geral na Itália que eles não podem atrair estrangeiros, e agora teria sido melhor para a Congregação Redentorista se eles tivessem mostrado outro caminho em sua conduta*" (LA MENDOLA, 2020, p. 29). Curiosamente, o pronome que aparece na carta escrita por São Clemente M. Hofbauer, para seu amigo Chiodetti, é "*eles*". Quem é que não pode atrair estrangeiros? Clemente Hofbauer e Taddeo Hübl? Não. Quem nada quer fazer pelo bom êxito da missão transalpina, fora da seara italiana, mais especificamente napolitana, são os Redentoristas do Reino de Nápoles alimentados pelas ideias obtusas, infrutíferas e preconceituosas do padre Blasucci.

Ora, o que temos aqui? Infelizmente, temos uma declaração explícita, clara, objetiva contra a abertura da Congregação Redentorista para um novo mundo que começa a surgir. O medo do "*outro diferente*" e a incapacidade de alguns Missionários Redentoristas, do pretérito distante, de lidar com o advento a ambivalência quase exterminaram a missão redentorista fora *dello Regno di Napoli*. Para os Redentoristas *dello Regno di Napoli*, penso eu: era melhor, mais seguro, mais coerente permanecer com Sant'Alfonso para sempre sob a tutela *dello Stato Pontificio* em plena defesa da *Regola originaria*, do que comungar com São Clemente M. Hofbauer que dizia que para que o carisma fundacional e a missão redentorista fossem compreendidos e sobrevivessem aos novos tempos urgiam velozmente relevantes modificações.

De volta ao período formativo – *Noviciado* – de Clemente Hofbauer e Taddeo Hübl, desejo, neste momento, mencionar o nome do padre Giuseppe Maria Landi. No exercício de sua função de Mestre de Noviços foi, incontestavelmente, uma figura-chave. Lembra-nos La Mendola que o padre Landi foi "*uma das personalidades mais representativas da segunda geração de Redentoristas*" (LA MENDOLA, 2020, p. 29). Segundo um antigo documento da Casa de Scifelli, Landi foi uma "*figura austera*" *e reconhecido por sua "modéstia religiosa singular" que a todos contagiava. Ele foi o primeiro biógrafo de Sant'Alfonso e o primeiro historiador da Congregação Redentorista*" (LA MENDOLA, 2020, p. 29). Padre Landi, "*religioso de vida santa*", encantou a vida de São Clemente M. Hofbauer: *Il Santo della preghiera e dell'azione*. Padre Landi, um dos primeiros discípulos de Sant'Alfonso, tinha um espírito vibrante. Homem de vida simples, porém muito austera, observava a Regola originaria *dell'Istitudo alfonsiano*. Externava, sem esforço, seu amor a Deus. Admirava com ternura os bons exemplos e respeitava todos aqueles que possuíam dignidade de caráter. Santo homem!

O padre Landi, segundo La Mendola, *"foi Reitor de Ciorani (1764), Scifelli (1778-1794; 1794-1797) e Gubbio (1782). Sua história sobre a Congregação Redentorista foi concluída no dia 15 de julho de 1782. Essa importante tarefa foi solicitada pelo padre De Paola"* (LA MENDOLA, 2020, p. 30). Na casa de Frosinone, encontra-se o retrato do padre Landi com a seguinte inscrição: *"Unus ex primis in regulari observantia contempto sui at animarum zelo conspicuus" – "Um dos primeiros na observância regular e desprezo de si mesmo e de seu zelo pelas almas"* (LA MENDOLA, 2020, p. 30). Padre Landi foi um Redentorista austero e muito conhecido pela observância dos princípios fundantes da Congregação Redentorista. Conta-nos La Mendola que o padre Landi, *"escrevendo para a Congregação dos Bispos e Regulares, em 1780, prometeu observar e fazer ser observada a antiga Regra de Bento XIV"* (LA MENDOLA, 2020, p. 30). Novamente, informa-nos La Mendola que Landi *"foi um dos missionários mais célebres da segunda geração dos Redentoristas. Landi foi companheiro de Sant'Alfonso. Assim sendo, foi ele que o sugeriu ao padre De Paola como possível superior da missão"* (LA MENDOLA, 2020, p. 30).

Ainda, segundo La Mendola, *"quem ensinou ao padre Landi o método das missões foi o padre De Paola. Tudo que o padre Landi aprendeu sobre as missões ele passou aos demais congregados dos quais ele era formador e superior nas casas Scifelli, Spello e Frosinone"* (LA MENDOLA, 2020, p. 30). E, por fim, porém não menos importante, o ensino pastoral do padre Landi nos foi transmitido, nas palavras de La Mendola, *"pelo redentorista Vincenzo Gagliardi, em seu Diretório Apostólico, escrito mediante sua solicitação. Padre Landi foi, também, um dos colaboradores mais próximos do padre De Paola e representava a parte mais moderada de sua comitiva"* (LA MENDOLA, 2020, p. 30). Diante dos fatos acima mencionados, somos levados a acreditar que, realmente, o padre Landi foi uma figura-chave na história da Congregação Redentorista. Sua presença no curto noviciado, porém intenso e fecundo, muito ajudou no discernimento vocacional de São Clemente M. Hofbauer e Taddeo Hübl Landi; foi uma figura-chave no curto noviciado, especialmente para a formação espiritual dos dois noviços transalpinos.

O padre Landi foi um Missionário Redentorista muito dinâmico e dedicado em sua missão de Mestre de Noviços. Graças a sua dinamicidade, criatividade e empenho ele, em tão pouco tempo, nas palavras de La Mendola,

> educou os dois noviços transalpinos à Vida Religiosa Redentorista, na edição do Regimento e das Constituições de 1764, transmitindo-lhes as principais coordenadas da espiritualidade redentorista, um método de vida comunitária e as características essenciais do carisma do instituto alfonsiano (LA MENDOLA, 2020, p. 30-31).

Clemente Hofbauer e Taddeo Hübl eram duas personalidades muito interessadas nos ensinamentos do padre Landi. Os dois, graças à experiência religiosa experimentada em *Tivoli*, adquiriram um caminho espiritual bem estruturado que, segundo La Mendola, *"só precisa ser redefinido e caracterizado na identidade redentorista"* (LA MENDOLA, 2020, p. 31).

Em vista dos argumentos acima apresentados, a respeito de alguns Missionários Redentoristas que marcaram e influenciaram no *modus vivendi* e no *modus operandi* missionário de Clemente Hofbauer e Taddeo Hübl, conclui-se que o redentorista mais polêmico do grupo, nas palavras de La Mendola, *"foi certamente o padre Isidoro Leggio: um sujeito turvo e inquieto"* (LA MENDOLA, 2020, p. 31). Entretanto, foi ele um Redentorista muito dedicado com as questões da Congregação Redentorista. Lembra-nos La Mendola que o padre Leggio foi *"Procurador-Geral da Congregação, consultor e admoestador, até o então ano de 1785"* (LA MENDOLA, 2020, p. 31). Mais uma vez, informa-nos La Mendola que o padre Leggio foi um Redentorista de *"personalidade muito forte e incisiva, independente e conduzida ao partidarismo. Segundo o juízo do padre Tannoia, o padre Leggio foi considerado o principal responsável pela divisão da Congregação Redentorista"* (LA MENDOLA, 2020, p. 31).

Nos dizeres do padre La Mendola, o padre Isidoro Leggio *"era um Redentorista com seus ideais de vida religiosa e espiritualidade conquistados ao longo da formação e primeiro apostolado"*. Informa-nos, uma vez mais, La Mendola que *"o padre Leggio havia adquirido experiências pastorais e missionárias, e recebeu uma boa preparação teológica e espiritual, como está evidenciado por seus trabalhos publicados:* ***O homem de conduta, com a luz da boa filosofia, empenhado em seus deveres****, publicado em Nápoles, em 1794, e* ***O sacerdote em solidão concentrado em seus deveres****, publicado também em Nápoles, no ano de 1797"* (LA MENDOLA, 2020, p. 31). Padre Leggio foi uma testemunha viva diante do clero. De modo incansável pregou muitos retiros espirituais para o clero de seu tempo, não raramente, influenciado pelo advento do século das luzes (1715-1789). Mais tarde, o padre Leggio foi eleito bispo de Umbriatico, na Calábria, onde ele teve um evento tempestuoso, que terminou com sua morte em um eremitério. Nas palavras de La Mendola,

> não sabemos o quanto sua figura influenciou os dois noviços não italianos – Clemente Hofbauer e Taddeo Hübl –, mas podemos hipotizar que ele também teve seu ascendente, sobretudo pela espiritualidade sacerdotal, marcada pela fidelidade a sua missão e ao aspecto da busca pela solidão, elementos básicos na experiência religiosa subsequente de São Clemente Maria Hofbauer (LA MENDOLA, 2020, p. 31).

Lamentavelmente, o padre Leggio não demonstrou nenhuma docilidade e flexibilidade em relação à fundação da comunidade redentorista polonesa. Sua visão, extremamente legalista, e sua formal observância da *Regola* o impediram de ver o valor e a importância da fundação de uma comunidade redentorista nas terras transalpinas. No entanto, os dois noviços, Clemente Hofbauer e Taddeo Hübl, não se deixaram abater pelo clima de tensões existentes na comunidade. Nas palavras de La Mendola, *"eles eram adultos e possuíam fortes experiências espirituais"* (LA MENDOLA, 2020, p. 32). As três figuras-chaves: *Padre Francesco Antonio De Paola* (1736-1814), *Padre Giuseppe Landi* (1725-1797) e *Padre Isidoro Leggio* (1737-1801), seria imprudente de nossa parte negar, caracterizaram a pequena comunidade *sangiulianese* com alguns relevantes elementos que foram transmitidos, exemplarmente, aos noviços transalpinos: Clemente Maria e Taddeo Hübl. A saber: *"**A)** Amor pela Congregação Redentorista e seu Fundador Sant'Alfonso; **B)** Plano futuro de expandi-la para além da Europa; **C)** Lealdade ao modo de vida redentorista com todas as suas observâncias; **D)** Amor à cultura, uma ideia mais aberta e possível sobre as modalidades de implementação do carisma original"* (La Mendola, 2020, p. 32).

Clemente Hofbauer e seu inseparável amigo Taddeo Hübl, com bravura e determinação, internalizaram os elementos acima elencados de maneira eficaz. Nos diz o padre La Mendola que *"São Clemente M. Hofbauer considerou o tempo de noviciado como o mais feliz de toda a sua vida"* (LA MENDOLA, 2020, p. 32). Após esse breve tempo de noviciado, no então ano de 1786, logo após a ordenação, os padres Clemente Hofbauer e Taddeo Hübl, nas palavras de Otto Weiss, editor da História da Congregação Redentorista, "*voltaram para o norte e detiveram-se um ano em Viena – a cidade iluminada – para completar seus estudos*" (WEISS, 2011, p. 11). Mais tarde, lembra-nos Weiss, "*Clemente Hofbauer foi nomeado Superior de todas as casas a serem fundadas ao norte dos Alpes. Foi-lhe também conferido o título de Vigário-Geral pelo Superior-Geral de Roma*" (WEISS, 2011, p. 11). Segundo nossas fontes históricas os padres Clemente Hofbauer e Taddeo Hübl, *Redentoristas transalpinos*, continuaram vivendo a vida e a missão redentorista com alegria, ardor e determinação, apesar das dificuldades.

Os alemães que participavam da Irmandade de São Beno, em Varsóvia, precisavam de um padre. Os dois Redentoristas transalpinos atenderam prontamente o pedido da Irmandade de São Beno. Dessa forma, nas palavras do historiador Weiss, "*nasceu a primeira casa fora da Itália, na então Varsóvia Prussiana, à qual dentro de 20 anos chegaram membros, não só alemães, como também poloneses e franceses emigrantes*" (WEISS, 2011, p. 12). Ainda, segundo Weiss, "*uma consequência do rápido crescimento dessa comunidade foi que, no edifício realmente pobre, passaram a viver três até quatro padres no mesmo quarto*" (WEISS, 2011, p. 12). A pastoral na igreja de São Beno era intensa. Com o passar do tempo, graças ao empenho dos padres Clemente Hofbauer e Taddeo Hübl, a igreja de São Beno se tornou logo um centro religioso. Deve-se mencionar aqui, segundo Weiss, a iniciativa do padre Clemente Hofbauer de "*organizar os leigos ou Associação dos Oblatos, criados para fomentar a Fé e elevar a moralidade*" (WEISS, 2011, p. 12).

A fundação de Varsóvia ia de vento em popa. Ela nunca foi um convento. Era proibido erigir tais conventos. Infelizmente, por causa das mais diversas circunstâncias, principalmente políticas, no dia 20 de junho de 1808, nas palavras de Weiss, "*caiu a florescente comunidade de Varsóvia, vítima da dissolução por ordem de Napoleão*" (WEISS, 2011, p. 12). Esse episódio político foi um golpe fatal na missão redentorista transalpina, mas não suficientemente forte para desmotivar os padres Clemente Hofbauer e Taddeo Hübl. O padre Clemente Hofbauer, por exemplo, começou tudo de novo em Viena, com alegria e ardor missionário, apesar de seus 57 anos. Lembra-nos Weiss que, "*de 1808 a 1813, o padre Clemente Hofbauer serviu na igreja nacional dos italianos, igreja dos Manoritas. De 1813 em diante ele atuou como confessor e Reitor da igreja Santa Úrsula*" (WEISS, 2011, p. 12-13). O padre Clemente Hofbauer não tinha paróquia em função específica.

Fazia de tudo um pouco. Era um missionário à disposição de todos. Nunca foi inativo. Louvado seja Deus pela vida e missão de São Clemente Maria Hofbauer e seu inseparável amigo Taddeo Hübl. Lembra-nos Weiss que Clemente Hofbauer desenvolvia, com zelo e ardor apostólico,

> uma atividade pastoral e caritativa quase inacreditável. Atuou como confessor, pregador, mas também como conselheiro dos Núncios, e ainda achava tempo bastante para levar mantimentos aos pobres que se encontravam nos subúrbios da cidade de Viena e dedicava-se, incansavelmente, ao apostolado junto dos moradores das periferias. Visitava os enfermos, agonizantes e os desesperados (WEISS, 2011, p. 13).

Informa-nos, uma vez mais, Weiss que

> não demorou muito, e o padre Clemente Hofbauer tornou-se o centro de diversos círculos de acadêmicos, estudantes e professores, entre eles figuras de liderança do Romantismo de Viena (WEISS, 2011, p. 13).

Levando-se em consideração os aspectos apresentados sobre o ingresso de São Clemente M. Hofbauer e Taddeo Hübl e, particularmente, sobre os formadores, com seus respectivos modelos de vida redentorista, somos levados a acreditar, de fato, que viver e crescer em comunidade não é tarefa fácil. Para tal fim é preciso muita determinação. Principalmente, neste tempo em que somos influenciados pelos princípios da liquefação. Em nossas comunidades redentoristas e, é claro, também em outros modelos existentes de comunidades, vemos os efeitos colaterais, negativos, da emancipação e da individualização de seus respectivos membros. Sob a regência do comunitarismo ambicionamos, cada vez mais, os *"sentimentos hedonísticos e a busca do 'eu primeiro'"* (BAUMAN, 2001, p. 33). O poder emancipatório dessas ideias, inevitavelmente, a boa convivência religiosa, é substituída pela dominação que se apresenta a cada um de nós com todo o seu séquito de horrores. A satisfação dos desejos narcisísticos, acima de qualquer preço, impõe novas limitações à liberdade pessoal e comunitária.

Em nosso estudo, vimos que três missionários redentoristas marcaram, profundamente, a vida de Clemente Hofbauer e Taddeo Hübl. A saber:

padre Francesco Antonio De Paola, padre Giuseppe Landi e padre Pietro Paolo Blasucci. Essas três figuras-chaves não são, meramente ou exclusivamente, três pessoas propriamente ditas. São, ao contrário do que se pensa, três visões distintas a respeito do futuro da Congregação Redentorista. São três desconformes visões de mundo. O padre De Paola, com sua visão expansionista e conhecedor das ideias que emanam do século das luzes – *Iluminismo* –, navegou solitário pelas águas turvas e tenebrosas que transbordavam do pensamento e da obtusa visão de mundo, e da incapacidade de saber lidar com a ambivalência – *"outros diferentes"* –, dos padres Leggio e Blasucci. Esses dois missionários redentoristas têm seus méritos na história da Congregação Redentorista, entretanto, segundo minha compreensão, não mediram esforços para colocar Clemente Hofbauer e Taddeo Hübl para fora da Congregação Redentorista alegando, sobretudo, que ambos não eram exímios observadores da *Regola originaria*. Estavam eles mais preocupados em formular novas adaptações do que seguir, fidedignamente, os passos de Sant'Alfonso.

Nos dias atuais, cogita-se muito entre nós a respeito da Reestruturação. Nosso Reverendíssimo padre Michael Brehl, Superior Geral da Congregação do Santíssimo Redentor (2020), no Prefácio dos Documentos Finais do XXIV *Capitulum Generale* – Edição portuguesa *Curie Génerale C.Ss.R. Romae,* 2010 –, tendo em vista o *"Anúncio do Evangelho de Modo Sempre Novo"* (São Clemente M. Hofbauer), recorda-nos que *"o processo de reestruturação é um processo de conversão e renovação. É um chamado a um espírito renovado e a uma profunda renovação de vida apostólica"* (BREHL, 2009, p. 5). A conversão e a renovação, para melhor missionar e ser missionado, são dois *modus vivendi et operandi* vitais para garantir a eficácia do Carisma e da Missão Redentorista em um mundo fortemente regido pela liquefação. O *"Anunciar o Evangelho de Modo Sempre Novo"* depende muito da conversão e renovação de cada Missionário Redentorista. A Reestruturação, antes de ser um projeto comunitário, é primeiro uma adesão, um projeto pessoal.

Em tempos líquido-modernos precisamos perscrutar os novos sinais dos tempos. A modernidade fluida, imediata, leve e infinitamente mais dinâmica, exige que despertemos a autoconsciência, a compreensão e a responsabilidade individuais. Principalmente nesta época em que visualizamos, no interior de nossas comunidades redentoristas, a proliferação dos sentimentos hedonísticos, a busca crescente do eu primeiro, a expansão da tendência ao totalitarismo. O poder emancipatório dessas ideias e comportamentos limita a liberdade e prioriza os desejos narcisísticos entre nós. A imaturidade crescente entre nós e os excessos de emancipação e individualização nos impedem de ser, segundo Brehl, *"solidários com os povos e com confrades que diferem de nós pela cultura, língua, raça e etnia"* (BREHL, 2009, p. 6). O medo do *"outro diferente"* é fonte geradora do chauvinismo, do racismo, da intolerância e da xenofobia. Daí nos vem a relevância da reestrutura e a necessidade, urgente, de compreendê-la, lembra-nos Brehl, *"como um chamado a uma conversão radical e a uma renovação profética"* (BREHL, 2009, p. 6).

Ventos impetuosos sopram e nuvens pesadas se formam no horizonte espistemológico da missão redentorista no mundo. Por isso é vital que cada Redentorista, que participa da vida e missão da Congregação do Santíssimo Redentor, fundada por Sant'Alfonso Maria de Ligório (1732), seja convocado pelo Espírito Santo e pelo Carisma fundante da Congregação Redentorista, nas palavras do padre Brehl, *"a uma profunda reflexão sobre a nossa identidade e nossa missão"* (BREHL, 2009, p. 6). Não tenhamos medo! Permitamo-nos ser guiados pelo Espírito de Jesus Redentor (cf. Lc 4,18-19) e acompanhados por nossa Mãe do Perpétuo Socorro e por Sant'Alfonso, nosso pai e companheiro no pretérito distante e nos dias atuais. Que a audaz iniciativa missionária que encorajou São Clemente M. Hofbauer e seu companheiro Taddeo Hübl nos dê coragem para *"Anunciar o Evangelho de Modo Sempre Novo"* na atualidade, fortemente influenciada pelos princípios da Modernidade Líquida. Por fim, mas de forma não menos importante, recorda-nos a Constituição 20 que nós, os Missionários Redentoristas, somos e temos uma missão no mundo onde somos chamados a viver. Vejamos:

> Fortes na fé, alegres na esperança, fervorosos na caridade, inflamados no zelo, humildes e sempre dados à oração, os Redentoristas, como homens apostólicos e genuínos discípulos de Santo Afonso, seguindo contentes a Cristo Salvador, participam de seu mistério e o anunciam com evangélica simplicidade de vida e de linguagem, pela abnegação de si mesmos, pela disponibilidade constante para as coisas mais difíceis, a fim de levar aos homens a copiosa redenção (**Const. 20**).

A Comunidade Religiosa Redentorista foi gerada no horizonte epistemológico do Evangelho. Ela é dom de Deus, chamado divino (cf. Is 6,1-13; Jr 1,1-10; Mt 4,18-22), e não meramente um querer humano. Assim sendo, ela não pode parecer ética. Ao contrário, ela tem de ser, legitimamente, ética. Principalmente porque quando a Comunidade Religiosa perde sua eticidade ela perde, fatalmente, sua missão ou capacidade de *Ágora*. Isto é, recordando as palavras do sociólogo Zygmunt Bauman, *"seu lugar de encontro, debate e negociação entre o indivíduo e o bem comum, entre o privado e o público"* (BAUMAN, 2001, p. 51). Sem a capacidade política para dialogar com os *"outros diferentes"*, a Congregação Redentorista passa a ser, então, constituída por grupos afins. Tal prática, irrevogavelmente, leva todas as comunidades redentoristas, a passos largos, para o gueto. A guetificação é o fim último da comunidade, seja ela religiosa ou não. Infelizmente, em tempos líquido-modernos, somos conduzidos, facilmente, pelo permissivismo. Soma-se a tal prática o excesso de emancipação e de individualidade. Nada, ou quase nada, é mais errado.

Tudo é agora explicado a partir da liberdade de escolha do indivíduo, o único capaz de discernir entre o certo e o errado, ou pelo culturalismo. Quando a unidade, no interior de nossas comunidades redentoristas, principalmente naquelas constituídas de grupos afins, é garantida pela naturalização dos fatos, por mais graves que eles possam vir a ser, é porque estamos bem mais próximos da guetificação do que imaginamos. A liberdade, no entanto, deixou de ser uma necessidade compreendida e transformou-se em devassidão ou em insubmissão. Infelizmente, a lealdade à escolha que fizemos deixa muito a desejar. O esforço para viver à altura do modelo de vida que fomos chamados para viver e testemunhar o Carisma fundante é muito tímido. Daí a necessidade da conversão, da renovação pessoal e comunitária – *Reestruturação* –, para garantir a eficácia da Missão Redentorista em um mundo fluido.

No mundo líquido-moderno aumentam as possibilidades de escolhas. Temos a nossa frente uma infinidade de diferentes referenciais de pertencimento. No entanto percebemos a falta de raízes. Isto é, sustentação. Tudo dura até o tempo que tem de durar. Nada mais precisa ir além do querer ou da vontade do indivíduo. É o indivíduo, e tão somente ele, que determina a relevância dos fatos ou dos acontecimentos a seu redor. Há outros tipos de lealdades! As comunidades, religiosas ou não, existentes na atualidade líquido-moderna, por exemplo, não são mais um porto seguro. Elas são, antes, não podemos negar, lugares de tensões, conflitos e dissabores. Elas, lamentavelmente, tornaram-se um paraíso perdido. Nelas, a base legítima da unidade e fundamentação que sustenta o elo entre *"eu"*, *"você"* e *"eles"*, para formar o *"nós"*, está se liquefazendo na velocidade da luz. E dessa forma, infelizmente, sobrevive somente e unicamente o *"eu"*. Isto é, o indivíduo acima do cidadão. O excesso de emancipação e de individualização, atualidade fluida, atentam contra a edificação de uma sociedade mais plural e com disposição para dialogar com os *"outros diferentes"* de nós. Portanto faz-se urgentemente necessário recuperar o papel social e político de nossas comunidades para que elas continuem sendo sal e luz do mundo (cf. Mt 5,13-14). *Vos estis sal terrae.* Se o sal perde o gosto não serve para mais nada. O mesmo acontece com a luz. Se ela fica escondida as boas obras não podem ser vistas pelos homens. *Vos estis sal terrae.*

Dado o exposto, é importante que todos se esforcem para que o evangelho comunitário se torne claro na atualidade líquido-moderna, fortemente marcada pelos desejos narcisísticos e sentimentos hedonistas. Por isso faz-se necessário acionar o comunitarismo, apesar de estarmos vivendo no *wonderful liquid-modern world.* A esperança não está totalmente perdida. Ainda há tempo para acionarmos as ambições comunitárias, há muito tempo sufocadas pela busca incansável do *'eu primeiro'*. As comunidades religiosas, de forma particular, e todos os outros modelos de comunidades existentes, de modo geral, devem-se autoafirmar diante do individualismo crescente entre nós. Com bravura, nós, missionários redentoristas, e todos os homens e todas as mulheres de boa vontade devemos lutar contra todo e qualquer tipo de paroquialismo, costumes, dialetos e tradições comunitárias, que possam vir a pôr em risco a qualidade de vida das minorias existentes. Não há mais espaço para a força da doutrinação. O diálogo aberto e ético com os *"outros diferentes"* é a saída. Afirmar nossa existência pela agressão e pelo ódio aos *"outros diferentes"* é um enorme infortúnio. Reestruturemos para a missão.

Tem muita gente fazendo apologia ao entorno da benevolência em relação à variedade cultural. Mas na hora de inculturar-se, abrir as portas para a ambivalência e optar, com respeito e ternura, pelas minorias étnicas e religiosas, deixamo-nos ser tomados pelo medo. Temos medo do *"outro diferente"*. E, assim, traçamos uma linha divisória, tênue que seja, entre *"nós"* e *"eles"*. No mundo em que vivemos, estamos rodeados de hipocrisias. Essas evidentes hipocrisias nos tomam pela mão e nos conduzem até a tirania. E aí, embalados pela mera retórica, anunciamos dos telhados, usando a terminologia de Claude Lévi-Strauss, modelos de comunidades, religiosas ou não, com estratégias ***"antropofágicas"*** ou ***"antropoêmicas"*** (BAUMAN, 2001, p. 201). A estratégia do primeiro modelo de comunidade, segundo Claude Lévi-Strauss, é *"devorar"* os diferentes (estrangeiros) até que eles sejam assimilados pelo corpo de quem os devora. O desejo aqui é fazer com que o *"outro diferente"* se torne igualzinho a mim. A segunda estratégia que acompanha o segundo modelo de comunidade vigente na atual era líquido-moderna, diferentemente do primeiro modelo acima mencionado, é *"vomitar"* e *"cuspir"* aqueles, novamente citando Claude Lévi-Strauss, que não são *"aptos a ser nós"* (BAUMAN, 2001, p. 201). A questão aqui é: quem não se adequar a nosso grupo, em grau, gênero e número seja isolado, atrás dos muros visíveis ou invisíveis dos guetos existentes. Limpeza ética não falta entre nós! Sem conversão, renovação e reestruturação não tempos como nos livrarmos do medo e da intolerância zero. Tão comum entre nós quando se trata do *"outro diferente"*.

Palavras-chave

Congregação Redentorista. Formadores. Expansionismo. Regola Originaria. Observância. Modelo de missionário. Pertencimento. Outro diferente. Conversão. Renovação. Reestruturação. Sinais dos tempos. Desejos Narcísicos. Hedonismo. Eu. Nós. Eles. Chauvinismo. Xenofobia.

Questões para refletir e melhorar

1. Atualmente, a comunidade que você vive se inspira pelas estratégias antropofágicas ou antropoêmicas?
2. Como você trata as pessoas diferentes de nós?
3. Você tem se deixado atrair pela semelhança ou pela diferença?
4. Qual é, no interior de sua comunidade, a qualidade do tratamento do *"outro diferente"*?
5. A quantas anda a hipocrisia em sua comunidade?

6. Qual é a qualidade de nossa hospitalidade? Estamos, como Redentoristas, acolhendo bem as minorias? Estamos tendo a coragem de dizer a verdade, ainda que seja desagradável?
7. Como você vê nosso processo de Reestruturação para a missão? É bom? Ruim? Ou relativo? Um projeto distópico?

Bibliografia

ALIGHIERI, Dante. *The Divine Comedy*. Translate by Henry Wadsworth Longfellow. First published in 2015 by Race Point Publishing.
BAUMAN, Zygmunt. *Modernidade Líquida*. Tradução, Plínio Dentzien. Rio de Janeiro: Jorge Zahar Ed., 2001, p. 33, 51, 54, 57, 193-201.
BREHL, Michael. *Prefácio*. In: XXIV Capitulum Generale. Documentos Finais. Romae, 2009, p. 5-6.
Constituições e Estatutos da Congregação do Santíssimo Redentor. Aparecida, SP: Editora Santuário, 2004, p. 16, 18-19.
F. FERRERO. *Función histórica de San Clemente Maria Hofbauer em la Congregatiòn del Smo. Redentor (1785-1820)*, in SHCSR 34 (1986), p. 329-330. Apud LA MENDOLA, Vincenzo. *La proposta pastorale di San Clemente Hofbauer*. In: SHCSR 68 (2020), p. 29.
FRANCISCO, Papa. *Exortação Apostólica Evangelii Gaudium* (EG), n. 100. Paulus, Edições Loyola, 2014, p. 65.
LA MENDOLA, Vincenzo. *La proposta pastorale di San Clemente Hofbauer*. In: SHCSR, 68 (2020), p. 24-32.
LÉVI-STRAUSS, Claude. Apud BAUMAN, Zygmunt. *Modernidade Líquida*. Tradução, Plínio Dentzien. Rio de Janeiro: Jorge Zahar Ed., 2001, 201.
ORLANDI, Giuseppe. *Gli anni 1784-1787 nella vita di San Clemente Maria Hofbauer, suggerimenti per una rilettura*. In: SHCSR 34 (1986), p. 187-280. Apud LA MENDOLA, Vincenzo. *La proposta pastorale di San Clemente Hofbauer*. In: SHCSR 68 (2020), p. 24.
VIEIRA, Antonio. *História do futuro* / Antonio Vieira. SJ; José Carlos Brandi Aleixo (Org.). Brasília: Editora Universidade de Brasília, 2005, p. 90-91.
WEISS, Otto. *Encontros com São Clemente* (1751-1820). Tradução Clóvis Bovo. Aparecida, SP: Editora Santuário, 2011, p. 11-13.

6. Qual é a qualidade de vida e a hospitalidade? Estamos [illegible] [illegible] [illegible] as [illegible] [illegible] [illegible] [illegible] [illegible] [illegible]

ALBERIGO, [illegible] Madrid [illegible]
BAUMAN, Zygmunt. [illegible]
BRESCIANI, Alfonso. Prefácio. In: XXIV Capitulum Generale [illegible] Roma, 2009 [illegible]
[illegible] Capítulo Geral [illegible] Santíssimo Redentor [illegible]
[illegible], Fabriciano. [illegible] San Clemente Maria Hofbauer [illegible] SHCSR 34 (1986), p. 129-240. Apud LA MENDOLA, Vincenzo. La proposta comunitaria di San Clemente Hofbauer. In: SHCSR 68 (2020), p. 29.
FRANCISCO. [illegible] 100 [illegible] Paulus [illegible] Loyola, 2014, p. 65.
LA MENDOLA, Vincenzo. La proposta comunitaria di San Clemente Hofbauer. In: SHCSR 68 (2020), p. 24-32.
LEVI-STRAUSS, Claude. Apud BAUMAN, Z. Comunidade. [illegible] Tradução Plínio Dentzien. Rio de Janeiro: Jorge Zahar Ed., 2003 [illegible]
ORLANDI, Giuseppe. Gli anni 1784-1787 nella vita di San Clemente Maria Hofbauer [illegible] In: SHCSR 34 (1986), p. 187-280. Apud LA MENDOLA, Vincenzo. La proposta comunitaria di San Clemente Hofbauer. In: SHCSR 68 (2020), p. 24.
VIEIRA, Antonio. Sermão de [illegible] Antonio Vieira, SJ. [illegible] Carlos [illegible] Alcides (Org.). Brasília: Editora Universidade de Brasília, 2005, p. 90-91.
WEISS, Otto. Clemente Maria Hofbauer (1751-1820). Tradução Clovis Bovo. Aparecida, SP: Editora Santuário, 2011, p. 14-16.

V

Nas comunidades de Frosinone e Scifelli

A diferença entre patriotismo e nacionalismo vai além da mera retórica. O Patriotismo como um todo, por exemplo, explica-nos o sociólogo Zygmunt Bauman, é *"inacabado, maleável"* (BAUMAN, 2001, p. 201). O credo patriótico é mais aberto, flexível. Ele aposta mais na hospitalidade do e não na hostilidade frente ao *"outro diferente"*. O patriotismo, ao contrário do nacionalismo, é sempre um convite aberto, é uma escolha que se faz. Entretanto ele não é ideal para o momento que estamos vivendo. Já do nacionalismo – *chauvinista* –, não podemos dizer a mesma coisa. Diz-nos Bauman que o nacionalismo, por sua vez, *"deposita pouca fé na escolha"* (BAUMAN, 2001, p. 210). Isto é: *"você é 'um de nós' ou não é, e em qualquer caso há pouco, talvez nada, que você possa fazer para mudá-lo"* (BAUMAN, 2001, p. 201). Explica-nos, mais uma vez, Bauman que, *"na narrativa nacionalista, 'pertencer' é um destino, não o produto de uma escolha ou de um projeto de vida"* (BAUMAN, 2001, p. 201). Uma comunidade redentorista patriótica defende os valores e os princípios fundantes da Congregação Redentorista, fundada por Sant'Alfonso Maria de Ligório (1732). Porém sem se opor aos *"outros diferentes"*. Investigando ou averiguando de maneira minuciosa os sinais dos tempos líquido-modernos, a comunidade redentorista patriótica mantém-se, segundo o Superior Geral Michael Brehl (2020), *"solidária com os povos e com os confrades que diferem de nós pela cultura, língua, raça e etnia (...), em um mundo ainda dividido pelo chauvinismo, racismo, mentalidade tribal e nacionalista"* (BHREL, 2009, p. 6).

Não obstante, a comunidade redentorista nacionalista, por estar hermeticamente fechada em si mesma – *"você é um de nós ou não é"* (BAUMAN, 2001, p. 201) –, é hostil frente aos *"outros diferentes"*. Não sendo ela o lugar de encontro, debate a negociação entre o indivíduo e o bem comum, o privado e o público, o dentro e o fora, por causa da guetificação e da individualidade *de jure* e *de facto* de seus membros, ela chega às vias de fato da tirania. Assim sendo, seus espaços de conferências, rigorosamente, transformam-se em verdadeiros campos de batalha. Daí nos vem a necessidade urgente, nas palavras de Brehl, de elaborarmos *"nossa visão de reestruturação como um chamado a uma conversão radical e uma renovação profética, para melhor dialogarmos com os outros diferentes"* (BHREL, 2009, p. 6), a fim de que o Evangelho possa continuar sendo *"anunciado de modo sempre novo"*. Dado o exposto, passaremos a estudar agora dois modelos, relevantes, de comunidades redentoristas no distante pretérito: as comunidades de *Scifelli* e *Frosinone*. Para tal fim, recorreremos ao pensamento e à reflexão do padre Vincenzo La Mendola, Missionário Redentorista.

Frosinone foi a segunda comunidade redentorista onde São Clemente M. Hofbauer e Taddeo Hübl viveram, depois que eles deixaram o noviciado para completar os estudos de teologia, após a profissão religiosa, que aconteceu no dia 19 de março de 1785; formados e influenciados pelo pensamento e pela visão expansionista do padre Francesco Antonio De Paola (1736-1814), no então ano de 1776. Nessa fase de suas vidas, Clemente Hofbauer e Taddeo Hübl estavam em pleno andamento e fervor apostólico. Lembra-nos o padre La Mendola que a comunidade redentorista de Frosinone (1782) era composta pelos seguintes padres: *"Alessandro Mona (1744-1812), Alessandro Livornino [aliás, Livorno], Francesco Filiasi, Giuseppe Lena, Raimondo Rossi (posteriormente, deixou a Congregação Redentorista), Michele Micheli e Amelio Ficocell, o reitor da comunidade (expulso da Congregação Redentorista em 1781 e provavelmente readmitido)"* (LA MENDOLA, 2020, p. 32).

A comunidade redentorista foi projetada para ser uma comunidade, genuinamente, missionária. Seus membros pregavam as missões populares e, também, as chamadas missões quaresmais. Os Redentoristas de Frosinone cuidavam com zelo da igreja da Madonna delle Grazie, onde os padres haviam, segundo La Mendola, *"instituído a vida devota, uma espécie de missão contínua ou permanente, que provavelmente serviu de modelo para o futuro apostolado de Clemente Hofbauer, em Varsóvia"* (LA MENDOLA, 2020, p. 33). O padre De Paola lembra-nos La Mendola, *"aceitava pregar as missões quaresmais, atendendo os pedidos dos Bispos, para sustentar a comunidade"* (LA MENDOLA, 2020, p. 33). Sant'Alfonso, nas palavras de La Mendola, *"muitas vezes interveio para proibi-los dessa prática. Segundo Sant'Alfonso, eles estavam infringindo a Regola e os costumes dell'Istituto"* (LA MENDOLA, 2020, p. 33).

O culto eucarístico – *Missas* – e a devoção mariana prevaleciam. Havia também novenas e festas anuais, a pregação aos sábados, as novenas de Natal e do Santíssimo Redentor e a devoção ao Servo de Deus Gerardo Maiella, já que quase todos os padres o conheceram pessoalmente. Os Redentoristas da comunidade de Frosinone eram homens de oração e de ação. A comunidade redentorista de Frosinone era muito especial. Seus membros eram zelosos e incansáveis quando a questão era a missão apostólica. Segundo La Mendola, na comunidade de Frosinone, *"as celebrações eram bem preparadas. Havia uma preocupação com a decoração do ambiente e com a escolha de equipamentos e máquinas de exibição. Muitas vezes, fogos de artifícios também foram disparados"* (LA MENDOLA, 2020, p. 33). Qual a finalidade de todas essas práticas? Todas elas eram usadas para atrair as pessoas para a igreja. Esse tempo – *Iluminismo* – foi muito difícil para a profissão da fé cristã, principalmente para a Igreja Católica. Lembra-nos La Mendola que o zeloso Sant'Alfonso, *"quando tomava conhecimento de algum exagero, intervia para moderar os excessos"* (LA MENDOLA, 2020, p. 33).

As pessoas gostavam de estar na companhia dos Redentoristas da comunidade de Frosinone. Nas palavras de La Mendola, *"as pessoas se reuniam várias vezes ao dia para orar com os padres, fazer meditações e visitar o Santíssimo Sacramento"* (LA MENDOLA, 2020, p. 33). As pessoas estavam inseridas na vida apostólica dos Redentoristas de Frosinone, e eles, por sua vez, inseridos na vida das pessoas. Clemente Hofbauer e, consequentemente, Taddeo Hübl estavam bem inseridos na vida comunitária redentorista. Frosinone foi para Clemente Hofbauer uma verdadeira escola. Lembra-nos La Mendola que foi na comunidade redentorista de Frosinone que Clemente Hofbauer *"aprendeu o método da vida devota alfonsiana, sobretudo no que diz respeito a sua dimensão de partilha com o povo"* (LA MENDOLA, 2020, p. 33). Sant'Alfonso sempre quis que as pessoas frequentassem nossas casas para rezar e fazer retiros espirituais orientados por um Redentorista. Clemente Hofbauer e Taddeo Hübl não tinham de dar conta da intensa atividade apostólica da comunidade redentorista de Frosinone e também ter fôlego para partir dos intensivos momentos de formação que incluíam, sobretudo, a teologia. Provavelmente, esses momentos intensos de formação aconteciam na comunidade redentorista *Scifelli*, a partir de 1781, *"onde funcionavam o noviciado e o estudantado redentoristas"* (LA MENDOLA, 2020, p. 33).

A comunidade redentorista de *Scifelli* foi muito importante na vida e missão dos noviços transalpinos: Clemente Hofbauer e Taddeo Hübl. Para eles, essa comunidade teve um papel genuinamente pedagógico. Lá, ensinavam-se filosofia e teologia. Essas duas matérias eram ministradas pelo padre Nicasio Sarno (1758-1799). Lembra-nos La Mendola que Clemente Hofbauer e Taddeo Hübl, noviços transalpinos, *"fizeram parte da comunidade Scifelli durante a reitoria (1785-1787) do padre Gianfrancesco Filiasi"* (LA MENDOLA, 2020, p. 34). Posteriormente, ele saiu da Congregação Redentorista. Pode parecer-nos estranho, e de fato o é, não se conhece a data de seu nascimento e de sua morte. Vimos acima que a comunidade redentorista Frosinone foi projetada para ser uma casa missionária. E realmente foi. A comunidade redentorista Scifelli, ao contrário da comunidade de Frosinone, foi projetada para ser uma casa de formação. Em seu ambiente a observância da *Regola originaria* era fervorosa e fecunda. Muitos confrades, lembra-nos La Mendola, *"engajaram-se nas pregações e missões da Diocese de Veroli"* (LA MENDOLA, 2020, p. 34).

Clemente Hofbauer e Taddeo Hübl, os jovens noviços transalpinos, aproveitaram o momento de formação na comunidade redentorista de Scifelli para observar o *modus operandi et vivendi* dos Redentoristas que lá residiam. Os jovens noviços observavam também, com muita admiração e seriedade, nas palavras de La Mendola, *"o cuidado pastoral que os Redentoristas tinham pelas pessoas abandonadas do campo de verolane"* (LA MENDOLA, 2020, p. 34). Moravam, nessa ocasião, com os jovens noviços os clérigos que estavam se preparando para a ordenação presbiteral. *"Inclusive o padre Ludovico Atarelli (1762-1852), lembrado como companheiro dos estudantes"* (LA MENDOLA, 2020, p. 34). Informa-nos, uma vez mais, La Mendola que,

> entre Roma, *Frosinone e Scifelli*, Clemente Hofbauer teve a oportunidade de aprender as devoções marianas típicas da piedade redentorista das origens: Madonna del Buon Consiglio, l'Addolorata, l'Immacolata Concezione e la Madonna delle Grazie *(*LA MENDOLA, 2020, p. 34*)*.

Continua nos dizendo La Mendola que

> mesmo em San Giuliano havia no altar-mor do Santuário de Tivoli uma imagem da Virgem Maria com o título de Madre del

> Buon Consiglio. Todas essas devoções eram eventos prodigiosos, no final do século XVIII (LA MENDOLA, 2020, p. 34).

Informa-nos ainda La Mendola que Clemente Hofbauer,

> ao mesmo tempo, aprendeu a celebrar as novenas e as principais festas da Congregação Redentorista: o Santíssimo Redentor, a Novena de Natal e a Devoção ao Menino Jesus, celebrada no dia 25 de cada mês, e outras devoções promovidas pelos Redentoristas, exportadas por ele para Varsóvia (LA MENDOLA, 2020, p. 34).

Nas duas comunidades redentoristas, *Frosinone* e *Scifelli*, viveram os Redentoristas da segunda e terceira gerações. Ambas as comunidades se encontravam no Reino de Nápoles. Seus moradores formavam o rebanho oriundo dos ensinamentos de Sant'Alfonso. Os dois jovens professos transalpinos, Clemente Hofbauer e Taddeo Hübl, graças ao testemunho desses incansáveis e zelosos Redentoristas, conheceram indiretamente o Fundador da Congregação Redentorista da qual eles agora faziam parte. Foi também pela via do testemunho dos confrades redentoristas que os Redentoristas transalpinos conheceram os eventos que marcaram, de forma relevante, o *"inizi della fundazione dell'Istituto"* (LA MENDOLA, 2020, p. 34).

Levando-se em consideração tudo o que foi dito sobre o *modus vivendi et operandi* das duas comunidades redentoristas, Frosinone e Scifelli, é imprescindível que nós, Redentoristas da era líquido-moderna, perguntemo-nos: Nossa atual unidade se dá pela semelhança ou pela diferença? Nossas comunidades redentoristas estão dando a devida atenção e, também, acolhendo as pessoas que são *diferentes de nós*? Há diferenças e características comuns entre nós. Não é possível ser o tempo todo idênticos. Principalmente, agora, na atual realidade fluida. Não podemos negar que em tempos líquido-modernos as semelhanças estão diminuindo no mundo. As pessoas líquido-modernas, no mundo liquefeito, querem ser vistas, acolhidas e respeitadas em suas diferenças e não mais em suas semelhanças. Portanto temos de superar o medo que ainda temos das diferenças, do novo, do desconhecido. Sem essa superação, seguida de conversão e renovação profunda de nossa vida comunitária e apostólica, não tem como ir ao encontro daqueles e daquelas que diferem de nós pela cultura, língua, raça, etnia e pelo gênero. Frente a tudo isso, e outras questões emergentes, temos de tomar posição. Não podemos permanecer, diante dos fatos, neutros. Como Redentoristas, homens de oração e ação missionária, somos chamados para continuar anunciando, na atual era líquido-moderna, o *"Evangelho de modo sempre novo"*. Frosinone e Scifelli, duas comunidades importantes no pretérito histórico da Congregação Redentorista. Não podemos negar, ou mesmo subestimar, tal fato. A primeira descasou-se pelo apostolado. A segunda evidenciou-se pela formação dos futuros missionários redentoristas. No entanto, ambas tinham um quê de Nacionalismo e Chauvinismo. Nelas, os de fora, Clemente Hofbauer, Taddeo Hübl e outros, tiveram de se adaptar aos de dentro. Ou seja, aos que pertenciam ao Reino de Nápoles.

A solidariedade genuína no interior de nossas comunidades redentoristas, exatamente por causa das diferenças entre nós, não tem como acontecer. Sendo assim, deliberações, trabalhos, dores, sucessos e insucessos as marcam. Nem por isso, evidentemente, elas são realidades distópicas. Dado o exposto, é importante que no interior das comunidades redentoristas a distância entre *"nós"* e *"eles"* seja diminuída. No credo nacionalista, lembra-nos Zygmunt Bauman, "*o 'nós' significa pessoas como nós, e 'eles' significa pessoas que são diferentes de nós*" (BAUMAN, 2001, p. 202). As fronteiras que *"nos"* separam *"deles"* encontram-se, ainda, entre nós em pleno funcionamento. O certificado de *"pertencer"* a esta ou aquela comunidade redentorista está cada vez mais difícil de ser reconhecido. Fazer parte do *"nós"*, por mais que se esforce, é quase uma missão impossível. Os muros visíveis ou invisíveis dos guetos estão sendo erguidos ou reerguidos na velocidade da luz. A hipocrisia é cada vez mais evidente no interior de nossas comunidades redentoristas. Não toleramos entre nós as diferenças. A hospitalidade para com as minorias deixa muito a desejar e não temos coragem de dizer, um para o outro, a verdade, ainda que desagradável. Agressão e ódio aos outros diferentes também não nos faltam. Salvo raras exceções. As ambições comunitárias, lamentavelmente, estão sendo substituídas pelas ambições individualistas e pelos desejos narcisísticos.

Pertencer a uma comunidade redentorista *de jure* e *de facto*, nos tempos líquido-modernos, considerando e respeitando as diferenças existentes entre nós, não é uma tarefa fácil. Essa dificuldade é ainda maior quando o *"pertencer"* a esta ou aquela comunidade redentorista tem uma única rubrica. Nossas Constituições e Estatutos, quando tratam no Art. 1º sobre – ***A comunidade*** – lembra-nos que: *"A comunidade, porém, não é somente a convivência material dos confrades, mas, ao mesmo tempo, comunhão de espírito e de fraternidade"* (**Const. 21**). Nossas Constituições e Estatutos, não sendo matérias de uma só rubrica, reconhecem e registram que dores e insucessos fazem parte de nossas comunidades redentoristas. Mas nem por isso nós, Redentoristas, seja de qual comunidade for, vamos investir em uma diferença ou em uma divisão que gera entre nós a hostilidade e a indiferença. As fronteiras não reconhecem os valores e a importância das diferenças. Elas são, portanto, geradoras de estranhamentos, de conflitos, de desesperos e de separações. As fronteiras são fontes geradoras de racismo, preconceitos, intolerâncias, chauvinismo e xenofobias. A Reestruturação para a missão quer unir *"nós"* com o *"eles"* e o *"eles"* com o *"nós"*. Ela quer pôr um fim na estranheza existente entre nós Redentoristas, que não admite conciliação. Somos seres humanos. Portanto somos criaturas multifacetadas com muitos atributos, avanços e retrocessos.

As orientações ou os princípios fundantes da Reestruturação para salvaguardar a boa qualidade da Missão Redentorista no *"Admirable Liquid-modern World"* não nos apresentam o ***Nacionalismo***, e, menos ainda, o ***Chauvinismo*** – *patriotismo fanático, agressivo* –, como as portas de saída para os problemas que estamos enfrentando na atualidade líquido-moderna. Até porque, a Reestruturação, nas palavras do padre Michael Brehl, Superior Geral da Congregação Redentorista (2020), afirma que *"não diz respeito unicamente à organização. É um chamado a um espírito renovado e a uma profunda renovação de nossa vida apostólica"* (BREHL, 2009, p. 5). Daí a urgente necessidade da conversão, renovação pessoal e comunitária, à luz do Carisma fundante da Congregação Redentorista, para que o Evangelho possa continuar sendo *"anunciado de modo sempre novo"* (São Clemente M. Hofbauer). O que a Reestruturação quer de nós Redentoristas, neste mundo onde os homens e as mulheres estão, cada vez mais, emancipados e individualizados, é que nos tornemos proféticos, de fato, e solidários, nas palavras do padre Brehl, *"com os povos, com os confrades que diferem de nós pela cultura, língua, raça e etnia"* (BREHL, 2009, p. 6). Portanto nem Nacionalismo, nem Chauvinismo. Mas, sim, profetismo e solidariedade com os *"outros diferentes"*.

Dissertando uma vez mais sobre o Nacionalismo e Chauvinismo, o sociólogo Zygmunt Bauman nos diz o seguinte: *"O **Nacionalismo** tranca as portas, arranca as aldravas e desliga as campainhas, declarando que apenas os que estão dentro têm o direito de aí estar e acomodar-se de vez"* (BAUMAN, 2001, p. 203). Continua nos dizendo Bauman: *"O **Chauvinismo** – patriotismo fanático e violento – é, pelo menos aparentemente, mais tolerante, hospitaleiro e acessível – deixa a questão para os que pedem admissão"* (Bauman, 2001, p. 203). Entretanto o resultado final da equação, elaborada a partir do Nacionalismo ou do Chauvinismo, é sempre o mesmo: intolerância e um forte desejo que os de *"fora"* sejam iguais aos de *"dentro"*. O fato é que, nem o credo chauvinista nem o nacionalista admitem, nas palavras de Bauman,

> a possibilidade de que as pessoas possam se unir mantendo-se ligadas às suas diferenças, estimulando-as, ou que sua unidade, longe de requerer a semelhança ou promovê-las como um valor a ser ambicionado e buscado, de fato se beneficia da variedade de estilos de vida, ideias e conhecimento, ao mesmo tempo em que acrescenta força e substância ao que as faz o que são – e isso significa que as faz diferentes (BAUMAN, 2001, p. 203).

O ideal é que nossas comunidades redentoristas, na atualidade líquido-moderna, fossem parecidas com a *"boa polis"* de Aristóteles. A qualidade da *"polis"* está, exatamente, na pluralidade de ideias e na diversidade de seus membros. A ideia de unicidade, homogeneidade, intolerância e exclusivismo atenta contra a essência e a existência da *"polis"*, fazendo assim com que ela deixe de ser uma *"boa polis"*. A *"polis"*, diz Bernard Crick, *"é um agregado de muitos membros"* (BAUMAN, 2001, p. 203). Em seu comentário, Crick avança na ideia de um tipo de unidade que nem o chauvinismo nem o nacionalismo estão dispostos a admitir e com frequência rejeitarão ativamente. A saber:

> Um tipo de unidade que supõe que a sociedade civilizada é inerentemente pluralista, que viver em conjunto em tal sociedade significa negociação e conciliação de interesses "naturalmente diferentes" e que é "normalmente melhor" conciliar interesses diferentes que coagir e oprimir perpetuamente (BAUMAN, 2001, p. 203-204).

O pluralismo, a diversidade e as controvérsias, por sua vez, não podem ser vistos ou compreendidos, no interior de nossas comunidades redentoristas, como sendo simplesmente fatos brutos, não desejados ou mesmo detestados. Ao contrário, esses fatos ou acontecimentos são coisas boas. São eles umas circunstâncias afortunadas que ampliam nossos horizontes e multiplicam entre nós, sem favoritismo, as oportunidades de uma vida melhor. Tanto a fé chauvinista quanto a nacionalista perseguem e excomungam aqueles e aquelas que são *"diferentes de nós"*. A Reestruturação, enquanto uma voz que clama no deserto (Is 40,3-5), convoca cada Redentorista para reconstruir sua autoidentificação, não a partir de uma condição que nos foi dada *a priori*, mas sim a partir de uma vida compartilhada, negociada e reconciliada. Não é possível edificar uma comunidade redentorista pela negação, sufocação ou supressão das diferenças existentes entre nós. Respeitar as diferenças existentes é um *modus operandi et vivendi* que vai de encontro às condições da Modernidade Líquida. Em tempos líquido-modernos, a identidade do missionário redentorista não pode deixar de parecer frágil e temporária.

O que significa isso? Significa que na modernidade fluida não há mais espaço para as crenças e os valores imutáveis. Por isso temos de estar o tempo todo nos refazendo e revendo nossa visão de mundo, e como nele estamos nos comportando. A Congregação Redentorista, no mundo, não está protegida da erosão e da volatilidade das identidades de seus membros. Sendo assim, ela precisa encarar os habitantes da modernidade fluida e aprender, com urgência, *"a difícil arte de viver com a diferença ou produzir condições tais que façam desnecessário esse aprendizado"* (BAUMAN, 2001, p. 204). A Reestruturação, por exemplo, é uma condição para nos ajudar a conviver melhor com os *"outros diferentes"* de nós. O que não falta no ambiente fluido é diversidade de estratégias de sobrevivência. Uma comunidade redentorista formada somente de *"nós"* visa somente sua autoproteção. Nosso desejo de comunidade e nossa *práxis* comunitária, conforme os dizeres de nossas Constituições e Estatutos, não são defensivos. Vivemos e crescemos em comunidade para fazer valer nossa missão na Igreja em saída. É por meio da comunidade que realizamos nosso trabalho apostólico.

A comunidade redentorista, como Mestra, ensina-nos a pôr em comum nossos bens e nos ensina a sincera vivência à maneira dos Apóstolos (cf. **Const. 21**. Art. 1º - ***A Comunidade***). O *"nós"* redentorista é para a missão.

Ele não pode ser usado como barreira, barricada ou defesa contra a confusão e o deslocamento. Quando o desejo de viver e crescer em comunidade "se expressa como rejeição dos outros diferentes" (BAUMAN, 2001, p. 205) é porque nossa opção preferencial não é *"em favor dos pobres mais abandonados"* (**Const. 5**). Informa-nos a Constituição 3 que:

> Os homens mais abandonados, aos quais, de modo especial, é enviada a Congregação, são os que a Igreja não pôde ainda prover de meios suficientes de salvação; os que nunca ouviram o anúncio da Igreja ou, pelo menos, não o recebem como "Evangelho"; ou, finalmente, os que são prejudicados pela divisão da Igreja.

Dado o exposto, é importante que todos os Redentoristas se conscientizem de que a Congregação do Santíssimo Redentor, fundada por Santo Afonso Maria de Ligório, no ano de 1732, na cidade de Scala, no Reino de Nápoles, tem como alvo os fracos (cf. Const. 1) e não os fortes. Nem sempre o mais importante é o mais significativo. O mundo está cada vez mais globalizado. E essa globalização está acontecendo na velocidade da luz. Soma-se a ela, por causa do medo dos *"outros diferentes"*, a edificação de guetos étnicos para colocar os *"outros diferentes"*, principalmente os mais pobres, à distância. Quanto mais longe melhor. Nós, Redentoristas, não podemos evitar olhar mais profundamente nos olhos dos outros mais abandonados, conforme nos orientam nossas Constituições e Estatutos (***cf. Consts. 1, 2, 3, 4 e 5***). O forte sentimento de "nós" nos leva para o "eles" mais abandonados, na era da Modernidade Líquida. Perigos ostensivos não faltam no mundo fluido, onde somos chamados a viver. Entretanto não podemos temer ou evitar a confrontação com questões constrangedoras sem respostas. A comunidade redentorista, quando configurada de grupos afins ou de semelhantes, não tem coragem de trazer à mesa de reunião os confrontos e as questões constrangedoras.

A *"não santíssima trindade" – incerteza, insegurança e falta de garantias* – (BAUMAN, 2001, p. 207), lamentavelmente, encontra-se no interior de nossas comunidades redentoristas. Cada uma delas gera um tipo diferente de ansiedade. Nem por isso vamos cruzar os braços. Há muita pressão. A Reestruturação para a missão é uma saída. É uma válvula de segurança. É uma porta que se abre. Passemos por ela com coragem e determinação. Deixemos para trás *"as fontes primárias e prolíficas da incerteza e da falta de garantias"* (BAUMAN,

2001, p. 208). Sobretudo, porque, inevitavelmente, elas são as principais fontes ou provedoras da ansiedade entre nós Redentoristas. Por tudo isso que foi dito sobre a comunidade redentorista é-se levado a acreditar que nossas comunidades, aqui no Brasil e em qualquer outro lugar do mundo, não são semelhantes a orfanatos, asilos, prisões, manicômios, hotéis, pousadas, ONGs ou qualquer outra coisa que se possa imaginar ou dizer que desconfigura sua identidade e missão conforme os princípios de nosso Carisma fundante.

Ao contrário, nossas comunidades são sinais visíveis da presença misericordiosa de Jesus Redentor (*cf. Const. 23. Art. 2º*). São lugares de oração (*cf. Const. 26. Art. 3º*). São compostas de pessoas (*cf. Const. 34. Art. 4º*), chamadas pelo próprio Cristo (cf. Lc 6,12-16) para pregar o Evangelho, *"de modo sempre novo"*, aos pobres (cf. 4,18). Nossas comunidades redentoristas não são espaços ociosos. Elas são lugares de trabalho onde cada um, conforme sua aptidão, assume com alegria parte dos trabalhos da comunidade e os encargos exigidos pela vocação missionária (*cf. Const. 39. Art. 5º*). As comunidades redentoristas, enquanto lugares de conversão (*cf. Const. 40. Art. 6º*), são fontes onde se bebe da conversão que transborda, abundantemente, do costado de Cristo (cf. Jo 19,34). Nossas comunidades redentoristas não são guetos. Ao contrário, elas são comunidades abertas (*cf. Const. 43. Art. 7º*), organizadas (*cf. Const. 44. Art. 8º*) e comprometidas, no mundo líquido-moderno, com a missão de Cristo Redentor, razão de nossa existência e dedicação *"aos homens mais abandonados, principalmente os pobres"* (***Const. 1***).

Palavras-chave

Comunidade Redentorista. Reestruturação. Missão. Semelhança. Diferença. Gueto. Polis. Nacionalismo. Chauvinismo. Autoidentificação. Estranhos. Constituições. Estatutos. Pobres. Abandonados. Guetos étnicos. Purificação. Modernidade Líquida. Incerteza. Insegurança. Falta de garantias. Confrontação. Constrangedoras. Exagero. Pregação. Devoção.

Questões para refletir e melhorar

1. Atualmente, a unidade no interior de nossas comunidades redentoristas vem pela via da semelhança ou da diferença?

2. Nossas comunidades redentoristas, tendo como fontes inspiradoras as comunidades Frosinone e Scifelli, são verdadeiros lugares apostólicos e formativos?
3. Estamos, na atualidade líquido-moderna, priorizando o mais importante ou o mais significativo?
4. Como lidamos com as questões constrangedoras no interior de nossas comunidades redentoristas?
5. Enfrentamos com maturidade e equilíbrio psicológico as confrontações? Como tenho me comportado quando sou confrontado?
6. Nossa vida comunitária é um sinal da redenção ou uma *práxis* defensiva?
7. Quando as coisas não vão muito bem dentro de nossas comunidades redentoristas a quem culpamos? Os mais fortes ou os mais fracos da comunidade?
8. Para você a Reestruturação para a missão é uma porta de saída ou não?

Bibliografia

BAUMAN, Zygmunt. *Modernidade Líquida*. Tradução, Plínio Dentzien. Rio de Janeiro: Jorge Zahar Ed., 2001, p. 202-208.
Bíblia Sagrada. Edição Pastoral, Paulus, 1990.
BREHL, Michael. *Prefácio*. In: XXIV Capitulum Generale. Documentos Finais, Romae, 2009, p. 5-6.
Constituições e Estatutos da Congregação do Santíssimo Redentor: nn. 1, 2, 3, 4, 5, 21, 23, 26, 34, 39, 40, 43, 44. Aparecida, SP: Editora Santuário, 2004, p. 3-6, 18-19, 25, 27, 29-30.
CRUCK, Bernard. *"Meditation on democracy, politics, and citizenship"*, manuscrito inédito. Apud BAUMAN, Zygmunt. *Modernidade Líquida*. Tradução, Plínio Dentzien. Rio de Janeiro: Jorge Zahar Ed., 2001, p. 203.
LA MENDOLA, Vincenzo. *La proposta pastorale di San Clemente Hofbauer*. In: SHCSR 68 (2020), p. 32-34.
SENNET, Richard. *The Corrosion of Character: The Personal Consequences of Work in the New Capitalism*, Londres: W. W. Norton, 1998, p. 138. Apud BAUMAN, Zygmunt. *Modernidade Líquida*. Tradução, Plínio Dentzien. Rio de Janeiro: Jorge Zahar Ed., 2001, p. 206.
________. "The mith of purified community", *The Uses of Disorder: Personal Identity and City Style*, Londres: Faber & Faber, 1996, p. 36, 39. Apud

BAUMAN, Zygmunt. *Modernidade Líquida*. Tradução, Plínio Dentzien. Rio de Janeiro: Jorge Zahar Ed., 2001, p. 207.

TOURAINE, Alain. "Can we live together, equal and different?", *European Journal of Social Theory* 2/ 1998, p. 177. Apud BAUMAN, Zygmunt. *Modernidade Líquida*. Tradução, Plínio Dentzien. Rio de Janeiro: Jorge Zahar Ed., 2001, p. 205.

VI

A primeira "Pastoral Redentorista da Juventude" em San Bennone

Como já é de nosso conhecimento, estamos vivendo na era da fluidez ou liquidez. Nessa era líquida evidencia-se muito o tempo. Dessa forma, correndo contra o tempo, o processo de liquefação vai derretendo os sólidos e eliminando as obrigações que ele acha que são irrelevantes. O *modus vivendi et operandi* da Modernidade Líquida atinge em cheio nossas comunidades redentoristas. Sob a governabilidade da liquefação nossas comunidades, inevitavelmente, perdem o engajamento na proteção da autoidentificação de nossa missão na era da modernidade fluida. Os excessos de emancipação e de individualização, no interior de nossas comunidades redentoristas, não podemos negar, são fontes geradoras de descompromissos e desequilíbrios. A justa medida de liberdade é sempre boa. A individualidade, por sua vez, é benéfica enquanto nos ajuda na construção e na manutenção da identidade redentorista no mundo liquefeito. No entanto quando ela nos leva a praticar o individualismo e a buscar, a todo preço, os desejos narcisísticos ou o "eu primeiro", perdemos o equilíbrio entre liberdade e segurança.

Liberdade e segurança são dois valores humanos, na atualidade líquido-moderna, muito ambicionados. Entretanto eles estão em oposição. Estamos realmente dispostos, como Redentoristas, a abrir mão de nossa zona de conforto? Não faltam entre nós, lamentavelmente, aqueles que gostam de estar, permanentemente, no limbo do conforto sem-fim. E quanto à liberdade? Compreendemos que somos livres não para fazer o que bem entendemos, mas para o exercício da missão? A liberdade e a segurança, valores humanos tão almejados, podem crescer juntas. Elas não precisam ser forças antagônicas. A liberdade, por exemplo, contribui com o crescimento da segurança, e a segurança, por sua vez, contribui com o crescimento da liberdade. É uma dialética, um movimento de sístoles e diástoles. Evidentemente, sabemos que nossas comunidades redentoristas não são abrigos nem são ilhas de tranquilidade. Em alguns momentos, lamentavelmente ou não, elas são lugares muito desagradáveis. Quiçá são elas um mar de turbulência e hostilidade.

Em tempos líquido-modernos, vemos, nas palavras de Zygmunt Bauman, *"volatilidade e efemeridade de todos os quadros de referência"* (BAUMAN, 2001, p. 209). Os pontos de orientação encontram-se, por tempo indeterminado, encobertos por um forte nevoeiro que emana da Modernidade Líquida. Ainda, segundo Bauman, *"a família, os colegas de trabalho, a classe e os vizinhos são fluidos demais para que imaginemos sua permanência e os creditemos com a capacidade de quadros de referência confiáveis"* (BAUMAN, 2001, p. 209). O fato é que não há nenhuma certeza de que nos encontraremos outra vez amanhã. Talvez sim! Talvez não! A falta de credibilidade no amanhã não pode esmorecer a nós Redentoristas. Assim diz nossa Constituição:

> Fortes na fé, alegres na esperança, fervorosos na caridade, inflamados no zelo, humildes e sempre dados à oração, os Redentoristas, como homens apostólicos e genuínos discípulos de Santo Afonso, seguindo contentes a Cristo Salvador, participam de seu mistério e anunciam-no com evangélica simplicidade de vida e de linguagem, pela abnegação de si mesmos, pela disponibilidade constante para as coisas mais difíceis, a fim de levar aos homens a copiosa redenção (**Const. 20**).

Os tempos mudaram. O agir tem de ser imediato. O pensar à frente, o longo prazo e os passos milimetricamente calculados perderam a relevância, a credibilidade. Na terra da modernidade fluida as ações duradouras soam estranhas a nossos ouvidos contemporâneos. Nossos valores e prazeres individuais, na era fluida, parecem-me curtos e vazios. Quantas satisfações efêmeras entre nós. Na era da transitoriedade acelerada, precisamos rever os princípios fundantes de nossa missão redentorista no mundo para atendermos, com dinamismo missionário, às urgências pastorais de nosso tempo líquido-moderno; e nos esforçando, assim, para *"evangelizar os homens mais abandonados, principalmente os pobres"* (***Const. 1***). É com essa reflexão acima desenvolvida que eu convido a todos os leitores para avançarmos um pouco mais *nella proposta pastorale di San Clemente M. Hofbauer*, na companhia do Missionário Redentorista Vincenzo La Mendola. Com maestria e sabedoria ele aborda, como nenhum outro, sobre *La prima "pastorale giovanile redentorista" a San Bennone.*

Após a ordenação sacerdotal (1786), os padres Clemente Hofbauer e Taddeo Hübl deixaram a Itália. Os dois Redentoristas transalpinos, após o estágio vienense, chegaram a Varsóvia e foram designados, segundo La Mendola, *"para o cuidado da igreja de San Bennone"* (LA MENDOLA, 2020, p. 34). Em lá chegando, o padre Clemente Hofbauer foi tocado por uma relevante situação de abandono: *"a triste realidade de rapazes e jovens, abandonados, sob todos os aspectos"* (LA MENDOLA, 2020, p. 35). Diante dos fatos, Clemente Hofbauer não teve outra coisa a fazer senão assumir a administração das escolas de San Bennone. Essas escolas, lembra-nos La Mendola, *"eram exclusivamente para os pobres, que se encontravam em pleno declínio"* (LA MENDOLA, 2020, p. 35). Para a realização desse tão importante e necessário empreendimento, educar e formar a juventude em uma época de plena desconstrução de valores e princípios sólidos, o padre Clemente Hofbauer começou a trabalhar duro para, segundo La Mendola, *"recrutar professores e colaboradores entre leigos, de todas as esferas sociais"* (LA MENDOLA, 2020, p. 35).

Informa-nos La Mendola que

> essa foi a primeira experiência de "pastorale giovanille" na história da Congregação Redentorista. Esses rapazes e jovens que atraíram, imediatamente, a atenção de São Clemente M. Hofbauer, compunham a categoria mais abandonada da sociedade. Não havia, nesse período, um único padre alemão que pudesse educar esses rapazes e meninos, mesmo que apenas nos rudimentos da doutrina cristã (LA MENDOLA, 2020, p. 35).

Os jovens, no Século das Luzes (1715-1789), encontravam-se exatamente como se encontram os jovens da Modernidade Líquida: abandonados à própria sorte. Muitos desses jovens encontram-se duplamente excluídos. Isto é, fora da sociedade e, também, da Igreja. Outros tantos, lamentavelmente, foram gerados em estruturas familiares, religiosas e sociais rudimentares. No passado, bem como no presente, estar à frente dos jovens alimentando-os com uma boa formação familiar, religiosa e social não é uma fácil tarefa. É preciso muito empenho e dedicação. Entretanto para o padre Clemente Hofbauer lidar com a educação dos jovens, nos dizeres de

La Mendola, *"era um dever eminentemente missionário"* (LA MENDOLA, 2020, p. 35). Sendo assim, para melhor atender a juventude abandonada de seu tempo, Clemente Hofbauer elaborou um plano apostólico, chamado por um de seus biógrafos, na obra intitulada *Compendio della vita di San Clemente Maria Hofbauer*, como *"sua santa obra de redenção da juventude"* (LA MENDOLA, 2020, p. 35).

Nos dizeres de La Mendola, esse ministério *"pastorale giovanile redentorista "era um ministério totalmente novo e não contemplado na* Regola originaria *e na prática tradicional do Instituto"*. Mesmo assim, Clemente Hofbauer resolveu correr todos os riscos. Ele se sentiu, em minha compreensão, na obrigação de fazer alguma coisa de concreto para aqueles rapazes e meninos abandonados à própria sorte. Esses *ragazzi* e *giovani* abandonados representavam uma área urgente de cuidado pastoral que a Igreja Católica, de forma geral, e a Congregação Redentorista transalpina, de modo particular, não podiam dar as costas. Por isso, diante desse novo ministério redentorista, Clemente Hofbauer colocou todos os seus recursos como organizador e educador. Recorda-nos La Mendola que Clemente Hofbauer criou *"uma escola profissional" para meninos e meninas"* (LA MENDOLA, 2020, p. 35). Essa foi, sem sombra de dúvida, a iniciativa mais vanguardista da época Hofbaueriana. Com dedicação e ardor missionário, contra todos os senões, Clemente Hofbauer e seus companheiros tiraram muitas meninas da prostituição e, segundo La Mendola, elas foram *"reintegradas na sociedade onde tiveram uma vida digna e profissionalmente aberta, ou se estabeleceram em boas famílias"* (LA MENDOLA, 2020, p. 35).

Esse empreendimento dos Redentoristas transalpinos, tendo à frente o incansável padre Clemente Hofbauer e seu inseparável companheiro padre Taddeo Hübl, contou com o apoio e a colaboração, nas palavras de La Mendola, *"de mulheres viúvas e ricas"* (LA MENDOLA, 2020, p. 35). *La pastorale giovanile redentorista* não foi uma ação apostólica assistencialista. Ao contrário, ela conscientizava as pessoas sobre os problemas sociais da cidade e procurava envolver todos os interessados em um programa, não somente de redenção social, mas também de redenção espiritual. O binômio Fé e Vida ajudou e continua ajudando, sobretudo, nesta época em que vivemos, fortemente marcada pela volatilidade e efemeridade, principalmente dos jovens. O tempo de São Clemente M. Hofbauer e Taddeo Hübl não foi um tempo tranquilo, agradável, sem turbulência e hostilidade. Era um tempo que tentava e seduzia, particularmente, os jovens com falsas promessas de prosperidades imediatas. Outros valores da vida eram negociados e as boas referências familiares, sociais e religiosas eram devoradas pelos desejos narcisísticos e pela busca, incansável, do "eu primeiro".

A Fundação e a Missão Redentorista Transalpinas, podemos afirmar com certeza, dificilmente prosperariam se não fossem a participação e o envolvimento do colaborador leigo. Na Missão Transalpina o leigo foi a *conditio sine qua non* para dar continuidade às inúmeras iniciativas lançadas pelos Redentoristas naqueles inícios difíceis. A iniciativa de São Clemente M. Hofbauer de envolver os leigos e as leigas na missão redentorista dá a ele o título de precursor dos tempos modernos, que rompiam no horizonte do Século das Luzes – *Iluminismo* –. Informa-nos La Mendola que

> a cooperação dos leigos na missão era uma novidade absoluta, ditada pela urgência do momento. O processo educacional não era o fim em si, nem pretendia apenas um trabalho social, mas visava a formação da consciência cristã dos jovens, em função de um trabalho catequético e formativo (LA MENDOLA, 2020, p. 35).

O método adotado por Clemente Hofbauer e seus colaboradores, na educação e formação social e religiosa dos jovens transalpinos, foi praticamente realizado por meio da iniciação à devoção e ao aprendizado de cantos sagrados. Havia também a disseminação de livros úteis com conteúdos espirituais e culturais. A Catequese Hofbaueriana não abria mão da formação e conscientização social. A Fundação e a Missão Redentorista Transalpina foram, genuinamente, um *modus vivendi et operandi* político. O programa básico de Evangelização, elaborado por São Clemente M. Hofbauer, e executado belamente por seus colaboradores, não estava, segundo La Mendola, *"separado das reais necessidades humanas dos jovens"* (LA MENDOLA, 2020, p. 36). Ainda, segundo La Mendola, *"a ação de promoção e redenção social de jovens abandonados foi além: Clemente Hofbauer abraçou o homem inteiro, conscientizando-o de sua dignidade e potencial"* (LA MENDOLA, 2020, p. 36).

Clemente Hofbauer era um homem prático. Partindo de baixo, estrategicamente evitou as grandes lacunas humanas de seus meninos. Ele não tinha um guia ou um método, pronto e acabado, para auxiliá-lo na formação moral, cristã e social de seus jovens. Seu método era a ternura e o respeito incondicional por aqueles jovens que estavam sob sua responsabilidade. Informa-nos La Mendola que o padre Clemente Hofbauer, "*com ternura materna, abraçava seus jovens, lavava-os com suas próprias mãos e os limpava dos insetos nojentos e implorava por eles*" (LA MENDOLA, 2020, p. 36). O padre Clemente M. Hofbauer, realmente, gastou seus dias em prol da redenção dos jovens e das crianças que haviam sido abandonadas à própria sorte. A boa formação moral, cristã e social dos pupilos de São Clemente M. Hofbauer não demorou muito para produzir seus bons e saborosos frutos. Aqueles jovens e aquelas crianças que se destacavam eram aproveitados e incluídos no processo formativo de Clemente Hofbauer. A ordem era que um ajudasse o outro a ser melhor, a partir de si mesmo. É importante ser melhorar para melhorar os outros.

São Clemente M. Hofbauer era um Redentorista dinâmico. Não se deixava abater por nada. Quando tudo parecia difícil, lá estava ele buscando uma solução para o problema. Por isso segundo La Mendola,

> não se pode excluir que, durante a parada romana no Esquilino, ele entrou em contato com o Conservatório de Santa Conceição, chamado delle Viperesche, não distante do arco de Gallieno, na atual via San Vito, uma das instituições romanas destinada à educação, onde as meninas (solteiras, órfãs e abandonadas) eram treinadas de acordo com os métodos criados pela nobre romana Livia Vipereschi (1606-1675) (LA MENDOLA, 2020, p. 36).

O plano educacional, adotado em Varsóvia por São Clemente M. Hofbauer e seus colaboradores, na verdade, nos dizeres do padre La Mendola,

> apresentava muitos pontos de contato com os do Conservatório Romano e elementos que lembram a pedagogia calassanctiana da educação, entendida como uma das melhores possibilidades de redenção (LA MENDOLA, 2020, p. 36).

Ainda segundo La Mendola,

> A presença dos piaristas na Polônia foi consolidada desde o tempo da fundação da Ordem e não se pode excluir que São Cle-

> mente M. Hofbauer, durante suas frequentes viagens, poderia ter entrado em contato com alguma instituição piarista (LA MENDOLA, 2020, p. 36-37).

Informa-nos La Mendola que

> a Instituição Piarista – Ordem Religiosa das Escolas Pias, mais conhecida por Escolápios, Piaristas ou como Padres Escolápios – foi uma das seis estabelecidas na Europa central, que em 1784 representava metade da Ordem, com cerca de 1.500 religiosos. Em 1795, desenvolveu-se a ponto de estar em duas províncias (LA MENDOLA, 2020, p. 37).

Nos dizeres de La Mendola, a ação Pastoral de São Clemente M. Hofbauer junto aos jovens alemães e poloneses *"o coloca entre os santos que exerceram 'caridade educacional'"* (LA MENDOLA, 2020, p. 37). Clemente Hofbauer e seus colaboradores, com seriedade, determinação e zelo apostólico, educavam, davam treinamento humano e religioso. O trabalho era também uma expressão tangível entre eles. Em San Bennone, por exemplo, foi criada uma *"escola de artes e ofícios"* para garantir o futuro da obra a serviço das crianças e dos jovens abandonados. Segundo La Mendola, nesse *"princípio pedagógico eficaz e moderno"*, São Clemente M. Hofbauer *"pode ser definido como um verdadeiro precursor, antecipador das instituições educacionais de San Giovanni Bosco"* (LA MENDOLA, 2020, p. 37). As iniciativas do padre Clemente Hofbauer e de seus colaboradores, em favor da juventude abandonada, logo atraíram a atenção das autoridades civis e religiosas. A esse respeito, informa-nos La Mendola que *"o Rei e a Comissão de Educação, reconhecendo o valor moral e social do projeto educacional em andamento em San Bennone, atribuíram uma contribuição anual à obra, reconhecendo os Redentoristas como professores religiosos"* (LA MENDOLA, 2020, p. 37).

Informa-nos, uma vez mais, La Mendola que *"o Cardeal Litta, lembrando esse aspecto peculiar do ministério pastoral de São Clemente M. Hofbauer, em uma carta, afirmou que os padres do Santíssimo Redentor se dedicaram incansavelmente à educação de jovens pobres e no cuidado de alunos órfãos"* (LA MENDOLA, 2020, p. 37). Mas a ação pastoral de São Clemente M. Hofbauer e de seus colaboradores junto às crianças e aos jovens abandonados foi além do cuidado de órfãos e educação juvenil. Clemente Hofbauer, homem de oração e ação, gentilmente penetrava o coração dos jovens, muitas vezes já petrificado pelo abandono e sofrimento. Os corações enrijecidos não eram dobrados com violência. Ao contrário, eles eram dobrados com ternura, boa educação cristã, moral, social e acesso a bons livros. Uma boa leitura faz grandes milagres na vida de quem quer que seja, principalmente das crianças, dos adolescentes e jovens. Clemente Hofbauer e seus colaboradores, tanto quanto possível, procuravam incansavelmente subtrair os jovens da *"influência perniciosa de maus professores e maus companheiros"* (LA MENDOLA, 2020, p. 37). O ditado: *"Diga-me com quem andas e eu te direi quem tu és"* é verdadeiro!

São Clemente M. Hofbauer tinha uma habilidade maiêutica. Seu método de educação juvenil vem ao encontro da pedagogia moderna. Lembra-nos La Mendola que nessa sensibilidade particular, *"Clemente Hofbauer estava em total harmonia com as iniciativas promovidas por Giuseppe II, com a criação de escolas populares e escolas de pedagogia"* (LA MENDOLA, 2020, p. 38). Entretanto havia uma discordância quanto ao conteúdo sugerido e aplicado. Nas obras educacionais de Clemente Hofbauer não se aplicavam módulos educacionais derivados das teorias do *Iluminismo* (1715-1789). Nas palavras de La Mendola, *"Clemente Hofbauer se opôs aos métodos educacionais iluministas adotando uma pedagogia que teve o Evangelho como fonte de inspiração e como critério de benevolência cristã e uma perspectiva positiva do homem"* (LA MENDOLA, 2020, p. 38).

Clemente Hofbauer, com maestria, privilegiava o aspecto humano. No entanto, com o mesmo empenho e zelo, ele cuidava com muito carinho do aspecto cultural e procurava, ele mesmo, acompanhar bem de perto os pupilos que estavam sob sua responsabilidade. Clemente Hofbauer não abria mão de um diálogo aberto e franco. Como um educador *sui generis* ele focava em princípios claros que, de fato, pudessem ajudar os jovens a viverem a vida com um pouco mais de dignidade. Clemente Hofbauer não perdia tempo com as questões derrotistas, preconceituosas, xenofóbicas e chauvinistas, alimentadas no regaço da intolerância. Suas ideias educacionais visavam a promoção da pessoa toda. Elas foram muito questionadas no período vienense. Clemente Hofbauer, já em idade madura, para melhor atender os anseios da juventude, abandonada à própria sorte, procurava aperfeiçoar sempre seus critérios pedagógicos, *"adaptando-os à mentalidade da época"* (LA MENDOLA, 2020, p. 38). Segundo La Mendola, *"a hospitalidade foi uma das pedras angulares de ministério entre os jovens"* (LA MENDOLA, 2020, p. 38).

Um exemplo óbvio de dedicação e criatividade pedagógica de Clemente Hofbauer, segundo La Mendola,

> são os encontros noturnos em seu pobre quarto, e as caminhadas pelas muralhas da cidade, rodeadas por um tão belo círculo de jovens, reverentes e atenciosos. Com um estilo familiar e em clima de alegria, o jantar era compartilhado com discussões sobre a vida espiritual, filosofia e literatura (LA MENDOLA, 2020, p. 38).

Continua informando-nos La Mendola que

> o método de Clemente Hofbauer variava de acordo com as circunstâncias, para superar o perigo da monotonia e buscar novas maneiras de atrair a atenção de seus jovens. Às vezes, por exemplo, ele pedia para seus alunos lerem livros espirituais ou históricos em voz alta. Promovia debates entre eles. Quando necessário, Clemente Hofbauer fazia apontamentos, dava explicações ou corrigia alguma proposição imprudente (LA MENDOLA, 2020, p. 38).

Os jovens de São Clemente M. Hofbauer gostavam de estar com ele e de seus métodos educacionais. Lembra-nos La Mendola que *"alguns alunos se inspiravam em eventos noticiosos. Outros, inspiravam-se em uma frase para iniciar um discurso interessante"* (LA MENDOLA, 2020, p. 38). Clemente Hofbauer era um verdadeiro Mestre. Sensível e atento aos acontecimentos de seu tempo, logo soube que com os jovens não se pode ser barulhento. Por isso adotou como critério a brevidade, a objetividade e a doçura. Suas palavras eram às vezes abafadas com alguma simpatia. Suas conversas com os jovens eram sempre animadas e penetrantes. Segundo La Mendola, para tornar a conversa ainda mais interessante para seus discípulos, Clemente Hofbauer *"acrescentou em sua própria anotação espirituosa lemas apropriados e belas reflexões"* (LA MENDOLA, 2020, p. 38). São Clemente M. Hofbauer fazia de tudo para agradar e ajudar seus jovens, que ele tanto amava e respeitava.

Qual era o objetivo de São Clemente M. Hofbauer com seu ministério de jovens? O ministério de jovens, iniciado por Clemente Hofbauer e seus colaboradores, tinha como objetivo educar na fé e formar a consciência dos jovens que estavam sob a responsabilidade dele. Entretanto Clemente Hofbauer não tinha uma preocupação somente com o presente. Ele tinha uma preocupação especial com o futuro de seus jovens. O padre Clemente Hofbauer não perdeu tempo. Ele aproveitou o momento e tornou-se um animador vocacional. Ele não deixava de propor aos jovens o ideal da vida religiosa, missionária e sacerdotal. La Mendola nos diz que é correto dizer *"que São Clemente M. Hofbauer foi o precursor do ministério vocacional redentorista moderno"* (LA MENDOLA, 2020, p. 39). Ainda, segundo La Mendola,

> entre os jovens liderados por ele, alguns escolheram o ideal da vida familiar, outros o ideal sacerdotal e outros entraram na Congregação Redentorista e se tornaram continuadores da missão iniciada por Clemente Hofbauer, ajudando assim a ampliar o Instituto Redentorista na Europa e no novo mundo (LA MENDOLA, 2020, p. 39).

Nesse sentido, lembra-nos La Mendola que

> os perfis de cinco jovens estudantes que, nos anos imediatamente após a morte de São Clemente M. Hofbauer, ingressaram na Congregação Redentorista e continuaram o primeiro núcleo da presença redentorista em Viena (LA MENDOLA, 2020, p. 39).

Permanecem imortais na literatura biográfica clementina, segundo La Mendola, os seguintes perfis ou nomes:

> Bartolomeu Pajalich; Giovanni Madlener (1787-1868) filósofo e matemático, convertido do panteísmo, pregou com palavras e textos e contribuiu com a fundação de Praga; Francesco Springer (1791-1827), estudante de direito, trabalhou para uma fundação em Portugal; Giovanni Pilat (1799-1878), um importante membro da corte imperial, filósofo e diplomata habilidoso, pregou o Evangelho em Portugal e na Bélgica, onde confessou o Núncio Gioacchino Pecci; Federico Held (1799-1881), estudante de filosofia, então professor de teologia, fundador das casas de Liegi e de Tournay e primeiro provincial da Bélgica, Inglaterra e América do Norte (LA MENDOLA, 2020, p. 39).

Em virtude dos fatos mencionados acima, a respeito da pastoral juvenil redentorista, organizada e executada por São Clemente M. Hofbauer e seus colaboradores, é imprescindível que todos nós Redentoristas nos conscientizemos de que apesar da distância existente entre o *Século das Luzes* (séc. XVIII) e a *Modernidade Líquida* (séc. XXI) os problemas são significativamente semelhantes. Principalmente, no que diz respeito à garantia da dignidade humana. No pretérito iluminista e no presente fluido, não podemos negar, os excessos de liberação, a busca pelo eu primeiro e pelos desejos narcisísticos gera, segundo Bauman, um desequilíbrio entre *"liberdade e segurança"* (BAUMAN, 2001, p. 208). Nesse mar de turbulência e hostilidade, todos os *"outros diferentes"*, particularmente os jovens, encontram-se, como os jovens de Clemente Hofbauer, abandonados à própria sorte. No mercado líquido-moderno são múltiplas as vias de negociações. Nelas, valores e contravalores se misturam. O que significa Ética, Moral, Decência, Verdade, Caráter, Probidade e Honradez, no atual mundo líquido-moderno? Com o advento e a proliferação do divórcio, o que é realmente uma família nos dias atuais. Paternidade, Maternidade, Filhos e Avós estão desintegrados. Perderam, nos chamados tempos líquidos, sua relevância.

No mundo líquido-moderno, os indivíduos encontram-se desabrigados. Encobertos pela volatilidade e efemeridade vamos nos distanciando dos quadros de boa ou positiva referência. Aqui e acolá, vemos a família, os colegas de trabalho, os vizinhos, os paroquianos, os religiosos e tantos outros indivíduos deixando de ser, por causa da fluidez, nas palavras de Bauman, *"quadros de referência confiáveis"* (BAUMAN, 2001, p. 209). Ainda, segundo Bauman,

> a esperança de que "nos encontraremos amanhã", crença que costumava oferecer todas as razões necessárias para pensar à frente, agir a longo prazo e tecer os passos, um a um, numa trajetória cuidadosamente desenhada da vida transitória e incuravelmente morta, perdeu muito de sua credibilidade (BAUMAN, 2001, p. 209).

Os ouvidos contemporâneos e líquidos capitam os sons efêmeros que nos fazem sonhar e correr atrás de prazeres individuais curtos e vazios. Em tempos líquido-modernos não há mais espaço para as instituições duradouras. Tudo é efêmero. Inclusive o corpo e suas satisfações. Os lugares, com seus respectivos espaços, são semelhantes a selvas. Isto é, há sempre um perigo à espreita. Amizades e relacionamentos aveludados por fora se revelam, em um curto espaço de tempo conforme o jogo de interesses, ásperos e espinhosos por dentro. Na rubrica da Modernidade Líquida nada passa despercebido. Esse ambiente é extremamente nocivo para os Jovens. Por isso eles precisam de nossa atenção e missão redentorista. Como Redentoristas, homens de oração e ação, à luz de São Clemente M. Hofbauer, temos de ajudar nossos jovens, em pleno mundo líquido-moderno, a descobrir seu propósito de vida a partir do Evangelho. O padre Clemente Hofbauer, com ideias simples e criatividade, apresentou uma saída para os jovens de seu tempo. A exemplo dele, também nós, Redentoristas líquido-modernos, com dedicação e otimismo, conseguiremos ser para nossos jovens um sinal de redenção. Tenhamos coragem! Com amor, carinho e zelo apostólico é possível destacar-se em qualquer área que o Senhor nos designar. Sejamos, por meio de nosso bom exemplo, fontes vivas de inspiração para os jovens. Vamos ajudá-los a transformar suas ideias pessimistas e derrotistas em paixão e entusiasmo.

Palavras-chave

Juventude. Jovens. Abandonados. Redenção da juventude. Tradicional. Potencial. Acolhimento. Ministério. Consciência. Pontualizar. Corrigir. Comunidade. Liberdade. Segurança. Turbulência. Hostilidade. Volatilidade. Efemeridade. Referência. Esperança.

Questões para refletir e melhorar

1. Na atualidade líquido-moderna, em nossas frentes de trabalhos apostólicos, estamos priorizando os jovens abandonados?
2. O que nós Redentoristas precisamos fazer desde já para iniciar uma caminhada em direção aos jovens mais abandonados?
3. No interior de sua comunidade religiosa, há um justo equilíbrio entre liberdade e segurança?
4. Como você analisa o excesso de libertação no interior de nossas comunidades redentoristas?
5. Sua comunidade religiosa é um abrigo comunitário? Ou é uma prisão? Um manicômio?

6. Sua comunidade religiosa é uma ilha de tranquilidade caseira e agradável ou um mar de turbulência e hostilidade? Como você se percebe na Modernidade Líquida? Sente-se nela um desprotegido?
7. Em uma era marcada pela volatilidade e efemeridade quais são seus quadros de referência confiáveis?
8. Para você, na atualidade líquido-moderna, a Missão Redentorista perdeu muito ou pouco de sua credibilidade? E a Reestruturação? Ela é um *modus operandi* passível de sucesso ou não?

Bibliografia

BAUMAN, Zygmunt. *Modernidade Líquida*. Tradução, Plínio Dentzien. Rio de Janeiro: Jorge Zahar Ed., 2001, p. 209.
Constituições e Estatutos da Congregação do Santíssimo Redentor, n. 1 e 20.
G. DONATI. *Compendio della vita di San Clemente Maria Hofbauer*, p. 68. Apud LA MENDOLA, Vincenzo. *La proposta pastoral di San Clemente Hofbauer*. In: SHCSR 68 (2020), p. 35.
LA MENDOLA, Vincenzo. *La proposta pastoral di San Clemente Hofbauer*. In: SHCSR 68 (2020), p. 34-39.

VII

A pregação de São Clemente Maria Hofbauer

Sabemos que a Modernidade Líquida é mais imediata do que a Modernidade Sólida que foi suplantada. A passagem da Modernidade Sólida para a Modernidade Líquida, recorda-nos o sociólogo Zygmunt Bauman, *"acarretou profundas mudanças em todos os aspectos da vida humana"*. O advento da modernidade fluida, líquida e solta, seria imprudente de nossa parte negar, fez com que a certeza, a segurança, a esperança no dia de amanhã, bem como, os fundamentos duráveis e confiáveis, perdessem a relevância. Cada dia é, exclusivamente, o dia. Isto é, tudo tem de ser feito no aqui e agora. Posturas extremistas, nos quatro cantos do mundo, enfraquecem o potencial mobilizador dos indivíduos e, principalmente, das comunidades. Forças, *"friamente mercenárias do capital global"* (BAUMAN, 2001, p. 212), compactuadas com as unidades *high-tech* elitista e excludente, atentam, inevitavelmente, contra a boa qualidade, a moral, a ética e o trabalho. Não há uma ponte segura sobre as águas revoltas e caudalosas da Modernidade Líquida. Nelas, não há timoneiro que controla o timão da embarcação.

A mortalidade individual em todos os sentidos, físico, espiritual, social, moral, nas camadas mais baixas da sociedade mundial, multiplica-se na velocidade da luz. O sacrifício do bem-estar individual é um *modus operandi et vivendi* imposto ou exigido para as camadas mais empobrecidas da sociedade mundial. A máxima continua: *"Os ricos continuam cada vez mais ricos e os pobres cada vez mais pobres"*. Com a liquefação da lealdade incondicional os indivíduos sentem-se livres para procurar, aqui ou acolá, novas alianças. As parcerias não são mais padrões obrigatórios. Cada um adota uma conduta própria e aceitável. Em tempos líquido-modernos o imperativo é: Faça você mesmo! As instituições, a Família, o Estado, a Igreja, a Sociedade são colunas em avançado estado de putrefação. São instituições zumbis. Ou seja, mortas-vivas. Novos poderes globais armados com as terríveis armas da extraterritorialidade, xenofobia, racismo, intolerância, chauvinismo e velocidade violam impiedosamente os direitos humanos, sobretudo dos mais pobres e abandonados à própria sorte. Os que estão no mundo, vivendo abaixo da linha da pobreza, são privados de movimento, velocidade, capacidade de evasão e fuga.

O novo estado globalizado é excludente e impiedoso com os mais pobres. Sua violação é rápida e impiedosa. Segundo Bauman, *"de fato, a recusa a participar do jogo nas novas regras globais é o crime a ser mais impiedosamente punido"* (BAUMAN, 2001, p. 212). Na maioria das vezes, a punição é econômica. O mundo está dividido entre os que têm ou não têm dinheiro. Os pobres, vistos como leprosos globais, são continuamente excluídos. Em vão são todos os seus esforços para a inclusão e o pertencimento. Os pobres são lixo descartável não reciclável. Impedidos de engajarem-se não conseguem se defender, pelo menos por muito tempo, da ditadura da extraterritorialidade. A liberdade e o direito de ir e vir encontram-se à mercê de regimes ou governos totalitaristas camuflados de democracia. Sob os dogmas e a regência da extraterritorialidade, os mais empobrecidos no mundo estão sendo, dia após dia, colocados nos guetos. Os guetos são lugares terríveis, onde a vida não merece ser socorrida. Tudo vale, na atualidade líquido-moderna, para garantir, segundo Bauman, a *"promoção da ordem econômica global por outros meios que não os políticos"* (BAUMAN, 2001, p. 213). Atacantes são aplaudidos e ovacionados mundo afora. Já os pacifistas são trucidados pela máquina de guerra imperialista. Na órbita da civilização líquido-moderna não há espaço garantido, por muito tempo, para o "primitivo", "natural". Isto é, para o que é considerado "inculto", "cru", "pré-cultural" e "incivilizado". O direito dos mais fortes encontra-se em evidência. O civilizador, com seu gênero violento e impiedoso, quer que os mais pobres permaneçam bem distantes, sob os tentáculos do *sedentarismo*. O ir e o vir livremente – *nomadismo* – é um direito reservado, exclusivamente, aos ricos e aos poderosos. Homens e mulheres, no mundo todo, são impedidos de se movimentarem livremente por causa da pobreza econômica, da cultura, da etnia, de irem e virem livremente. O pensamento e a *práxis* colonialista, recorda-nos Bauman, é:

> Que a luta pela existência significa uma luta pelo espaço (...). Um povo superior, invadindo o território de seus vizinhos selvagens mais fracos, rouba-lhes a terra, encurrala-os em cantos pequenos demais para seu sustento e continua a usurpar mesmo suas minguadas posses, até que os mais fracos finalmente perdem os últimos resíduos de seu domínio, e são expulsos da terra (...). A superioridade dessa expansão consiste principalmente em sua maior capacidade de apropriar, utilizar plenamente e povoar o território (BAUMAN, 2001, 214).

Levando-se em consideração os aspectos anteriormente mencionados sobre o *modus vivendi et operandi* da Modernidade e suas reais implicações na vida, particularmente dos homens e das mulheres mais empobrecidos, é imprescindível que todos nós, Redentoristas, conscientizemo-nos de que nem tudo está perdido. Ainda há muito o que fazer em favor dessa massa humana sobrante que, desde o início da fundação da Congregação Redentorista, já era contemplada por nosso Carisma. Somos chamados, ungidos e enviados para evangelizar os pobres (cf. Lc 4,18). A razão de ser da Congregação do Santíssimo Redentor são os pobres mais abandonados. Quando lemos, em nossas Constituições e Estatutos, a respeito da origem e desenvolvimento da Congregação do Santíssimo Redentor encontramos, com bastante clareza e objetividade, o seguinte escrito:

> No ano de 1732, na cidade de Scala, no Reino de Nápoles, Santo Afonso Maria de Ligório, compadecido da situação dos pobres (...), fundou a Congregação dos Missionários do Santíssimo Salvador, posteriormente (1749) chamada do Santíssimo Redentor. Deviam eles seguir o Redentor, evangelizando os pobres: "Enviou-me para Evangelizar os pobres" (Lc 4,18).

Dessa forma, na Modernidade Líquida, em que vemos a proliferação das mais variadas desigualdades sociais, somos reconvocados pelos princípios ou pelas teses da Reestruturação para a renovação de nossa Vida Apostólica, e somos, evidentemente, reenviados, como São Clemente M. Hofbauer, para *"anunciar o Evangelho de modo sempre novo"*. Para tal fim, é fundamental que cada Redentorista renove sua esperança, seu coração, seus objetivos e suas estruturas para o bom êxito de nossa Missão Redentorista, em um mundo ferido. Sem conversão pessoal não há como *"anunciar o*

Evangelho de modo sempre novo" (São Clemente). São Clemente M. Hofbauer viveu no Século das Luzes (1715-1789) – *Iluminismo*. Esse tempo foi tão agressivo e intolerante com os homens e as mulheres que se encontravam às margens da sociedade vigente, quanto nosso tempo líquido-moderno. Não obstante, São Clemente M. Hofbauer não se deixou ser levado pelo pessimismo e pelo derrotismo oriundos do Iluminismo. Com simplicidade e dedicação ele pregava, de forma nova e incansavelmente, o Evangelho de Jesus Redentor. Por tudo isso, convido-vos para continuarmos nosso estudo a respeito da *La proposta pastorale di San Clemente Hofbauer*, sempre na companhia de Vincenzo La Mendola – Missionário Redentorista. Assim sendo, passo a dissertar nesse momento a respeito *della predicazione di San Clemente M. Hofbauer*: O Santo Redentorista que viveu à frente de seu tempo e, quiçá, do nosso.

A partida dos padres Clemente M. Hofbauer e Taddeo Hübl para Viena, a cidade iluminista, provocou, segundo La Mendola, "*reações diferentes entre os Redentoristas do Reino de Nápoles*" (LA MENDOLA, 2020, p. 39). A maioria dos Redentoristas Napolitanos, talvez por inveja ou preconceito, duvidou que o resultado da fundação redentorista transalpina pudesse ser obtido de forma positiva, duradoura e eficaz. Havia uma torcida contra o novo empreendimento redentorista. Entretanto, diante dessa não aceitação dos Redentoristas do Reino de Nápoles, o Fundador Santo Afonso e A. M. Tannoia, nas palavras de La Mendola, "*analisaram a situação de outra maneira, fazendo considerações que revelaram uma profecia*" (LA MENDOLA, 2020, p. 39). Muitos foram os que riram dessa casa redentorista sonhada pelos súditos do Estado Pontifício na Alemanha. Afonso Maria de Ligório não agiu assim. Segundo La Mendola, "*Afonso, consciente dos desejos sagrados dos dois Alemães, Clemente Hofbauer e Taddeo Hübl, os apreciou muito*" (LA MENDOLA, 2020, p. 40). A. M. Tannoia, na obra *Vita del venerabile servo di Dio Afonso Maria de Liguori*, assim registrou:

> Deus disse que ele não deixará de propagar sua glória por essas partes. Os jesuítas estão perdendo espaço. Os lugares a que eles foram enviados para anunciar o Evangelho estão meio que abandonados. Além do mais, as missões jesuítas são diferentes das nossas (LA MENDOLA, 2020, p. 40).

As questões políticas, sociais, econômicas e religiosas no Estado Pontifício da Alemanha não eram fáceis. No que diz respeito à religião, por exemplo, imperava o catecismo dos luteranos e dos calvinistas. O rigorismo aqui era abundante. Diante dessas e outras questões, os padres Clemente Hofbauer e Taddeo Hübl, Redentoristas transalpinos, seriam mais úteis lá nas terras transalpinas do que no Reino de Nápoles. Mesmo diante das opiniões contrárias que se formavam sobre a fundação da comunidade redentorista, nas terras transalpinas, Santo Afonso Maria de Ligório deu seu parecer favorável àquela nova fundação.

Continua informando-nos o padre Tannoia por meio da obra acima citada:

> Os padres Clemente Hofbauer e Taddeo Hübl, vivendo no meio dos luteranos e calvinistas, deviam primeiro dizer ao povo a respeito do Credo. Somente depois dessa devida e clara explicação do Credo o povo estará pronto para deixar o pecado. Os padres transalpinos podem fazer o bem para muita gente. Para tal fim, eles precisam de muita luz. Eu, Afonso M. de Ligório, escreveria para eles, mas Deus não quer que eu interfira (LA MENDOLA, 2020, p. 40).

Informa-nos La Mendola que

> Afonso encontrava-se avançado em anos, mas totalmente lúcido, tinha todos os elementos para avaliar uma situação complexa, sob todos os pontos de vista. Ele conhecia a história europeia e as feridas causadas pela reforma protestante, assuntos que ele havia abordado em suas obras apologéticas e dogmáticas (LA MENDOLA, 2020, p. 40).

A elasticidade mental de Afonso lhe permitiu fazer, segundo La Mendola, uma avaliação objetiva: *"Para exercer o ministério missionário na Europa, Clemente Hofbauer e Taddeo Hübl precisam entrar em um novo contexto de adaptar-se às formas tradicionais de apostolado dos Redentoristas, às necessidades pastorais mais urgentes"* (LA MENDOLA, 2020, p. 40). Sem as devidas adaptações não há como o Evangelho ser anunciado de forma nova e libertadora. Repetir esquemas pastorais ou missionários aqui e acolá, sem se dar conta das particularidades de cada lugar e das pessoas que habitam esses lugares, levará nossa missão a perder, inevitavelmente, sua eficácia, por maior que possa vir a ser o esforço do missionário redentorista. Tempos difíceis enfrentaram os Redentoristas transalpinos. Mas, com coragem e ardor missionário, foram enfrentando dificuldades e apresentando, por meio de um *modus vivendi et operandi* simples e afetuoso, o rosto e o jeito simples de ser e agir redentorista. Sempre à luz do Evangelho e a serviço da verdade e da redenção para todos, os padres Clemente Hofbauer e seu companheiro Taddeo Hübl enfrentaram as mais diversas denominações religiosas cristãs.

Como fizeram isso? Os padres Clemente Hofbauer e Taddeo Hübl, por meio de uma catequese popular, instruíram o povo sobre o Credo. O objetivo dessa catequese ao entorno do Credo era chamar os cristãos de volta à comunhão com a Igreja. Muitos cristãos católicos se dispersaram e abandonaram a fé diante das incontáveis apologias anunciadas dos telhados pelos admiradores e adoradores dos princípios fundantes do Século das Luzes. Nesse período professar uma fé, pertencer a uma Igreja era coisa do homem primitivo e ignorante. Na era cognitiva basta a razão. A aridez espiritual e o racionalismo tornaram as pessoas insossas. Ninguém se comprometia com mais nada. A virada do século XVIII para o XIX foi um tempo de transição: social, política e religiosa. As coisas pioraram bastante no mundo iluminista com o apelo do filósofo Immanuel Kant (1724-1804) ao povo, *"para que este abandonasse a menoridade inconsciente e usasse a razão"* (WEISS, 2011, p. 20). Lembra-nos La Mendola que os Redentoristas quando chegaram a Viena, para melhor exercerem a Missão Redentorista, *"participaram de um curso de catequese na escola normal de Sant'Anna, para se preparar para esse novo modo de missão"* (LA MENDOLA, 2020, p. 40). Informa-nos ainda La Mendola que

> a supressão da Companhia de Jesus – Jesuítas – e o avanço dos movimentos políticos, contrários à fé católica e à sua romanidade, criaram um ambiente hostil à fundação de uma casa redentorista, mas a iniciativa de Clemente Hofbauer não foi nem um pouco desanimada (LA MENDOLA, 2020, p. 40).

Em Varsóvia, o padre Clemente Hofbauer mergulhou de cabeça nas mais diversas situações que foram surgindo no horizonte epistemológico do Século das Luzes. Essa nova realidade, mais dinâmica, leve e solta exigia, para sua melhor compreensão, uma mente aberta e criativa, sagacidade, prudência e habilidades apostólicas para que a pastoral pudesse, assim, dar bons e saborosos frutos. Aqui a quantidade não estava acima da qualidade. À sombra do Século das Luzes, a Pastoral Missionária Redentorista foi, genuinamente, caracterizada pelas peculiaridades. Na era das luzes – *Iluminismo* – a Missão Redentorista fundamentou-se em uma pregação gerada na *práxis*. Isto é, no testemunho, no bom exemplo do missionário. Fontes documentais afirmam que as atividades apostólicas do padre Clemente Hofbauer e dos demais padres Redentoristas em Varsóvia (1787-1808) foram marcadas por um testemunho indiscutível. O redentorista ítalo-polonês Giovanni Giuseppe Sabelli (1781-1863) e as memórias recordadas de Bartolomeo Pajalich afirmam que a pastoral do padre Clemente e seus primeiros companheiros e discípulos em Viena e, posteriormente, em Varsóvia, foi enriquecida com *"ideias novas e distintas jamais vistas em todo o nosso Instituto"* (LA MENDOLA, 2020, p. 42).

Giovanni Giuseppe Sabelli (1781-1863) foi um Redentorista muito conhecido pelas autoridades eclesiásticas por causa de sua cultura. Ele compartilhou o apostolado com São Clemente M. Hofbauer, até a casa de San Bennone ser abolida, e foi seu colaborador em Viena até sua morte. Outro Redentorista que merece ser destacado aqui é Bartolomeo Pajalich. Após sua ordenação, foi transferido para Viena, onde conheceu São Clemente M. Hofbauer que escolheu como seu pai espiritual. Esses dois Redentoristas acima mencionados, mais tarde, redigiram a respeito da experiência pastoral do padre Clemente Hofbauer. O padre Bartolomeo Pajalich, por exemplo, redigiu suas memórias após 38 anos da morte de Clemente Hofbauer. Por terem esses dois Redentoristas convivido e trabalhado com o padre Clemente Hofbauer, eles muito ajudaram na edificação da primeira biografia de nosso querido e estimado São Clemente Maria Hofbauer. Eles recordam muitos fatos e acontecimentos e nos fornecem várias informações sobre os feitos pastorais, espirituais e sociais do padre Clemente Hofbauer. Os padres Giovanni Giuseppe Sabelli e Bartolomeo Pajalich diferenciam em alguns detalhes. Entretanto, ambos, segundo La Mendola, *"concordam com um fato fundamental: a pregação era a primeira e principal forma do apostolado de São Clemente M. Hofbauer"* (LA MENDOLA, 2020, p. 42).

Informam-nos os escritos da Monumenta Hofbaueriana que

> cinco sermões eram realizados todos os dias em San Bennone, três da manhã e às duas da tarde. Esses sermões tinham, consistentemente, os seguintes objetivos: o **primeiro sermão,** chamado manhã polonesa, era sempre catequético, representado pelos novos sacerdotes, atendidos pelos servos e servas da cidade (MONUMENTA HOFBAUERIANA, V, 119-122).

Ainda segundo os escritos da Monumenta Hofbaueriana,

> o **segundo sermão**, também chamado de polonês o grande sermão, era representado todas as manhãs pelo mesmo pregador R. P. Blumenau. Esse padre estava sempre em conformidade com o Evangelho dos domingos anteriores. Fluem nos sermões do padre Blumenau, durante todo o ano, questões ligadas à dogmática e à moral (MONUMENTA HOFBAUERIANA, V, 119-122).

Informam-nos, uma vez mais, os textos da Monumenta Hofbaueriana que

> o **terceiro sermão** era então em alemão e era representado todas as manhãs pelo padre Clemente Hofbauer. Seu sermão consistia na explicação das Sagradas Escrituras. O padre Clemente Hofbauer tratava a respeito da história sagrada, da história profana e a respeito do pensamento dos Santos Padres. O **quarto sermão** tratava de verdades eternas e de todas as situações graves praticadas nas missões (MONUMENTA HOFBAUERIANA, V, 119-122).

O biógrafo Giovanni Giuseppe Sabelli, quando escreveu suas primeiras memórias da vida e missão de São Clemente M. Hofbauer, já se encontrava na Itália. Nessa época, ele aproveitou a oportunidade e participou das missões populares redentoristas, que estavam sendo realizadas no Reino de Nápoles. Sabelli, Redentorista atento e observador, prontamente, começou a observar as atividades pastorais realizadas nas igrejas redentoristas e logo concluiu que elas eram bem diferentes das que eram realizadas pelos Redentoristas de Varsóvia. Sabelli, com um tom nostálgico, afirma que o perfil dos Redentoristas de Nápoles era diferente dos pregadores redentoristas liderados por Clemente Hofbauer. A missão redentorista transalpina era mais exigente do que a missão redentorista pregada no Reino de Nápoles. A missão redentorista transalpina era, realmente, pesada. Ela exigia muito preparo e dedicação do missionário Redentorista. Cinco sermões no dia era uma prática, segundo La Mendola, *"incomum para uma Igreja paroquial e também para uma Igreja conventual"* (LA MENDOLA, 2020, p. 43).

Somente durante as missões populares esse número, assim, tão grande de sermões era mantido. Essa expressiva quantidade de sermões não era uma práxis comum nas igrejas paroquiais. Essa prática, cinco sermões no dia, fora das missões populares e também nas igrejas paroquiais foi uma iniciativa do padre Clemente Hofbauer nas terras transalpinas. Esse número grande de sermões, prática incomum nas igrejas paroquiais e conventuais, só acontecia durante as missões populares. Essa práxis ficou conhecida como *"missão permanente" "missão continuada"* ou *"missão perpétua"*. Informa-nos La Mendola que,

> os intensos ritmos de oração, pregações e comemorações transformaram a igreja de San Bennone em um centro ativo de assistência pastoral missionária. Manter o ritmo de uma atividade tão exigente exigia energias e motivações incomuns (LA MENDOLA, 2020, p. 43).

A falta de *"operários apostólicos"* – leigos colaboradores – na cidade piorou ainda mais com a supressão dos jesuítas, os quais eram, segundo La Mendola, *"juntamente com os Capuchinhos e os franciscanos reformados, os únicos religiosos empenhados nas missões e na pregação itinerante"* (LA MENDOLA, 2020, p. 43). A saída desses missionários deixou uma evidente lacuna na missão da Igreja. G. Heinzmann, na obra *Uma evangelizzazione nuova*, dá-nos a seguinte informação sobre a missão permanente ou continuada:

> A ideia da "continua missione" na área urbana pertence aos missionários Jesuítas. Esse modo de pregar missão concebido pelos Jesuítas teve início a partir da primeira metade do século XVII, no Oratório do Caravita, com o objetivo de evangelizar permanentemente a "città eterna" – Roma. Essa forma de "continua missione" pretendia aproximar as pessoas dos sacramentos da confissão e da comunhão (LA MENDOLA, 2020, p. 43).

Continua informando-nos G. Heinzmann, na mesma obra anteriormente citada, que

> a "continua missione" durou até o ano de 1773, o ano em que aconteceu a supressão da Companhia de Jesus – Jesuítas. Não sabemos, com precisão, como esse modelo de missão chegou até nós. Entretanto, podemos hipotizar que durante suas estadas romanas, o padre Clemente Hofbauer entrou em contato com essa experiência pastoral, interrompida alguns anos antes, da qual, porém, a memória estava viva, pela eficácia do método e pelos bons frutos espirituais colhidos e relatados. Em algum aspecto, a missão continuada de San Bennone estava relacionada com o tipo de pregação jesuíta (LA MENDOLA, 2020, p. 43).

Segundo La Mendola,

> muitas vezes no passado, na ausência de clérigos seculares, os Jesuítas, de forma incansável, administravam os sacramentos e catequizavam grande parte do povo. Com a ausência dos missionários Jesuítas, os Redentoristas tiveram de reestruturar suas pregações de forma intensiva (LA MENDOLA, 2020, p. 44).

Por esse motivo, segundo La Mendola,

> muitos civis e as autoridades polonesas trabalharam para mantê-los na Capital. Seu apostolado ocorreu em situações sociais e políticas difíceis. Pense que somente em 1772 ocorreu a primeira participação da Polônia, seguida pelas duas seguintes em 1793 e 1795. O Núncio di Lucerna, Pietro Gravina, na carta enviada ao Núncio de Viena, Ludovico Ruffo Scilla, em 22 de setembro de 1797, definiu esse período de "critici tempi", referindo-se, sobretudo, à situação religiosa (LA MENDOLA, 2020, p. 44).

No que diz respeito à situação religiosa, o Núncio Pietro Gravina não economizou palavras em sua crítica. Ele disse:

> as doutrinas jansenistas, galicanas e febronianas, que encontraram acesso na Polônia, alienaram as mentes da Santa Sé e removeram a

> frequência dos sacramentos em todas as igrejas da Polônia. A seita abominável dos maçons, à qual os homens eram atribuídos, já era difundida entre os homens da mais alta nobreza, ministros de estado e também entre muitos padres (LA MENDOLA, 2020, p. 44).

Recorda-nos La Mendola que,

> no final do século XVIII, a Polônia sofreu ataques e influências externas que minaram a estabilidade de sua mentalidade social e religiosa. Minaram-se também suas sólidas fundações confessionais, fundadas em uma fé popular e baseada na edificação de uma identidade para a nação (LA MENDOLA, 2020, p. 44).

Recorda-nos ainda La Mendola que

> a influência da filosofia alemã e dos escritos de Voltaire (1694-1778) contribuiu para tornar os ambientes culturais e políticos ainda mais hostis ao Evangelho. A população, durante muito tempo sem formação cristã, ficou agora indiferente às coisas religiosas. Até a situação dos religiosos e de seu apostolado era insuficiente para a necessidade de reevangelizar a cidade (LA MENDOLA, 2020, p. 44).

São Clemente M. Hofbauer, em uma carta redigida, no dia 12 de junho de 1800, ao padre Pietro Paolo Blasucci, Superior Geral, disse:

> se visse com seus próprios olhos o estado miserável em que a Religião era encontrada nessa cidade depravada, certamente não ficaria surpreso com a frequência de nossos sermões, mas sim se eles não o fizessem mais. Você também não acredita que os ouvintes sejam represálias de tanta pregação; isso seria em outros países, mas aqui cresce o desejo da Palavra de Deus de conhecer os meios capazes de salvar a alma entre tantos perigos (...). Fazemos isso com a ajuda de Deus, e a contribuição para nossa Igreja é incrível, e cresce a cada ano; a maioria são pessoas pequenas, mas também chegam as nobres (LA MENDOLA, 2020, p. 45).

Mais tarde, no dia 1 de outubro de 1801, São Clemente redigiu uma outra carta para o mesmo destinatário, acima citado, dizendo:

> Com exceção dos missionários de São Vicente de Paolo (1581-1660) e dos franciscanos chamados recoletos, todos os outros padres pregam apenas uma vez por semana, e de maneira inteligível, sem espírito e vigor. Alguns religiosos trouxeram rigor da França (mais de cem anos atrás) e impediram os fiéis de comparecerem aos sacramentos, o que é ainda mais pernicioso porque administram uma das principais paróquias da cidade; mas, depois de assistir a nossos sermões várias vezes, pela graça de Deus eles abandonaram seu sistema para aceitar o nosso (LA MENDOLA, 2020, p. 44-45).

O Monsenhor Lorenzo Pietro Litta, ciente da necessidade da ação pastoral de seus religiosos, redigiu, no dia 18 de janeiro de 1800, uma carta ao padre Redentorista Pietro Paolo Blasucci, Superior Geral, dizendo: "*Talvez o que eles fazem pareça demais, mas não é demais pela grande necessidade que existe naquele país onde poucos se importam de trabalhar na vinha do Senhor*" (LA MENDOLA, 2020, p. 45-46).

Maravilhado com a grande quantidade de trabalho da comunidade redentorista, o Monsenhor Lorenzo continuou dizendo:

> (...) e se você adicionar como é na igreja de San Bennone, extrema angústia do local, competição ininterrupta de pessoas das horas que se seguem até o anoitecer (...). Tudo o que você faz é confessar, pregar e dar o curativo com o Santíssimo Sacramento (LA MENDOLA, 2020, p. 46).

Esses elementos acima mencionados, de forma breve, são suficientes para nós entendermos hoje, na era líquido-moderna, as proporções e as reais implicações do trabalho missionário de São Clemente M. Hofbauer, em seu tempo, evidentemente, e também em nosso tempo em pleno estado de liquefação. Dando continuidade a nosso estudo sobre a proposta pastoral de São Clemente M. Hofbauer, na companhia do Redentorista Vincenzo La Mendola, para melhor compreender o valor e a importância que o padre Clemente Hofbauer deu à pregação em sua ação missionária, gostaria de enriquecer, ainda mais, nosso estudo sobre a relevância da pregação na missão do padre Clemente Hofbauer com os seguintes temas: ***A)** Conteúdo. **B)** Modo e estilo. **C)** Comunidade internacional e apostolado multicultural. **D)** As missões populares e os exercícios espirituais.*

A. Conteúdo

Nuvens pesadas pairavam e ventos impetuosos sopravam sobre o horizonte epistemológico religioso no tempo de São Clemente M. Hofbauer. Distorções e ideologias, forjadas na forja do Iluminismo e, posteriormente, remodeladas pela Modernidade Líquida, impediam a missão evangelizadora da Igreja. Diante dessa situação, o padre Clemente Hofbauer, *"o apóstolo de Varsóvia e o patrono de Viena"* (WEISS, 2011, p. 9), sem medo de conflitos, para remediar a crescente falta de formação religiosa entre as pessoas, nas palavras de La Mendola, *"planejou um programa de pregação que abarcasse todos os temas e aspectos da vida cristã: duas pregações bíblicas, uma catequética, uma ascética e uma sobre as máximas eternas"* (LA MENDOLA, 2020, p. 46). Diante da tese do Iluminismo, da expansão do eclesialismo estatal austríaco, do paroquialismo e do jansenismo, o padre Clemente Hofbauer não se permitiu ser abatido. Abstraindo-se de tudo isso, priorizou, de forma absoluta, a proclamação do Evangelho. Sem comentários – *sine glossa* –, São Clemente M. Hofbauer, de forma incansável e com muita criatividade tratou de colocar o Evangelho no centro da vida dos cristãos de seu tempo. Ciente da declaração que emanava da *Regola dei Redentoristi*: *"por meio da pregação sagrada, espalha e persevera a fé de Jesus Cristo"*. Crendo nessas palavras, o padre Clemente Hofbauer foi enfrentando as questões que ameaçavam a Fé cristã católica, os bons costumes e os preconceitos. Da mesma forma, sempre à luz do Evangelho, o padre Clemente Hofbauer combateu a aridez espiritual, o racionalismo, os fundamentalistas, as ações e os pensamentos insossos.

G. Heinzmann, em sua obra intitulada *Una evangelizzazione nuova*, informa-nos que,

> a partir deste exemplo de evangelização, entendemos a clara preferência de São Clemente M. Hofbauer pela Bíblia, com particular atenção ao Novo Testamento. Apesar das dificuldades financeiras, o padre Clemente M. Hofbauer comprou uma edição alemã muito luxuosa, com gravuras feitas pelos melhores artistas da época e a colocou em um lugar de honra (LA MENDOLA, 2020, p. 46).

Informa-nos La Mendola que,

> no gênero da pregação catequética, ascética e moral, São Clemente M. Hofbauer, em certo sentido, está alinhado com a prática oratória de seu tempo, no que diz respeito à pregação bíblica. Assim sendo, ele é o antecipador da homilia de hoje (LA MENDOLA, 2020, p. 46).

Diante dos fatos, é importante que tenhamos em mente que no final do século XVIII, na Polônia, segundo La Mendola,

> a pregação estava em declínio, devido à circulação de ideias iluministas que afetavam não somente o povo de forma geral, mas, particularmente, o clero. Esse episódio acabou dando origem a um modelo de ministro da adoração, cada vez mais projetado para funções de pacificação e moralização social e menos atenção aos aspectos mais doutrinais e catequéticos (LA MENDOLA, 2020, p. 46-47).

O ambiente eclesial no qual São Clemente M. Hofbauer, o Santo da pregação e da ação, vivia, era muito difícil. A esse respeito, informa-nos La Mendola que

> basta dizer que os padres que pregaram sobre a necessidade de vacinação e outros assuntos semelhantes foram tomados como modelo exemplar e aqueles que pregaram as verdades do cristianismo foram combatidos e mantidos anacrônicos (LA MENDOLA, 2020, p. 47).

Continua informando-nos La Mendola que

> o padre Clemente Hofbauer, ciente da necessidade de reorientar a ação pastoral em questões estritamente bíblicas, catequéticas e espirituais, não tinha medo de ir contra a corrente, atraindo para si mesmo críticas e hostilidades, tanto do clero como das autoridades locais (LA MENDOLA, 2020, p. 47).

O padre Clemente Hofbauer pregava com ardor, entusiasmo, criatividade e com muita humildade o Evangelho. O Redentorista Bartolomeo Pajalich, em um de seus testemunhos sobre a pregação do padre Clemente

Hofbauer, em San Bennone, atesta que

> a Bíblia, em particular, os Evangelhos e as Cartas Paulinas eram os temas favoritos da pregação de Clemente Hofbauer e dos Redentoristas treinados por ele. Essa preferência de Clemente Hofbauer pela Sagrada Escritura foi um dos aspectos de sua pregação recebidos como inovadores, não apenas pelos confrades ou pelos cristãos que frequentavam a igreja de San Bennone, mas também por aqueles que estavam longe da prática cristã (LA MENDOLA, 2020, p. 47).

G. Heinzmann, em sua obra *Uma evangelizzazione nuova*, comunica-nos que em um relatório da polícia, que tinha a tarefa de supervisionar São Clemente M. Hofbauer em Viena, encontra-se a seguinte fala: *"Provar as verdades da fé e suas aplicações [ele] não se baseia na razão, mas tão somente nos textos da Sagrada Escritura. Seus sermões são apenas explicações do Evangelho"* (LA MENDOLA, 2020, p. 47). O *modus vivendi et operandi* de São Clemente M. Hofbauer em Varsóvia e, posteriormente, em Viena, coloca-o bem à frente de seu tempo. A pedagogia adotada por ele, criativa, dinâmica e contagiante o coloca como um dos principais reformadores da pregação tanto em Varsóvia como em Viena e em todos os lugares onde seu ministério foi exercido. E. Hosp, na obra *Il santo della preghiera e dell'azione*, informa-nos que o slogan programático adotado pelo padre Clemente Hofbauer era: *"Devemos começar a pregar o Evangelho novamente"*, conforme relatou o padre Emanuele Veith (LA MENDOLA, 2020, p. 47).

São Clemente M. Hofbauer, em suas celebrações, não abria mão da pregação do Evangelho. Ele o pregava como ninguém. Sempre fazendo uso de simples palavras o padre Clemente Hofbauer, de maneira nova, transmitia para seu público, a modo de Cristo e dos Apóstolos, as maravilhas do Evangelho: sua principal fonte de inspiração. Depois da proclamação solene do texto sagrado – o Evangelho –, o padre Clemente Hofbauer fazia, para a melhor compreensão dos fiéis, uma breve introdução ao assunto principal do Evangelho proclamado, sempre com muito respeito e solenidade. Quando era necessário, gastava um pouco mais de tempo com um determinado assunto. Entretanto toda a sua homilia acontecia à luz do Evangelho. Sua base reflexiva era sempre o Evangelho. Para tudo e em todas as situações, São Clemente M. Hofbauer recorria, incansavelmente, ao Evangelho. Pregava com maestria e muita simplicidade. Fazendo sempre uso de palavras simples ia conquistando a confiança dos fiéis e, também, dos homens e das mulheres que se deixaram ser conduzidos e embalados pelos acordes do Século das Luzes (1715-1789).

O padre Clemente Hofbauer, com sabedoria e criatividade, enriquecia suas homilias com observações e comentários úteis e inteligentes. Ele não os fazia de qualquer modo. Ele tinha a preocupação de trazer em suas homilias comentários adaptados e trocados em miúdos para a melhor compreensão das pessoas que se encontravam sob sua responsabilidade. O padre Clemente Hofbauer não se preocupava somente com aqueles que estavam na igreja. Sua preocupação se estendia além das portas de sua igreja. Ele estava interessado também naqueles que se encontravam fora da igreja de Cristo. E pregava também para ele o Evangelho, não somente com palavras, evidentemente, mas, sobretudo, com seu bom exemplo. O padre Clemente Hofbauer não improvisava nada. Tudo era muito bem preparado por ele. Na obra de E. Hosp, *Il Santo della preghiera e dell'azione*, lê-se o seguinte: *"Desde o início da semana ele lia o Evangelho e a Epístola paulina do domingo seguinte. Muitas vezes bastavam alguns versículos. Ele conhecia o resto de cor"* (LA MENDOLA, 2020, p. 48). Esse detalhe mostra-nos a intimidade que São Clemente M. Hofbauer tinha com a Sagrada Escritura.

Essa intimidade com a Sagrada Escritura era bem conhecida por seus confrades. Todos ficavam admirados com a facilidade e o conhecimento que o padre Clemente Hofbauer tinha com a Palavra de Deus. Preparação adequada e longa meditação precediam os sermões do padre Clemente Hofbauer. E. Hosp, em sua obra *Il santo della preghiera e dell'azione*, traz o relato de um episódio que foi registrado pelo padre Bartolomeo Pajalich a respeito da familiaridade que o padre Clemente Hofbauer tinha com a Palavra de Deus. *"O padre Clemente Hofbauer não fazia uso de muitos aparatos para preparar seu sermão. Ele dizia, batendo em seus joelhos, que para uma pregação dar bons frutos é preciso que você esteja de joelhos para meditar e orar, silenciosamente, a partir do que você leu"* (LA MENDOLA, 2020, p. 48). Depois de feito isso, com devoção, piedade e respeito, segundo a compreensão do padre Clemente Hofbauer, ele e seus companheiros estariam prontos para ir até o púlpito para pregar o Evangelho de Jesus

Redentor de modo sempre novo. Dessa forma, os frutos da pregação seriam abundantes.

São Clemente M. Hofbauer tinha gosto também pelos textos bíblicos que compunham o Antigo Testamento. Na Quaresma, do então ano de 1816, ele fez um comentário sobre o livro do Gênesis. O padre Clemente Hofbauer amava a Bíblia. Por meio dela ele procurou conhecer, cada vez mais, a pessoa de Jesus Redentor, para melhor anunciá-lo. Não demorou muito para sua "fama" se espalhar. Posteriormente, ele fez parte da tradição dos grandes pregadores da era moderna e da escola de oratória redentorista. G. Heinzmann informa-nos que *"o livro que o padre Clemente Hofbauer preferiu ler foi o Crucifixo"* (LA MENDOLA, 2020, p. 49). G. Heinzmann, em sua obra *Una evangelizzazione nuova*, informa-nos que *"o livro Crucifixo era um livro de vida e sabedoria estudado por muitos místicos e pregadores evangélicos. Há referências abundantes na literatura ascético-espiritual e na hagiografia da era moderna"* (LA MENDOLA, 2020, p. 49).

O centro da pregação hofbaueriana era o *Mistério de Cristo,* conforme era exigido pelo Regimento dos Redentoristas – *Codex Regularum et Constitutionum,* n. 46: *"É estritamente necessário, aos congregados, pregar Cristo Crucificado ao modo apostólico: com um estilo simples e familiar"* (LA MENDOLA, 2020, p. 49). O sermão do padre Clemente Hofbauer se concentrava não somente na divindade de Jesus, mas, sobretudo, e com a mesma intensidade sobre a humanidade de Jesus, o Filho amado de Deus Pai (cf. Mt 3,16-17). O padre Clemente Hofbauer não economizava tempo nem palavras para falar a seus fiéis sobre o papel de mediador de Jesus. Insistia para que todos confiassem em Jesus porque ele tinha o poder de nos salvar. Sem ele nossa vida estaria totalmente perdida (cf. Jo 6,58). Ele gostava de falar das virtudes de Jesus. Por isso insistia incansavelmente para que seus fiéis copiassem em si mesmos o modelo de vida de Jesus. E que eles imitassem, no mundo, seu exemplo e suas virtudes.

Não faltavam, na comunidade eclesial do padre Clemente Hofbauer, sermões sobre a Paixão e Morte de Jesus. Seu sermão, da Sexta-feira Santa do ano de 1816, ficou famoso. Nesse sermão o padre Clemente Hofbauer recordou com seus fiéis a respeito das sete palavras ditas por Jesus no alto da cruz. Esse sermão aconteceu na igreja de Mechitaristi. Lembra-nos La Mendola que o motivo dominante de todas as suas intervenções outro não foi senão *"ressaltar o amor e a misericórdia de Deus"* (LA MENDOLA, 2020,

p. 49). O padre Clemente fazia questão de dizer que Jesus lutou contra o pecado e saiu vitorioso. E. Hosp, na obra *Il santo della preghiera e dell'azione*, traz o seguinte testemunho de Giovanni Pilat: "*O padre Clemente Hofbauer nunca deixou de lembrar a seus fiéis que, junto dos direitos e da justiça divina, encontrava-se a misericórdia divina*" (LA MENDOLA, 2020, p. 49). Creio que para padre Clemente Hofbauer a Misericórdia divina que saía do lado de Jesus era, infinitamente, abundante (cf. Jo 19,34).

São Clemente M. Hofbauer, apesar de todas as dificuldades que ele experimentou em seu tempo, não deixou de ser otimista.

Ele acreditava na salvação e a compreendia como dom de Deus. Isto é, para todos e não somente para alguns. Todo ser humano tem direito à salvação (cf. Jo 10,10). Lembra-nos o padre Bartolomeo Pajalich que em um sermão o padre Clemente Hofbauer abordou com veemência e muita coragem "*o tópico ardente da salvação dos não cristãos*" (LA MENDOLA, 2020, p. 50). Esse tema era inadmissível na época de São Clemente M. Hofbauer. Mesmo assim, com coragem, ele o trouxe para "apimentar", ainda mais, seu sermão. Provavelmente, em algum momento, o padre Clemente Hofbauer tenha sido provocado com a seguinte pergunta: "*Quem está salvo?*" Segundo o texto *Ricordi e memorie*, a resposta de São Clemente M. Hofbauer foi:

> Como alguém pode dizer que somente a Igreja Católica salva? Ora! Nesse sentido, como ficam os Turcos, os Chineses e tantos outros? Todos os outros não católicos serão condenados? Veja bem: todo aquele que se considera inocente será salvo. Deus não condena nenhum inocente. Os inocentes serão salvos pelo bem que eles fazem, independentemente do credo que professam. "Todos os católicos, pela boa ajuda que recebem, serão salvos. Agora, aquele católico que não faz bom uso dos bens que recebe e não abdica sua própria negligência e malícia será condenado, não por vontade divina, mas, pelo mal que pratica a si mesmo e aos outros (LA MENDOLA, 2020, p. 50).

Segue nos dizendo o padre Clemente Hofbauer:

> Os que estão fora da Igreja Católica, pela mesma forma, devem fazer o bem para serem, também, contemplados com a graça da salvação. Ninguém está predestinado à condenação. A esse res-

> peito conclui o padre Clemente Hofbauer: é melhor fazer o bem do que o mal. Cuide de sua própria saúde e deixe o criador cuidar da saúde das outras pessoas. Quanto a você, católico, viva como um bom católico (LA MENDOLA, 2020, p. 50).

Recorda-nos padre Bartolomeo Pajalich que padre Clemente Hofbauer *"preferia usar argumentos de misericórdia, bondade e amor, em vez de argumentos de terror e rigor"* (LA MENDOLA, 2020, p. 50-51). O padre Clemente Hofbauer sabia como ninguém, de forma magistral, destacar as maravilhas e os aspectos mais relevantes do cristianismo. Com ciência resgatava as verdades da fé e abria mão daqueles detalhes irrelevantes, que em nada contribuíam com a salvação dos homens e das mulheres de seu tempo tão conturbado. Com seu jeito simples e suas palavras ditas de forma clara e objetiva, padre Clemente Hofbauer ia conquistando o coração e a confiança de seus ouvintes, que se encontravam dentro e fora da igreja. Sua pregação estava sempre focada na natureza, na missão e mediação da Igreja. No Século das Luzes (1715-1789), a Igreja católica, particularmente, foi brutalmente perseguida. Em Viena, por exemplo, não havia um único pregador que ousasse mencionar o nome da Igreja católica apostólica romana em seus discursos. Era um descaso total. Diante desse indiferentismo dominante, pode parecer-nos contraditório, mas não o é, o padre Clemente Hofbauer encheu-se de coragem e, dos telhados, para contrapor o indiferentismo dominante de seu tempo contra a Igreja católica, disse abertamente: *"Fuori della Chiesa Cattolica non vi è salute"* (LA MENDOLA, 2020, p. 51).

Essa afirmação aberta do padre Clemente Hofbauer visava abalar aqueles que pretendiam viver fora da Igreja e salvar-se sem a mediação dela. As críticas e a perseguição à Igreja católica na era hofbaueriana se deram graças à disseminação do anticlericalismo. Essa semente daninha foi semeada pela maçonaria. O anticlericalismo tirou muita gente de dentro da Igreja católica, principalmente os intelectuais que foram instruídos pela filosofia iluminista. Diante dos fatos, o padre Clemente Hofbauer manteve-se firme na fé cristã católica. Sua eclesialidade era demonstrada publicamente com muita alegria e convicção, apesar das críticas mordentes e perseguições contundentes. São Clemente M. Hofbauer foi um padre, segundo todos os seus biógrafos, *"verdadeiramente católico"* (LA MENDOLA, 2020, p. 51). Sem se deixar levar ou abater pelas opiniões contra a Igreja católica, o padre Clemente Hofbauer, segundo La Mendola, *"pregava sobre todos os assuntos, inclusive sobre assuntos desconfortáveis e impopulares"* (LA MENDOLA, 2020, p. 51).

O padre Clemente Hofbauer era um *"homem que não tinha medo de conflitos"* (WEISS, 2011, p. 10). Quando isso lhe parecia necessário ele partia mesmo para o confronto aberto. Homem de muita coragem e determinação não fazia conchavo com ninguém. Seu compromisso era com o Evangelho de Jesus Redentor, que o chamou para anunciá-lo na Congregação do Santíssimo Redentor. Pregava de forma muito simples. No entanto com liberdade e muita franqueza. Por causa desse seu *modus operandi et vivendi*, perseguições e proibições para que ele não pregasse mais não lhe faltaram ao longo de seus dias. Diante de intimidações e ameaças contínuas, segundo La Mendola, *"o padre Clemente Hofbauer nunca desistiu. Sua preferência era a de sofrer pelo Evangelho e pela Igreja"* (La Mendola, 2020, p. 51), que ele tanto amava e respeitava. Ainda, segundo La Mendola,

> uma parte da pregação do padre Clemente Hofbauer foi dedicada a temas de clara derivação afonsiana. Temas como o amor de Deus por todos os homens, a necessidade da oração para obter a graça da salvação e a importância do tempo. A abordagem desses temas durante a homilia do padre Clemente Hofbauer foi lembrada, durante muito tempo, por seus ouvintes (LA MENDOLA, 2020, p. 51).

Informa-nos La Mendola que o padre Clemente Hofbauer,

> costumava afirmar-se no "preço do tempo", de acordo com o Fundador Santo Afonso Maria de Ligório, que jurara não perder tempo. A otimização do tempo foi uma estratégia adotada para a vida pastoral, na qual ele conseguiu alcançar muitos objetivos e trabalhar em várias áreas (LA MENDOLA, 2020, p. 51).

Informa-nos, uma vez mais, La Mendola que o padre Clemente Hofbauer

> tinha uma tendência inata à solidão e à contemplação. Essa tendência lhe permitiu viver grandes experiências místicas sem se descuidar de seu detalhado compromisso apostólico. Ele viveu intensamente a dimensão do tempo. Seu tempo foi, simultaneamente, dedicado à união com Deus e à salvação dos outros (LA MENDOLA, 2020, p. 52).

Nos dizeres do padre Bartolomeo Pajalich consta que o padre Clemente Hofbauer

> inculcou e animou seus ouvintes a prevalecer com a máxima diligência do tempo e do momento presente, que é apenas o poder do homem, enquanto o passado não pode mais ser lembrado e o futuro é incerto (LA MENDOLA, 2020, p. 52).

Testemunhas afirmam que São Clemente M. Hofbauer costumava lidar com a questão da morte com muita tranquilidade e serenidade. Sua análise sobre a morte era sempre positiva e bem realista. Ele defendia sempre o ponto de vista do Evangelho. Gostava muito de lidar com o tema da perseverança e da importância de se preparar para alcançar no fim da vida uma boa morte. O padre Clemente Hofbauer não ameaçava as pessoas com a morte. Também não gostava de ameaçá-las com o julgamento final e o inferno. Acima de tudo, ele procurava alertar as pessoas sobre como elas estavam vivendo a vida. Ele dizia que o céu nos espera. Para tal fim, todos devem fazer, aqui e agora, por merecê-lo. Aos que fazem o bem e nele perseveram será, no dia de sua morte, coroado, pelas mãos do Redentor, com a coroa da vitória. *"O cristão que servir fielmente a Deus e lutar com virilidade em favor do bem e da justiça não será desamparado por Deus"* (LA MENDOLA, 2020, p. 52).

Lamentavelmente, não temos os textos dos sermões do padre Clemente Hofbauer sobre a morte. O que temos sobre esse assunto não é nada esquemático. O que se tem, de fato, são fontes referenciais oriundas de abundantes testemunhos de confrades que compartilharam o ministério com ele. Há também testemunho de leigos que participavam das Missas celebradas pelo padre Clemente Hofbauer. Na obra de E. Hosp *Il santo della preghiera e dell'azione*, encontramos o testemunho de Sofia Schlosser. Ela deixou registrado em seu Diário o seguinte texto:

> Eu nunca conheci uma pessoa que sabia como fazer o cristianismo ser amado como o padre Clemente Hofbauer. Durante seus sermões, penso comigo mesma: assim os Apóstolos deveriam ter pregado. Ele sabia expor as coisas mais preciosas com a simplicidade de uma criança. Eu, iniciante na pregação, muitas vezes me

> surpreendia com certas intenções brilhantes nos textos da Sagrada Escritura que ele estava expondo. Eu, repetidas vezes, lia os textos bíblicos e não enxergava seus detalhes, sua beleza e profundidade como o padre Clemente Hofbauer (LA MENDOLA, 2020, p. 52).

O padre Clemente Hofbauer, apesar de seu grande conhecimento, pregava com muita simplicidade. Tratava com objetividade as grandes verdades da fé. Seu objetivo era fazer-se compreendido por todos os seus ouvintes. Principalmente, os mais simples que não tinham um amplo conhecimento cognitivo. Daí a forma literária de seu sermão não era muito elegante. Seu sermão era direto. Por isso sua pregação era muito apreciada e comentada por muitos. Até mesmo pelos não cristãos católicos. Algumas pessoas comparavam o padre Clemente Hofbauer com Abramo di Santa Chiara – *agostiniano descalço, famoso pregador considerado o maior pregador da corte imperial de Leopoldo I* - (LA MENDOLA, 2020, p. 53). Tal comparação era para indicar o quanto ele, o padre Clemente Hofbauer, havia influenciado a sociedade e a Igreja de seu tempo. Lembra-nos La Mendola que *"os jovens sacerdotes, atraídos por sua maneira de pregar, tentaram ao máximo e sabiam adotar sua maneira de pregar para não trair a Palavra de Deus"* (LA MENDOLA, 2020, p. 53).

Os jovens sacerdotes ficavam fascinados com os ensinamentos e com o jeito de ser e agir do padre Clemente Hofbauer, apesar de seu jeito introspectivo. Os jovens sacerdotes, depois da ordenação, antes de serem enviados para seus respectivos destinos apostólicos, geralmente países rurais, segundo as palavras de La Mendola, *"procuravam o padre Clemente Hofbauer e recebiam dele 'L'Homo Apostolicus di Sant'Alfonso', para se prepararem e regularem nas atividades pastorais que os aguardavam"* (LA MENDOLA, 2020, p. 53). O método adotado por padre Clemente Hofbauer para pregar o Evangelho foi adotado, também, por seus confrades. Por isso o padre Clemente Hofbauer pode ser chamado, com razão, segundo La Mendola, *"de ser o primeiro formador da vida religiosa e do apostolado"* (LA MENDOLA, 2020, p. 53). O padre Clemente Hofbauer se destaca pela praticidade, objetividade e usabilidade. Seus ensinamentos eram práticos e não teóricos. Seus ensinamentos aconteciam em campo. Com ele se aprendia fazendo. A metodologia pastoral – pregação – do padre Clemente Hofbauer era tão respeitada que os jovens, que se preparavam para a ordenação presbiteral, faziam estágio pastoral com ele. Com esses jovens, o padre Clemente Hofbauer era bem prático e objetivo.

A pregação do padre Clemente Hofbauer era genuinamente evangélica. Isso, ela partia sempre da fidelidade ao Evangelho. Para tudo São Clemente M. Hofbauer recorria ao Evangelho. Sua pregação, sempre embasada no Evangelho, fez-o, também, ser observado pelos protestantes. Esses, de certa forma, temiam-o. Achavam que ele podia, com seu sermão, minar as ações protestantes. Fazendo sempre uso de uma boa exegese, padre Clemente Hofbauer explicava, como ninguém, o Evangelho de Jesus. Padre Clemente tentava, constantemente, um diálogo aberto e fraterno com os irmãos protestantes. Mas esses nem sempre estavam abertos ao diálogo com o diferente. O padre Clemente Hofbauer era sempre a favor da aproximação e não do distanciamento. Ele não comungava com as atitudes da Igreja hierárquica, seja católica ou protestante, que não favoreciam a aproximação. Por isso ele evitava todas aquelas questões que não iriam ajudar a unidade na diversidade. Informa-nos La Mendola que *"o padre Clemente Hofbauer declarou, em vão, que tentou fazer com que a Cúria de Roma entendesse a verdadeira causa da Reforma Protestante e atribuiu a Roma a responsabilidade pela situação que surgia na Alemanha e na Áustria"* (LA MENDOLA, 2020, p. 53).

Informa-nos ainda La Mendola que

> o teólogo dominicano Yves Congar, em uma de suas obras mais conhecidas, referindo-se à biografia de Hofbauer, contou São Clemente M. Hofbauer entre os homens que tentaram fazer uma leitura realista e verdadeira sobre a situação religiosa nas regiões austro-alemãs, no contexto do doloroso confronto com os cristãos reformados (LA MENDOLA, 2020, p. 53-54).

B. Método e Estilo

A novidade da pregação hofbaueriana se deve à escolha da Bíblia como principal fonte de inspiração. O padre Clemente Hofbauer não abria mão do Evangelho e das Epístolas do Apóstolo Paulo em suas pregações ou em qualquer outra atividade apostólica. Quanto ao método e ao estilo por ele utilizados foram revelados inovadores e criativos para a época. Pregar, para o padre Clemente Hofbauer, antes de mais nada, era uma obrigação. A pregação era para ele um imperativo relevante. Pregar é uma prioridade da Vocação Redentorista. Faz parte do DNA do Redentorista pregar, com veemência e simplicidade, o Evangelho de Jesus Redentor. Por isso o padre Clemente Hofbauer criava, continuamente, novas oportunidades de anúncio e novas estratégias para que o Evangelho fosse anunciado de modo sempre novo. Nas palavras de La Mendola, o padre Clemente Hofbauer *"pregava nos dias úteis e aos domingos, em épocas fortes e durante as solenidades ou festas particulares do ano litúrgico e, também, em épocas de preparação e festas particulares da Congregação Redentorista ou relacionadas ao local"* (LA MENDOLA, 2020, p. 54). A exemplo de Sant'Alfonso, São Clemente não perdia tempo. Gastava todos os seus dias e tempo em prol da redenção daqueles e daquelas que Jesus Redentor os confiava.

O que é mais surpreendente no programa de evangelização adotado pelo padre Clemente Hofbauer é sua opção, incondicional, pela pregação diária. Sua decisão de pregar sempre, nos mais variados acontecimentos litúrgicos, ajudou a transformar a igreja de San Bennone em um lugar de missão continuada ou permanente. O padre Clemente tinha uma vida intensa. Lembra-nos La Mendola que na igreja de San Bennone havia *"pregação extraordinária, exercícios espirituais e cursos de pregação ministrados pelo próprio padre Clemente Hofbauer. Não raramente, ele era convidado para outras igrejas na cidade ou em seus subúrbios para ministrar o curso sobre a pregação"* (LA MENDOLA, 2020, p. 54). Quanto à Palavra de Deus, ela era anunciada de muitas formas. Vejamos:

> Instrução catequética, homilia, isto é, explicação detalhada e simples do Evangelho e outras passagens da Sagrada Escritura. À luz da Sagrada Escritura, tratava sobre as questões de fé e também da moral. A pregação sobre as verdades eternas assumiu a característica de um "grande sermão". Havia também um sermão devocional que tinha como objetivo esclarecer os fiéis sobre a vida dos santos e outras devoções populares. O padre Clemente, por meio de sua ação apostólica, pretendia nutrir a mente e o coração de seus fiéis e transformar suas vontades para que elas fossem sempre em conformidade com a vontade de Deus (LA MENDOLA, 2020, p. 54).

O padre Clemente Hofbauer revivia os mistérios da salvação em suas celebrações. Celebrava com alegria e ardor apostólico a Santa Missa. Atento ao calendário litúrgico trazia sempre uma novidade para seus paroquianos. Suas técnicas de pregação iam aperfeiçoando com o passar do tempo. Possuidor de uma fácil argumentação e fala logo se fazia entender por seus fiéis. O padre Clemente Hofbauer estudava seus sermões. Não ia para o púlpito despreparado. Sua característica marcante e conhecida era a simplicidade, principalmente no falar. Sua homilia era simples e apostólica e muito estimulante. As pessoas se sentiam bem em escutá-lo. Lembra-nos La Mendola que a *"simplicidade era uma das prerrogativas solicitadas por Sant'Alfonso aos Redentoristas e reiteradas por ele em suas pregações e na Regola"* (LA MENDOLA, 2020, p. 55). A simplicidade da pregação nunca pode ser corrompida. Dessa forma, o Redentorista, a exemplo de Jesus Redentor, deve pregar sempre de forma simples e objetiva, evitando assim o nível alto e floreado.

Ao pregar, o Redentorista não deve visar a si mesmo, sua própria glória. Ao contrário, ele deve visar a glória de Deus e a conversão das pessoas. A pregação redentorista deve ser fervorosa para atrair as pessoas para a Igreja. Na compreensão de São Clemente M. Hofbauer o Redentorista deve pregar ao modo de Jesus e dos Apóstolos. Isto é, com simplicidade no coração e nos lábios para converter as almas para Deus. Uma pregação fervorosa e simples, como uma flecha, penetra o coração do pecador, por mais duro que possa vir a ser. Testemunhas oculares relatam que o padre Clemente começava assim sua pregação: *"Hoje, falarei com tanta clareza e simplicidade que até os idiotas, mesmo as próprias crianças me entenderão. Ninguém poderá me acusar no tribunal de Deus dizendo: nós não entendemos você"* (LA MENDOLA, 2020, p. 55). Em um outro testemunho, pode-se ler: *"O padre Clemente Hofbauer explicava e esmiuçava os mistérios mais profundos com uma admirável facilidade, que deixava todos os seus ouvintes muito satisfeitos"* (LA MENDOLA, 2020, p. 56). Outra testemunha afirma que o padre Clemente Hofbauer *"falava com força, vigor e sagrado ardor"* (LA MENDOLA, 2020, p. 56). Seguindo bem de perto a tradição oratória alfonsiana, o padre Clemente Hofbauer falava de coração para coração. Todos ficavam encantados com sua pregação. No *Summarium del processo di Beatificazione*, pode-se ler: *"As palavras vieram do coração e, portanto, penetraram no coração de seus ouvintes"* (LA MENDOLA, 2020, p. 56).

Lembra-nos La Mendola que no relatório mencionado pela Polícia vienense, os policiais encarregados de monitorar e analisar o conteúdo dos sermões do padre Clemente Hofbauer escreveram: *"Ele não age com a razão, mas com o sentimento"* (LA MENDOLA, 2020, p. 56). Continua nos informando La Mendola que

> a pregação do padre Clemente Hofbauer foi projetada para as pessoas simples. Entretanto, ela foi, também, ouvida de bom grado pelos eruditos. Seu caráter popular produziu o efeito de encantar os ouvintes, de envolvê-los emocionalmente, destacando também sua bondade, sua alegria, sua jovialidade (LA MENDOLA, 2020, p. 56).

O padre Clemente Hofbauer estava em perfeita sintonia com as prescrições da Regola, que trazia em seu texto: *"Pregue de uma maneira familiar, viva e espirituosa, de modo a manter o público atento e com grande sucesso"* (LA MENDOLA, 2020, p. 56). Para facilitar a compreensão dos mistérios da fé, o padre Clemente Hofbauer, nas palavras de La Mendola, *"recorria a algumas festividades do ano litúrgico. Para ajudar seus fiéis a compreender melhor seus ensinamentos ele pintou quadros demonstrando vários mistérios da fé"* (LA MENDOLA, 2020, p. 56). Ainda, segundo La Mendola, *"o drama popular usado na pregação do padre Clemente Hofbauer é substancialmente teorizado na Regola e no Diretório Apostólico de Gagliardi, que regulava o uso de meios de palco e dispositivos retóricos, para evitar o risco de teatralidade com um fim em si mesmo"* (LA MENDOLA, 2020, p. 56). Isto é, podia-se fazer uso dos recursos teatrais com o único objetivo de fazer com que o Evangelho, e não o pregador, fosse o ponto relevante. Os Redentoristas italianos gostavam de usar quadros para ilustrar suas pregações. O padre Clemente Hofbauer, sempre inovando e aprimorando suas técnicas para responder melhor às necessidades de compreensão e assimilação de seus destinatários, estava sempre correndo atrás de novidades.

O padre Clemente Hofbauer, além de sua oratória, possuía uma natural autoridade ao falar. Era um homem firme no falar. Sua pregação, na maioria das vezes, vinha de sua própria experiência de vida. O efeito de sua pregação em seus fiéis era impressionante. Todos se sentiam bem com suas palavras e com seus gestos simples repletos de ternura. Graças à pregação do padre Clemente Hofbauer, segundo La Mendola,

> mudaram seu modo de pensar e seu modo de vida, outros adotaram o conteúdo de seus discursos como critério para suas escolhas de vida. Alguém testemunhou dizendo "basta uma única palavra de sua boca para me alimentar durante toda a semana". Naturalidade e espontaneidade eram as marcas registradas do padre Clemente Hofbauer. Pregava como ninguém. Entretanto, nunca se comportou como se fosse o dono do púlpito. Foram esses seus gestos simples e repletos de sentimento que atraíam os seus mais diversos ouvintes (LA MENDOLA, 2020, p. 57).

Continua informando-nos La Mendola que

> o padre Clemente Hofbauer não adotou uma atitude de orador, nem a atitude de um trovão declamador, nem frases incomuns, nem períodos mensurados, nem estilo florido. Mas, apoiando a mão no púlpito, começava a falar com simplicidade, clareza e naturalidade. Com um estilo simples e fácil ele ia dando suas explicações. Entretanto, ao mesmo tempo, se apresentava vivo, animado e com um ardente espírito missionário (LA MENDOLA, 2020, p. 57).

Informa-nos, uma vez mais, La Mendola que,

> entre os ouvintes mais exigentes, alguém notou que ele se difundia na forma. Alguns vieram vê-lo pela primeira vez para ouvir seu dialeto. O Cardeal Rauscher, por exemplo, um visitante frequente de sua pregação, confirmou que o padre Clemente Hofbauer nunca havia estudado tratados sobre eloquência e arte de oratória, nem lido autores clássicos e não compôs seus discursos de acordo com suas regras, mas de acordo com o assunto a ser tratado (LA MENDOLA, 2020, p. 57).

Informa-nos ainda La Mendola que

> a simplicidade e a capacidade com que o padre Clemente Hofbauer esmiuçava a Sagrada Escritura eram impressionantes. Fazia isso com uma vasta sabedoria, sem diminuir, em nada, o conteúdo e a relevância do texto bíblico por ele explicado em seus sermões. O padre Clemente Hofbauer tinha um grande conhecimento da Sagrada Escritura. Sua simplicidade não o pri-

> vava de falar, com igual sabedoria, dos Santos Padres da Igreja. A Regola dos Redentoristas era clara: "Os Redentoristas devem pregar com ordem, para que tudo bata em seu ponto, mas sempre com clareza e simplicidade, para que todos possam entender o que está sendo dito". Essa observação da Regola dos Redentoristas o padre Clemente obedeceu como nenhum outro (LA MENDOLA, 2020, p. 57).

O padre Clemente Hofbauer pregava e dava a catequese em dialeto para se fazer, ainda mais, compreendido por todos. Aproximar do particular da língua do *outro diferente* era uma forma de demonstrar sua preocupação e interesse por ele. Em uma época onde chauvinismo estava em moda, o interessar-se pelo *não nacional* era um gesto de delicadeza e respeito pelas mais diversas culturas que se faziam presentes no Século da Luzes (1715-1789). O padre Clemente Hofbauer era muito afetuoso com as pessoas que ele encontrava ao logo de seu caminho. Santo Afonso e muitos de seus companheiros, no Reino de Nápoles, costumavam pregar e fazer a catequese em dialeto. O objetivo dessa prática era trazer para o sermão histórias afetuosas e exemplos de fatos acontecidos que somente o *outro diferente* poderia compreender. O que temos aqui, outra coisa não é senão a delicadeza do pregador.

O padre Clemente Hofbauer, como já dissemos, era muito criativo em seus sermões. Não raramente, ele repetia durante sua homilia uma palavra, um versículo bíblico ou uma ideia. Seu objetivo era fixar na cabeça de seus fiéis os pontos mais importantes de sua pregação. Assim, as pessoas podiam, durante a semana, refletir o que foi dito com clareza e objetividade na homilia dominical. O padre Clemente Hofbauer, grande pregador redentorista, tomava todo o cuidado durante o sermão. Tinha a preocupação até de expirar no momento certo para não desafinar o sermão. Não fazia uso de moralismo, não se deixava levar pelas amargas censuras irritantes e bobas. E, por fim, o padre Clemente Hofbauer não investia contra ninguém. Ele apenas pregava o Evangelho. Fazia uso do Evangelho para tudo. O fato é que o padre Clemente Hofbauer, segundo La Mendola, *"apareceu no púlpito como um fenômeno completamente novo"* (LA MENDOLA, 2020, p. 58). Ele atraía a atenção das pessoas de forma incomum. Seu carisma era extraordinário. Seu valor não estava em sua performance externa. Ao contrário, seu valor vinha de seu espírito de vida, seu vigor e ardor missionário. Que alegria ele sentia ao pregar o Evangelho de Jesus Redentor. Diz La Mendola que o padre Clemente Hofbauer, no púlpito, *"pregou com liberdade de expressão estigmatizando os vícios e os pecados"* (LA MENDOLA, 2020, p. 58).

O padre Clemente Hofbauer não tinha medo de conflitos. No entanto quando aparecia um assunto delicado e ardente, ele fazia uso da prudência e da gentileza para não despertar sentimentos indesejáveis em seus ouvintes. O padre Clemente Hofbauer queria muito que seus ouvintes tivessem sempre um verdadeiro desejo pela conversão. E ele não media esforços para isso. Abria, às vezes, mão da própria vontade para servir, prontamente, com alegria e ternura, quem lhe batia à porta. Sua postura era, sempre, franca e, genuinamente, apostólica. Animado pelo zelo apostólico e missionário ele sabia, como ninguém, moderar as ideias. Com sabedoria e dialética, puxava e soltava as rédeas. E assim, com esse seu jeito simples, o padre Clemente Hofbauer, nos dizeres de La Mendola, *"gerou o desejo de conversão e de perfeição da vida cristã no coração de seus ouvintes com sua presença, força e ternura"* (LA MENDOLA, 2020, p. 58).

O padre Clemente Hofbauer, mesmo tendo passado a maior parte de sua vida em terras transalpinas, estava em sintonia e perfeita harmonia como o *modus vivendi et operandi* de Sant'Alfonso e com toda a tradição redentorista que o seguia. A Missão Redentorista, de ontem e de hoje, consiste de fato, como já de nosso conhecimento, na *"proclamação explícita da Palavra de Deus em vista da conversão fundamental"* (LA MENDOLA, 2020, p. 58). A Missão Redentorista visa o resgate da pessoa toda. Como o experiente ferreiro, o Redentorista bate o ferro enquanto estiver quente e maleável. Seu objetivo é transformar a pessoa. É fazer com que ela se sinta amada e respeitada por Deus. O padre Clemente Hofbauer, do púlpito, batia com violência nas nozes. Mas no confessionário ele as tratava com carinho e ternura. Os sermões do padre Clemente Hofbauer, segundo La Mendola, *"tendiam à salvação da alma e exerciam uma força de persuasão sobre os ouvintes, a ponto de forçá-los ao se colocar ao lado de Cristo, através de uma escolha radical e decisiva da vida e conduzi-los, com força e doçura, para uma conversão contínua e total"* (LA MENDOLA, 2020, p. 58-59). Por fim, disse outrora Zacarias Werner a respeito do jeito de ser e pregar de São Clemente M. Hofbauer: *"Ele é único. Ninguém pode enfrentá-lo. É o Espírito Santo que fala pela sua boca"* (LA MENDOLA, 2020, p. 59).

C. Comunidade Internacional e Apostolado Multicultural

O padre Clemente Hofbauer não foi um Redentorista personalista, narcisista e nem estava à procura da promoção do "eu primeiro". Tanto que, a estratégia missionária experimentada por ele era, igualmente, experimentada por todos os confrades de sua comunidade religiosa. Seu trabalho missionário era um trabalho, essencialmente, comunitário. O padre Clemente Hofbauer estava em sintonia com as Constituições e Estatutos da Congregação do Santíssimo Redentor: *"Os Redentoristas, para corresponderem à sua missão na Igreja exercem a obra missionária de modo comunitário. Pois, a forma apostólica de vida em comum abre, do modo mais eficaz, o caminho para a caridade pastoral"* (Const. 21. Art. 1º - A comunidade, p. 18). Toda a ação pastoral da comunidade redentorista transalpina era coordenada pelo padre Clemente Hofbauer. Com orientações claras e objetivas, ele ia introduzindo seus confrades no contexto pastoral, social e político da época. Lembra-nos o redentorista La Mendola que o padre Clemente Hofbauer dialogava com muita tranquilidade com seus confrades porque *"ele conhecia seus irmãos de consagração e sabia como fazer melhor uso de seus recursos pessoais para aprimorar a missão redentorista nas terras transalpinas"* (LA MENDOLA, 2020, p. 59).

A Comunidade Bennonita era uma comunidade redentorista diferenciada. Devido à conformação do padre Clemente Hofbauer a Comunidade Bennonita era composta por pessoas de diferentes origens e culturas religiosas. Nela havia alemães, poloneses, franceses e italianos. Aqui vemos a predominação do aspecto multicultural. Isso faz, não podemos negar, da Comunidade Redentorista Bennonita uma comunidade particular ou, por que não dizer, singular! Outro elemento relevante da Comunidade Bennonita é que os padres que nela habitavam falavam três idiomas diferentes. Isso ajudou muito a alavancar a ação pastoral dos Redentoristas nas terras transalpinas. Os Missionários Redentoristas passaram a ser reconhecidos, pelas autoridades eclesiásticas da época, por sua desenvoltura e competência nesse campo da comunicação com os *outros diferentes*. O Núncio de Viena escreveu ao Bispo Francesco Ferreri: *"Eles têm idiomas, inclusive o Valacca, e estão prontos para ensinar a si mesmos em qualquer outra necessidade do ministério sagrado"* (LA MENDOLA, 2020, p. 59). Recorda-nos La Mendola que

> o compromisso cultural e a dedicação ao estudo foram uma das prerrogativas da primeira comunidade redentorista da Europa, todos estavam, evidentemente, cientes do papel insubstituível do conhecimento e da cultural em um projeto de evangelização (LA MENDOLA, 2020, p. 59-60).

O ministério do padre Clemente Hofbauer realizou-se em uma sociedade heterogênea em origem e cultura. O trabalho pastoral, antes da chegada dos redentoristas, consistia, segundo o padre La Mendola, *"em harmonizar entre eles as congregações de diferentes idiomas, tradições e culturas que lá iam chegando, e coordená-las com uma atividade pastoral igualmente diversificada para os desafios que se apresentavam"* (LA MENDOLA, 2020, p. 60). Dado o exposto, podemos, diante dos fatos acima citados, afirmar que o padre Clemente Hofbauer *"foi o fundador e o animador da primeira comunidade redentorista internacional na história da Congregação do Santíssimo Redentor"* (LA MENDOLA, 2020, p. 60). Apesar das grandes dificuldades encontradas, o padre Clemente Hofbauer sentia-se muito satisfeito com seus confrades. Essa harmonia comunitária foi fundamental para o bom êxito da missão redentorista nas terras transalpinas. Disse a esse respeito o padre Pietro Paolo Blasucci: *"De resto, toda a família, com a ajuda de Deus, bem como da piedade e da observância de seu governo, bem como no zelo, em nome de todo louvor aos mais dignos, vivia com alegria, pois o orgulho de cada um a Deus pertencia"* (LA MENDOLA, 2020, p. 60).

La Mendola, informa-nos que,

> em San Bennone, os vários grupos linguísticos encontraram um serviço pastoral adequado às suas necessidades. O padre Clemente Hofbauer e seus companheiros confessavam, pregavam, não apenas em alemão e polonês, que eram as principais línguas, especialmente no início da missão em Viena, mas em outras línguas. As descrições, devido à pertença nacional, naquele preciso contexto histórico, eram evidentes e não favoreciam a integração (LA MENDOLA, 2020, p. 60).

Apesar da proliferação e expansão do chauvinismo, o padre Clemente Hofbauer fez questão de que a Comunidade Redentorista de San Bennone, por mais perseguida que ela pudesse vir a ser, ela seria, genuinamente, uma comunidade aberta ao *outro diferente*. No tempo do padre Clemente Hofbauer, sobretudo por causa das atrocidades da guerra, a intolerância estava em alta. Somavam-se a ela, também, a xenofobia e o chauvinismo. Essa incapacidade de conviver com o *outro diferente* não era uma *práxis* somente dos ambientes sociais. Ela também se estendia pelo âmbito eclesiástico. Alemães e austríacos, poloneses e franceses, quanta diversidade cultural, social e religiosa. Povos esses, muitas vezes, tratados com rigor e intransigências. O padre Clemente Hofbauer, um homem à frente de seu tempo, via na diversidade e na pluralidade cultural, social e religiosa a graça abundante de Deus. Por isso ele e seus companheiros não faziam acepção de pessoas. O Redentorista tem de saber adaptar-se a outros usos ou costumes e viver sua consagração ao modo dos primeiros cristãos (cf. At 2,42-47).

G. Heinzmann, em sua obra *Uma evangelizzazione nuova*, deixou registrado que

> os poloneses estavam em um dos piores momentos de sua história. Presenciaram o desmembramento de sua nação e sofreram com o total domínio estrangeiro. Tentaram em vão, mas não sem bravura, resistir a seus violentos inimigos ao preço de terríveis massacres. Essa sofrida realidade deixou os poloneses com um ressentimento sem medida e com uma enorme suspeita em relação a qualquer presença estrangeira (LA MENDOLA, 2020, p. 60).

Tempos difíceis e delicados foram esses para o desenvolvimento da missão redentorista nas terras transalpinas. Tensões não faltavam. Ainda, nesse contexto irrigado e alimentado pela intolerância e pela xenofobia, facções opostas ao cristianismo católico se alinhavam em uma oposição aberta e declarada dos telhados. Tal comportamento, inevitavelmente, gerava tensões e agitações difíceis. Foi nesse clima hostil e violento que, nas palavras de La Mendola, *"os Redentoristas, com suas pregações, desempenharam um papel não indiferente, mas de mediação e pacificação social"* (LA MENDOLA, 2020, p. 61). Essa postura Redentorista nas terras transalpinas se deve à visão de mundo, de política, sociedade e religião de São Clemente M. Hofbauer. Recorda-nos ainda La Mendola que,

> alavancando a diversidade de carismas e atitudes dentro da comunidade, e tendo em mente a solicitação dos fiéis, o padre Cle-

> mente Hofbauer montou uma equipe de trabalho compacta e eficiente. Por sua vez, quase todos os religiosos da comunidade tiveram sua tarefa de pregar proporcional à preparação de cada um. Clérigos, estudantes de filosofia e teologia estavam envolvidos na missão. Pregar sobre temas mais simples, de forma catequética e, para certas categorias de pessoas, era um estágio válido que lhes permitia praticar a arte da oratória e superar a resistência inicial (LA MENDOLA, 2020, p. 61).

Fazer-se compreendido era uma das principais preocupações do padre Clemente Hofbauer. Sem uma devida compreensão e um conhecimento da cultura, do jeito de ser do outro diferente, não há como acontecer uma saudável e frutífera evangelização. Daí a exigência do padre Clemente Hofbauer que na igreja de San Bennone os sermões fossem ministrados por seus confrades em duas línguas: alemã e polonesa. Posteriormente, havia um sermão em língua francesa. O objetivo do padre Clemente Hofbauer era permitir que todos os habitantes das cidades e dos subúrbios entendessem o Evangelho de Jesus Redentor. Quando na Igreja de San Bennone encontravam dois grupos linguísticos, um padre pregava e o outro fazia, simultaneamente, a tradução. Nas palavras de La Mendola, o próprio padre Clemente Hofbauer *"reconheceu a importância de conhecer as línguas estrangeiras como um dos meios necessários para o apostolado missionário, em locais habitados por diferentes grupos étnicos"* (LA MENDOLA, 2020, p. 61).

G. Donati, em sua relevante obra *Compendio della vita di San Clemente Maria Hofbauer*, informa-nos que, de fato, *"desde o início, o padre Clemente Hofbauer se limitou a proclamar o bem espiritual apenas a seus compatriotas alemães, mas logo conseguiu trabalhar para os poloneses que haviam aprendido sua língua"* (LA MENDOLA, 2020, p. 61). A urgência apostólica e a necessidade de se fazer mais bem compreendido por todos fizeram com que o padre Clemente Hofbauer e seus confrades redentoristas mudassem a mentalidade e aprendessem outros idiomas, para que o Evangelho de Jesus Redentor fosse anunciado de forma sempre nova e compreendido por todos. A visão de futuro, a delicadeza e sensibilidade do padre Clemente Hofbauer o colocaram como um relevante evangelizador moderno. A preocupação do padre Clemente Hofbauer e de seus companheiros era tamanha que havia na igreja de San Bennone alguns sermões para categorias específicas de pessoas. Por exemplo, o sermão da manhã era para aquelas pessoas que estavam a serviço. Segundo minha compreensão, essas pessoas eram homens e mulheres operários que antes de irem para o trabalho passavam na igreja de San Bennone para participar da Santa Missa. Evidentemente, esse sermão era específico, objetivo e breve. Como acontece, ainda hoje, em nossas igrejas e nas Santas Missões Redentoristas durante as celebrações que são ministradas na parte da manhã. São Clemente M. Hofbauer, no dia 1º de outubro de 1801, escreveu uma Carta para o padre Pietro Paolo Blasucci nos seguintes termos:

> Não apenas os habitantes desta cidade e seus arredores correm para ouvir a Palavra de Deus, mas também de províncias distantes, os fiéis vêm para aqui por três, cinco e até oito dias. Eles recebem os Sacramentos e voltam para suas casas confortados pela graça de Deus (LA MENDOLA, 2020, p. 61).

A ação pastoral da igreja de San Bennone ia além de seus limites geográficos da cidade. Não demorou muito, graças à criatividade e dedicação do padre Clemente Hofbauer, de seus confrades e de seus colaboradores, a igreja de San Bennone tornou-se um ponto de referência para os cristãos de diferentes nacionalidades. A igreja de San Bennone não era um lugar somente para a oração. Era um lugar para se encontrar, conhecer, conversar e ter uma experiência significativa na Igreja. Segundo La Mendola, *"também nesse ponto o padre Clemente Hofbauer e seus companheiros foram precursores dos tempos de hoje"* (LA MENDOLA, 2020, p. 62). A Missão Redentorista nas Terras Transalpinas tinha uma conotação humanitária e eclesial. Não havia uma separação dessas duas realidades. Uma somava-se à outra. Sempre fiel à Congregação dos Santíssimo Redentor, o padre Clemente Hofbauer e seus destemidos confrades, efetivamente, não mediram esforços para acolher os homens e as mulheres abandonados no campo material e espiritual.

D. As Missões Populares e os Exercícios Espirituais

São Clemente M. Hofbauer tentou manter todas as atividades apostólicas da Congregação Redentorista em Varsóvia. Evidentemente, nem sempre isso era possível. Quando surgia alguma impossibilidade o padre

Clemente Hofbauer, fazendo sempre uso de sua perspicácia e criatividade, buscava uma adaptação aqui outra acolá para garantir de modo sempre novo o anúncio do Evangelho de Jesus Redentor. Sua primeira preocupação foi garantir a manutenção, a qualidade e a eficácia das Santas Missões Populares nas terras transalpinas. Em um segundo momento, sua preocupação se voltava para os exercícios espirituais. Para o padre Clemente Hofbauer os exercícios espirituais eram formas eficazes de proclamar, pela prática pastoral, naquele momento histórico, as verdades da fé. O padre Clemente Hofbauer compreendia os exercícios espirituais como fontes de ensinamentos pedagógicos. O desejo do padre Clemente Hofbauer de pregar as Santas Missões nas terras transalpinas, infelizmente, colidiu, segundo La Mendola, *"com a proibição absoluta de pregar as missões pelas autoridades governamentais"* (LA MENDOLA, 2020, p. 62).

As Missões Populares eram, particularmente nesse período, uma atividade apostólica própria dos Missionários Jesuítas. Elas eram consideradas atividades pastorais Jesuítas e não Redentoristas. Diante dos fatos, recorda-nos La Mendola que *"o padre Clemente Hofbauer, depois de tentar por sete anos revogar essa proibição, apenas em 1801 obteve permissão do governo para pregar as missões populares, mas sob o título de Instruções Públicas"* (LA MENDOLA, 2020, p. 62). Assim os Redentoristas foram capazes de organizar suas primeiras missões no território polonês. Nesse período, o padre Clemente Hofbauer, por estar ele ocupado com o governo da comunidade religiosa e na direção das obras apostólicas na igreja de San Bennone, não participou dessa primeira missão dos redentoristas em território polonês. Assim sendo, ele as confiou a seu grande amigo padre Taddeo Hübl, que havia sido seu companheiro durante a formação na Itália. A experiência missionária do padre Taddeo Hübl, provavelmente, veio de algumas descrições ou lembranças dos padres do Estado Pontifício. O experimento missionário redentorista foi bem-sucedido. Ele foi incentivado pela Cúria Episcopal e foi subsidiado pelo Conde Lasocki. O resultado positivo incentivou os padres a empreenderem outras Missões Populares. De fato, posteriormente, isso aconteceu. O desejo dos padres logo se tornou uma realidade. Lembra-nos La Mendola que,

> naquele mesmo ano, outras duas missões redentoristas foram organizadas, em tantas outras paróquias do país, sempre lideradas

> pelo padre Taddeo Hübl, que contava com a ajuda de cinco padres e um irmão leigo, que formaram, assim, o primeiro grupo missionário transalpino (LA MENDOLA, 2020, p. 62-63).

Infelizmente, as informações sobre esse tipo de apostolado redentorista, em terras transalpinas, são escassas. Entretanto, diante do pouco que se tem, fala-se que muitos episódios extraordinários ocorreram durante a pregação do Evangelho. As outras notícias, que nos permitem ter uma ideia do impacto que esse tipo de pregação teve nas comunidades evangelizadas, são muito interessantes e relevantes. As Santas Missões Populares pregadas pelos Missionários Redentoristas em terras transalpinas, nas palavras de G. Heinzmann, em sua obra *Uma evangelizzazione nuova* –, *"tinham durações variadas. As missões duravam no mínimo quinze dias e no máximo um mês inteiro. Os resultados eram surpreendentes: Onze mil pessoas receberam os sacramentos e puderam se confessar"* (LA MENDOLA, 2020, p. 63). Seguia-se o método tradicional, isto é, com pregações diferentes contemplando, sempre, as diferentes categorias de pessoas. As instruções tinham o objetivo de preparar os fiéis para a confissão e para a comunhão. Lembra-nos La Mendola *"que essa iniciativa dos Redentoristas, como esperado, encontrou oposição do clero local, que mais tarde teve de mudar de ideia"* (LA MENDOLA, 2020, p. 63).

A oposição do clero local às Santas Missões Populares, pregadas nas terras transalpinas pelos missionários Redentoristas, diante dos resultados tão relevantes e positivos, não é, evidentemente, um detalhe secundário. Não obstante, podemos afirmar que tal oposição não diminuiu o valor e a eficácia da Missão Popular Redentorista além dos Alpes. Um indicativo importante, que nós devemos sempre lembrar, é que a comunidade redentorista bennonita levou muito a sério as Santas Missões Populares em terras transalpinas. Todos se empenharam com muita dedicação, esforço e zelo apostólico. Muitos testemunhos foram dados oralmente sobre os efeitos positivos dessa primeira missão Redentorista. Esse evento missionário faz parte da memória histórica da comunidade bennonita. Mesmo diante das dificuldades, o resultado final desse trabalho missionário Redentorista foi positivo. É importante que se saiba:

> Nenhum irmão jamais participou de uma missão popular. Se, por um lado, isso poderia ser motivo de hesitação, por outro lado, permitia aos padres agir livremente e sem preconceitos sobre mé-

> todos e formas específicas, contribuindo para criar uma prática missionária adequada a um determinado contexto (LA MENDOLA, 2020, p. 63).

A Missão Popular Redentorista é uma Missão contextualizada. Ela não acontece desconectada das realidades políticas, sociais, eclesiais e religiosas da região a ser evangelizada. O padre Clemente Hofbauer sempre se preocupou muito com a contextualização da Missões pregadas por nós Redentoristas. O padre Clemente Hofbauer e seus companheiros foram muito criticados por fazerem adaptações, necessárias, para o bom êxito da Missão Redentorista transalpina. O desejo de pregar missões, de acordo com o estilo original de Santo Afonso, não desapareceu. Mas, evidentemente, passou por adaptações. O padre Taddeo Hübl, estando ele à frente das Missões Populares Redentoristas nos Alpes, escreveu uma carta no dia 12 de março de 1806 para o padre Vincenzo Giatti – o primeiro superior das missões – nos seguintes termos: *"Oro mais para obter uma cópia de um Diretório para as Missões, conforme a ordem de nossas Missões para a Itália é observada; esse Diretório pode vir em forma de livro"* (LA MENDOLA, 2020, p. 63-64).

A solicitação de um Diretório para as Missões, feita pelo padre Taddeo Hübl aos Redentoristas que atuavam na Itália, é uma pista, um indício claro de que havia uma preocupação, real, de aprimorar o método missionário, adaptando-o às realidades transalpinas, sempre à luz do modelo missionário italiano, que ainda era o modelo original criado por Santo Afonso. Pregar uma missão nesse tempo não era uma tarefa fácil. No entanto, o padre Clemente Hofbauer, apesar da alta carga de trabalho na igreja de San Bennone, continuou preparando, cada vez mais, seus confrades para essa importante forma de apostolado. Apesar de toda a dificuldade, para o padre Clemente Hofbauer e seus companheiros, as Santas Missões Populares, ministradas pelos Missionários Redentoristas, eram uma via segura de salvação. Daí a importância de continuar investindo em pessoas e novos métodos para lhe garantir sempre a boa eficácia. Sobre as Missões Redentoristas nas terras transalpinas se pode ler:

> Um cânone polonês, sessenta anos depois, testemunhou os efeitos positivos, em várias regiões da Polônia, da frequência dos sacramentos, apesar das muitas revoluções que por lá aconteceram.

> Outros relatos dizem que as Missões Redentoristas em terras transalpinas foram encorajadas pelos superiores eclesiásticos e pelo próprio Núncio, que, em uma carta ao Cardeal Consalvi, em 1802, deu-lhes informações e opiniões positivas sobre as Missões populares (LA MENDOLA, 2020, p. 64).

Outro tipo de pregação adotado pelo Redentorista da igreja de San Bennone, em plena harmonia com seus confrades italianos, segundo La Mendola, *"eram os exercícios espirituais para o povo, pregados quase todos os anos, na igreja de Santo André e na igreja de Santa Cruz, no interior do país – zona rural – e dentro das muralhas da cidade, bem como na própria igreja de San Bennone"* (LA MENDOLA, 2020, p. 64). Esses exercícios espirituais substituíam, em alguns momentos, as missões populares e criavam oportunidades favoráveis para a renovação espiritual das comunidades cristãs. O padre Clemente Hofbauer não parava um minuto sequer. Estava sempre em atividade. Ele, por exemplo, nas palavras de La Mendola, *"organizou cursos de exercícios espirituais para prostitutas, no modelo Jesuíta, na tentativa de oferecer a elas uma oportunidade de redenção social e religiosa"* (LA MENDOLA, 2020, p. 64). O padre Clemente Hofbauer tinha uma preocupação de acompanhar as mulheres que se converteram ouvindo sua pregação durante a jornada da conversão.

No tempo do padre Clemente Hofbauer e seus companheiros, o clero local tinha pouca, ou quase nenhuma, assistência espiritual. Muitos se encontravam influenciados pelas teses iluministas. O *modus vivendi et operandi* do clero na capital polonesa estava, fortemente, comprometido e influenciado por ideias políticas e correntes filosóficas adversas aos princípios fundantes do cristianismo. A formação religiosa e espiritual deixava muito a desejar. Esse ateísmo ou o paganismo do clero polonês muito preocupava o padre Clemente Hofbauer. Tendo o padre Clemente Hofbauer constatado a carência de assistência espiritual do clero polonês, tratou logo de se movimentar para curar tamanha ferida. O que fez o padre Clemente Hofbauer? Ele, segundo La Mendola, prontamente *"recebeu os clérigos em confissão. Interessou-se por eles e os orientou para fazer retiros espirituais e exercícios espirituais"* (LA MENDOLA, 2020, p. 64). Pregar retiros espirituais para o clero e dirigi-los no caminho espiritual foi um dos principais apostolados exercidos pelos Redentoristas transalpinos, que tinham à frente, como referência positiva, o padre Clemente Hofbauer. Ainda segundo La Mendola, *"os padres Clemente Hofbauer e Taddeo Hübl tiveram oportunidade de entrar em contato com essa forma de apostolado durante a curta estadia em Frisinone e Scifelli"* (LA MENDOLA, 2020, p. 65).

Esse projeto espiritual em favor do clero polonês, pensado, organizado e executado pelo padre Clemente Hofbauer e seus companheiros, foi tomando corpo nas comunidades do Estado Pontifício. A comunidade de San Bennone, embora não seja ela muito grande, acolheu os jovens que estavam se preparando para a ordenação e, principalmente, sacerdotes. Todos buscavam os exercícios espirituais e os retiros espirituais ministrados pelos Missionários Redentoristas. Outros recorriam aos Redentoristas para completar sua formação teológica. Já outros, aos Redentoristas recorriam para partilhar a vida e a espiritualidade. A falta dos Jesuítas, principalmente na formação do futuro clero e na direção dos seminários, deixou um grande vácuo. A formação redentorista era muito séria. Ela agradava muito as figuras eclesiásticas da época. A esse respeito informa-nos La Mendola que

> os candidatos mais fervorosos ao sacerdócio foram enviados para Varsóvia, onde alguns escolheram ser dirigidos espiritualmente pelo próprio padre Clemente Hofbauer e outros entraram no internato para clérigos aberto por ele. Desse berçário de vocações, alguns entraram na Congregação Redentorista e outros permaneceram no clero secular (LA MENDOLA, 2020, p. 65).

Continua informando-nos La Mendola que

> o próprio padre Clemente Hofbauer, em momentos críticos, ensinou vários assuntos teológicos, auxiliado por seus confrades. Sua formação visava orientar especificamente os clérigos para a pregação. Para tal fim, o padre Clemente Hofbauer forneceu a eles elementos necessários da teologia moral e pastoral, de clara orientação afonsiana (LA MENDOLA, 2020, p. 65).

O Núncio Litta informou ao padre Francesco Antonio de Paola sobre esses termos acima mencionados: *"O bispo dessa diocese me garantiu que os alunos dei Liguorini, mais do que todos os outros, encontravam-se bem instruídos quando se apresentavam para o exame de ordenação"* (LA MENDOLA, 2020, p. 65). O projeto de formação organizado pelo padre Clemente Hofbauer e seus confrades contemplava *"um bom exercício pastoral, disciplina e formação para a vida comunitária, momentos profundos de oração e formação espiritual"* (LA MENDOLA, 2020, p. 65). Nessa ocasião, o padre Clemente Hofbauer solicitou livros e manuais aos confrades dos Estados Pontifícios, com quem ele estava sempre em contato, com o objetivo, segundo La Mendola, *"de dar aos futuros padres uma formação ortodoxa ancorada na tradição romana. Nesse sentido, ele foi chamado de reformador do clero"* (LA MENDOLA, 2020, p. 65). Entretanto, quanto ao título de *"reformador do clero"*, há controvérsia.

O padre Clemente Hofbauer, apesar de seu jeito de pouca prosa, mas sempre muito atencioso e cordial com todas as pessoas que ele encontrava ao longo dos mais diversos caminhos que seus pés pisavam, conquistou o coração dos jovens. Essa sua inclinação para educar os jovens e chamar-lhes a atenção despertou preocupações nas autoridades governamentais da Polônia. Com a aproximação dos jovens e a chegada de outros tantos, por causa do jeito simples de ser e por causa do respeito com que o padre Clemente Hofbauer e seus confrades tratavam as pessoas, a Igreja Católica na Polônia começou a entrar em um relevante processo de renovação. Por causa disso, o padre Clemente, de forma particular, passou a ser perseguido pelo governo polonês e outras representações sociais anticlericais.

G. Heinzmann, em sua obra *Uma evangelizzazione nuova*, registrou um outro aspecto muito particular do ministério do padre Clemente Hofbauer: *"sua forte sensibilidade humana"*, apesar das perseguições e incompreensões ao longo de sua vida e missão. O padre Clemente não externou sua atenção e seu carinho somente aos jovens mais abandonados de seu tempo. O padre Clemente Hofbauer viveu seu ministério em favor do clero local. Para cada um ele procurava dar uma resposta adequada, principalmente para aqueles que estavam vocacionalmente desanimados e sem perspectivas. Sua sensibilidade era tamanha que ele era capaz de detectar qual era o sacerdote que mais necessitava de sua atenção, direção espiritual e palavras de conforto e apoio. O padre Clemente nunca os desmotivava. Com um olhar de águia, ele *"identificava o sacerdote mais abandonado"* (LA MENDOLA, 2020, p. 66). E quando o encontrava, o padre Clemente Hofbauer gastava todo o seu tempo com aquele padre até recuperá-lo novamente para a Igreja. Prova disso são os dizeres do padre La Mendola. Vejamos: *"Aparentemente a casa de San Bennone também estava aberta aos padres que eram frágeis ou psicologicamente doentes. Os eclesiásticos que precisavam de uma convalescença também encontravam, provavelmente, pensão e alojamento"* (LA MENDOLA, 2020, p. 66).

Informa-nos, uma vez mais, La Mendola:

> De uma forma diferente, os ensinamentos do padre Clemente Hofbauer para a formação teológica e espiritual do clero continuaram em Viena, onde ele teve muitos discípulos e seguidores entre o clero local, que habitualmente frequentavam a *Chiesa delle Orsoline* para ouvir suas pregações. Entre eles, o Núncio eclesiástico designado à Nunciatura e pregadores famosos, como os professores Zangerle e Ziegler e o famoso poeta e dramaturgo Zaccaria Werner (1768-1823), que em sua escola se tornou um dos pregadores europeus mais ouvidos, a cuja "incrível pregação" assistiram católicos e não católicos, atraídos por sua grande erudição, recomendada pelo Núncio que se pregasse a respeito de Jesum Christum Crucifixum" (LA MENDOLA, 2020, p. 66).

Os biógrafos do padre Clemente Hofbauer relatam outros nomes de clérigos e também de leigos, até mesmo de não católicos, que admiravam a vida e a missão do padre Clemente Hofbauer nas terras transalpinas. O padre Clemente Hofbauer, não podemos negar, ou mesmo subestimar, influenciou e renovou, por meio de sua pregação, sobretudo, na Áustria, a mentalidade e o comportamento de muita gente. O padre Clemente Hofbauer reformou a Pregação em seu tempo para que pudesse assim chegar aos cantos e recantos do mundo transalpino, principalmente, àqueles lugares mais distantes, onde se encontram os homens, as mulheres, as crianças, os adolescentes e os jovens mais abandonados. Entre os influenciados pela pregação do padre Clemente Hofbauer, La Mendola cita os seguintes nomes: *"O doutor Madlener e o doutor Veith, um judeu convertido que se tornou um astro da homilética da época"* (LA MENDOLA, 2020, p. 66). Zaccaria Werner, discípulo e admirador do padre Clemente Hofbauer, tinha-o como seu mestre e pai espiritual.

Esses e outros tantos nomes, pregadores, professores, missionários populares, até Federico Rinn – Capelão da Corte, que mais tarde tornou-se Jesuíta –, consideravam o padre Clemente Hofbauer uma figura extraordinária, digna e merecedora de respeito e todos os aplausos. Muitos o viam como seu Mestre, um modelo a ser seguido. São Clemente M. Hofbauer, intercedei por nós Redentoristas, seus confrades junto a Deus Pai. Intercedei junto de Jesus Redentor pela fecundidade das Santas Missões Populares pregadas por nós Redentoristas. Intercedei junto à Virgem Maria pelo Clero e por nossa juventude. Amém.

Em virtude dos fatos mencionados, é muito importante que nós, habitantes do admirável mundo líquido-moderno, conscientizemo-nos de que o homem e o sacerdote Clemente Hofbauer, hoje, nosso venerável São Clemente Maria Hofbauer, não foi um *"derrotador do iluminismo"* ou *"um líder anti-iluminista austríaco"* e, menos ainda, *"o pai da Contrarreforma no século XIX"* (WEISS, 2011, p. 6-7). Foi, porventura, nosso estimado e respeitado São Clemente M. Hofbauer um ícone, um estandarte, um patriota fiel, um exímio missionário redentorista que se *"dava bem com todo mundo e carregava consigo a humanidade?"* (E. K. WINTER). Talvez sim! Talvez não! O *"apóstolo de Varsóvia"* e *"patrono de Viena"* (WEISS, 2011, p. 9) foi em seu tempo o reformador do clero, da liturgia e da formação dos futuros eclesiásticos nas terras transalpinas? Foi o padre Clemente Hofbauer um papista, um fundamentalista, um ideólogo abstrato e preconceituoso? Não. Ele não foi nada disso.

O padre Clemente Hofbauer, segundo meu entendimento, foi um Redentorista apaixonado pela pregação do Evangelho. Seu desejo outro não foi senão servir Cristo Redentor nos mais pobres entre os pobres que se encontravam abandonados à própria sorte, nas camadas mais baixas da sociedade transalpina. Contando sempre com o apoio e a determinação de seus confrades, o padre Clemente Hofbauer, no púlpito, nos campos e, também, nas vias e vielas, pregava o Evangelho de Jesus Redentor. Ele pregava palavras e obras. Logo, ele recebeu fama de exímio pregador do Evangelho. A fama de exímio pregador não foi suficiente para desviar o padre Clemente Hofbauer de seu caminho rumo aos pobres mais abandonados de seu tempo. Isso para ele era muito importante. Ter fama de pregador não era relevante para São Clemente M. Hofbauer. Para ele, o que realmente importava eram as ações, a vida, o bom exemplo, as boas obras onde quer que ele estivesse. São essas coisas que convertem as pessoas e o mundo onde elas são chamadas a viver.

O padre Clemente Hofbauer e, por consequência, seus confrades do púlpito, não pregavam palavras e pensamentos. Eles pregavam palavras e obras. Que valor têm as palavras sem as obras? Lembra-nos o padre Antônio Vieira no *Sermão da Sexagésima* que: *"O pregar, que é falar, faz-se com a boca; o pregar que é semear, faz-se com a mão. Para falar ao vento, bastam palavras; para falar ao coração, são necessárias obras"* (VIEIRA, 1655, p. 82, 90-91). Infelizmente, na atualidade líquido-moderna, não podemos negar, pregam-se muitas palavras e muitos pensamentos. Antigamente, preocupava-se com a conversão do mundo e das pessoas que nele viviam. Hoje, na atual sociedade líquido-moderna, lamentavelmente, por causa dos sentimentos hedonísticos e narcisísticos que acompanham o *modus operandi et vivendi* de alguns pregadores, a conversão não acontece sobejamente.

O padre Clemente Hofbauer, juntamente com seus confrades, foi um homem apaixonado pelo Evangelho de Jesus Redentor. Com maestria e muita humildade, não pregava o Evangelho somente com a boca. Ele o pregava, sobretudo, com suas próprias mãos, isto é, pela *práxis* do testemunho de vida. Há muitas provas testemunhais que confirmam a intimidade de São Clemente M. Hofbauer com o Evangelho e o cotidiano da vida das pessoas mais pobres e abandonadas. Como Missionário Redentorista, o padre Clemente Hofbauer procurava pregar o Evangelho de modo sempre novo. No pretérito distante, ele e seus confrades interpelaram os homens e as mulheres que se encontravam sob os princípios e as teses do Iluminismo, para que voltassem todos para Deus, e redescobrissem o valor de viver e crescer em comunidade, apesar das diferenças culturais, étnicas e sociais. Hoje, seria imprudente de nossa parte negar que nós, habitantes do admirável mundo líquido-moderno, fluido, leve e solto, estamos sendo interpelados pelo *modus operandi et vivendi* dos *"Redentoristas transalpinos"* (WEISS, 2011, p. 11), acerca da qualidade de nossa consagração e missão no mundo liquefeito.

Nas terras transalpinas, o padre Clemente Hofbauer foi um *"modelo de amor desinteressado ao próximo"* (WEISS, 2011, p. 19). Seu Mundo, sua Sociedade, sua Igreja encontravam-se dominados pela aridez espiritual e pelo racionalismo insosso. No Século das Luzes (1715-1789), a batalha para garantir a existência e o direito de espaço, principalmente, dos mais pobres e abandonados na era clementina foi intensa. Nesse período marcante da história os "Redentoristas transalpinos", sob o comando do padre Clemente Hofbauer, tomaram uma relevante decisão: à luz do Evangelho de Jesus Redentor, eles decidiram não jogar *"o jogo da dominação"* (BAUMAN, 2001, p. 214). Atentos às ideologias abstratas do Iluminismo e repudiando o poderio da elite austríaca, os Redentoristas, cientes de sua missão em um mundo marcado por tantas transformações, como bravos leões combateram, incansavelmente, o sistema que legitimava o poder e o direito dos *iguais* e negava esses mesmos direitos aos *outros diferentes*.

Os Redentoristas, nas terras transalpinas, no púlpito, na zona rural, na cidade, nas vias e vilas, nas camadas mais baixas da sociedade austríaca e também entre os formadores de opinião da época, recusaram as regras do jogo que afirmavam e confirmavam o direito incondicional do maior sobre o menor, do mais rápido sobre o mais lento. Nesse cenário excludente e intolerante a missão redentorista foi de suma importância. As desvantagens, as provocações e os riscos eram iminentes. Combater o poderio austríaco, portando consigo somente o Evangelho, não foi uma tarefa fácil. No entanto, dividindo sempre as tarefas, atento aos compromissos locais e aos pensamentos das autoridades vigentes, que guardavam a lei e a ordem, o padre Clemente Hofbauer e seus inseparáveis confrades driblavam o chauvinismo, a xenofobia, a intolerância e os mais variados tipos existentes de preconceitos. A serviço da verdade (cf. Jo 8,32) os Redentoristas pregavam sobre o arrependimento (cf. Mc 1,15). Submetidos a intenso escrutínio crítico, os Redentoristas, na seara que se encontrava além dos Alpes, enfrentavam a força policial, a elite austríaca e, também, a elite eclesiástica, em defesa dos *"homens mais abandonados, principalmente os pobres"* (**Const. 1**).

Conflitos sangrentos não faltaram na era clementina. Os direitos humanos dos pobres eram simplesmente ignorados pelas autoridades governamentais e, lamentavelmente, pelas autoridades eclesiásticas da época. O horizonte epistemológico, na era clementina, encontrava-se sob ventos impetuosos e nuvens pesadas. A promoção da violência estava em alta. Imprudentes decisões eram tomadas para aplacar a consciência. Consequências nefastas eram simplesmente ignoradas. A bandeira humanitária não estava içada. O objetivo humanitário não acontecia de forma ostensiva no mundo clementino, fortemente marcado pela tirania e pela intolerância. Diante desses fatos, o padre Clemente Hofbauer, seus confrades e colaboradores, arriscaram a vida e abriram a boca (cf. Pr 31,8) para tornarem-se um compromisso aberto e incondicional em favor dos que não podiam se defender. Não é fácil amar, perdoar e acolher, quando se vive em uma região de *"ódios apaixonados e furiosos ódios étnicos"* (BAUMAN, 2001, p. 217).

Violência e represálias, agitadas e inflamadas pelo *"chauvinismo interétnico"* (BAUMAN, 2001, p. 218), não intimidaram o padre Clemente Hofbauer e seus confrades. Dispostos a amainar a intolerância e o ódio crescente, os Redentoristas nas terras transalpinas, sempre com o Evangelho nas mãos, como bravos guerreiros em defesa dos *"sentimentos tribais"* (BAUMAN, 2001, p. 218), isto é, dos mais pobres e abandonados, combateram as mais variadas ondas de *"hostilidades e limpezas étnicas"* (BAUMAN, 2001, p. 218). Apostando na edificação de *"populações mistas"* (HANNAH ARENDT) e em um empreendimento verdadeiramente moral e ético, *"o apóstolo de Varsóvia"* e *"patrono de Viena"* (WEISS, 2011, p. 9), aprovisionado de generosidade, de modo incansável, e sem se desprender do Evangelho de Jesus Redentor gastava, juntamente com seus confrades e colaboradores, seus dias em favor da promoção do respeito que se deve ter, sempre, pelo *outro diferente,* seja ele quem for. Combatendo o nacionalismo austríaco e convivendo, amigavelmente, com a coexistência de vários idiomas, várias culturas e religiões, desnudo de qualquer tipo de agressão, poder, honra, glória e preconceitos, à luz da ética do Evangelho, São Clemente M. Hofbauer, seus confrades e colaboradores combatiam os princípios anticristãos do Século das Luzes às avessas e anunciavam dos telhados a *Copiosa Apud Eum Redemptio.*

A globalização no atual mundo líquido-moderno, bem como o Iluminismo no tempo de São Clemente M. Hofbauer, segundo o pensamento do sociólogo Bauman, *"parece ter mais sucesso em aumentar o vigor da inimizade e da luta intercomunal do que em promover a coexistência pacífica das comunidades"* (BAUMAN, 2001, p. 219). São Clemente M. Hofbauer, como já é de nosso conhecimento, não foi um anti-iluminista. A seu exemplo, não sejamos Redentoristas antimodernistas. Mas, ao contrário, sejamos na Modernidade Líquida lugar onde se experimenta abundantemente a globalização às avessas, um sinal visível e testemunhas oculares do Evangelho de Jesus Redentor. Gastemos, a exemplo de São Clemente e seus confrades, *"Redentoristas transalpinos"*, nossos dias em prol da redenção dos homens e das mulheres mais abandonados. São Clemente M. Hofbauer, rogai por nós. Amém.

Palavras-chave

Pregação. Revelação. Profecia. Consideração. Pastoral Redentorista. Apóstolo. Jansenismo. Conteúdo. Catequese. Homilia. Constituições. Estatutos. Carisma. Missão Popular. Cristianismo. Evangelho. Modo Novo. Método.

Estilo. Apostolado. Multicultural. Integração. Globalização. Conhecimento. Idiomas. Exercícios Espirituais. Confissão. Sacramentos. Contextos. Ética. Etnia. Soberania. Chauvinismo. Interétnicos.

Questões para refletir e melhorar

1. A pregação redentorista está, pedagogicamente falando, adequada à mentalidade de nossa época líquido-moderna? Sim? Não? Por quê?
2. Estamos atentos às exigências pastorais mais urgentes?
3. A pregação do Evangelho foi a primeira e principal forma de apostolado de São Clemente M. Hofbauer. Dessa forma, como você avalia o conteúdo da pregação redentorista na atualidade fluida?
4. Nossas comunidades, igrejas paroquiais e não paroquiais atuam como um centro ativo de pastoral missionária?
5. Estamos preocupados e dispostos a começar novamente a pregar o Evangelho?
6. Que valor estamos dando ao Sacramento da divina misericórdia?
7. Clericalismo, maçonaria, filosofia iluminista, jansenismo, chauvinismo, xenofobia, intolerância etc. Como você se comporta diante dessas correntes de pensamento?
8. Como você avalia nosso método e estilo apostólico nos diversos lugares onde estamos atuando?
9. Em nossas atividades pastorais estamos dando a devida atenção aos jovens?

Bibliografia

A. M. TANNOIA. *Vita del venerabili servo di Dio Alfonso Maria de Liguori*, IV, p. 148. Apud MENDOLA, Vincenzo La. *La proposta pastorale di San Clemente Hofbauer*. In: SHCSR 68 (2020), p. 40.
BAUMAN, Zygmunt. *Modernidade Líquida*. Tradução, Plínio Dentzien. Rio de Janeiro: Jorge Zahar Ed., 2001, p. 212-219.
Bíblia Sagrada. Edição Pastoral, Paulus, 1990.
Constituições e Estatutos da Congregação do Santíssimo Redentor. Aparecida, SP: Editora Santuário, 2004, p. 3 (Constituição 1).
E. HOSP. *Il santo della preghiera e dell'azione*, p. 146. *Um altro biografo riporta la stessa frase in una traduzione più libera, interpretata in chiave più contemporânea:*

"bisogna predicare il Vangelo in uma maneira tutta nuova". G. HEINZMANN, Una evangelizzazione nuova, p. 139. Apud MENDOLA, Vincenzo La. *La proposta pastorale di San Clemente Hofbauer*. In: SHCSR 68 (2020), p. 47-48.
WINTER, Ernst Karl. P. *Nicolaus Joseph Albert von Diessbach. In: Zeitschrift schweizerisch Kirchenschieh*t 18, 1924, p. 437.
G. HEINZMANN. *Una evangelizzazione nuova*, p. 64. Apud MENDOLA, Vincenzo La. *La proposta pastorale di San Clemente Hofbauer*. In: SHCSR 68 (2020), p. 43.
________. *Una evangelizzazione nuova*, p. 139-140. Apud MENDOLA, Vincenzo La. *La proposta pastorale di San Clemente Hofbauer*. In: SHCSR 68 (2020), p. 47.
L'ambiente ecclesiale nel quale San Clemente svolve il suo ministero della predicazioe è studiato in E. HOSP, il santo della preghiera e dell'azione, p. 141-146. Apud MENDOLA, Vincenzo La. *La proposta pastorale di San Clemente Hofbauer*. In: SHCSR 68 (2020), p. 47.
Lettera del Nunzio di Lucerna, Pietro Gravina al Nunzio di Viena Ludovico Ruffo Scilla, 22 de settembre 1797, Monumenta Hofbaueriana (MH), VI, p. 66. Apud MENDOLA, Vincenzo La. *La proposta pastorale di San Clemente Hofbauer*. In: SHCSR 68 (2020), p. 44.
Lettera di San Clemente al Blasucci, 12 giugno 1800, riportata in vita del Beato Clemente, p. 151-152. Apud MENDOLA, Vincenzo La. *La proposta pastorale di San Clemente Hofbauer*. In: SHCSR 68 (2020), p. 45.
Lettere di monsignor Pietro Litta al Blasucci, 18 gennaio 1800, riportata in vita del Beato Clemente, p. 53-54 e intera in Monumenta Hofbaueriana (MH), VIII, p. 202-205. Apud MENDOLA, Vincenzo La. *La proposta pastorale di San Clemente Hofbauer*. In: SHCSR 68 (2020), p. 45-46.
MENDOLA, Vincenzo La. *La proposta pastorale di San Clemente Hofbauer*. In: SHCSR 68 (2020), p. 39-66.
MONUMENTA HOFBAUERIANA, V, p. 119-122. Apud MENDOLA, Vincenzo La. *La proposta pastorale di San Clemente Hofbauer*. In: SHCSR 68 (2020), p. 42.
Testimonianza trata dal Summarium del processo di Beatificazione e riportata in Vita del Beato Clemente, p. 206, nota 1. Apud MENDOLA, Vincenzo La. *La proposta pastorale di San Clemente Hofbauer*. In: SHCSR 68 (2020), p. 55-56.
Ricordi e memorie f. 63. Apud MENDOLA, Vincenzo La. *La proposta pastorale di San Clemente Hofbauer*. In: SHCSR 68 (2020), p. 50.

________ f. 74. Apud MENDOLA, Vincenzo La. *La proposta pastorale di San Clemente Hofbauer*. In: SHCSR 68 (2020), p. 53.

Sermão da Sexagésima. Lisboa; Capela Real. Vol. I, 1655, p. 82, 90-91. In: VIEIRA, Antônio. *História do futuro*. José Carlos Brandi Aleixo (ORG.). Brasília: Editora Universidade de Brasília, 2005, p. 34.

WEISS, Otto. *Encontros com São Clemente (1751-1820)*. Tradução Clóvis Bovo. Aparecida, SP: Editora Santuário, 2011, p. 6-7, 9-10-11, 19.

VIII

O Culto Divino, a prática sacramental e as devoções

O advento da Modernidade Líquida, não podemos subestimar, produziu profundas mudanças na condição humana. Essas mudanças vertiginosas exigem de nós uma nova consciência e compreensão de mundo, de sociedade, de família e de religião. A modernidade fluida aposta mais na responsabilidade individual do que no compromisso comunitário ou social. A promoção da autonomia e da liberdade individual tem contribuído muito, segundo o sociólogo Zygmunt Bauman, com *"a diminuição do apetite pela reforma social"* (BAUMAN, 2001, p. 33). O desinteresse pelo bem comum e o desengajamento político reforçam, em nós, um desejo obsessivo pelos *"sentimentos hedonísticos"* (BAUMAN, 2001, p. 33) e pela busca, incansável, do *"eu primeiro"* (BAUMAN. 2001, p. 33). A Modernidade Líquida possui um *modus operandi et vivendi* sistêmico, isto é, em forma de rede. Sendo assim, ela é extremamente sedutora.

No atual mundo fluido as *"inclinações totalitárias intrínsecas"* (BAUMAN, 2001, p. 34) estão fora de moda, embora vivamos em um mundo com fortes tendências ao totalitarismo. Entretanto, seria imprudente de nossa parte negar que as bandeiras levantadas, na atualidade fluida, são em defesa, nas palavras de Bauman, *"da autonomia, da liberdade de escolha e da autoafirmação humanas, do direito de ser e permanecer diferente"* (BAUMAN, 2001, p. 34). O processo emancipatório está em pleno vapor. Descrentes da criação divina, da revelação e da condenação eterna, nós, humanos, encontramo-nos, segundo Bauman, *"por nossa própria conta"* (BAUMAN, 2001, p. 37). Isto é, cada um faz exatamente aquilo que quer. Outro dado relevante é que, na atualidade fluida, não se cogita se há um fim do caminho, um felizes para sempre, um estado de perfeição a ser atingido amanhã ou depois, ou se há algum tipo de boa sociedade. Na era fluida cogita-se, com muita eloquência, a respeito do direito dos indivíduos.

Dessa forma, cada indivíduo líquido-moderno tem por direito o papel de escolher à vontade, nas palavras de Bauman, *"seus próprios modelos de felicidade e de modo de vida adequado"* (BAUMAN, 2001, p. 38). O imperativo líquido-moderno ou o grito de guerra da Modernidade Líquida é: *"Não olhe para trás, ou para cima; olhe para dentro de você mesmo, onde supostamente residem todas as ferramentas necessárias ao aperfeiçoamento da vida – sua astúcia, vontade e poder"* (BAUMAN, 2001, p. 38). No mundo fluido, não tem espaço para o conselheiro. Nele, cada indivíduo, como um samurai, tem de saber enfrentar seus próprios problemas. E, esses problemas, por sua vez, devem ser enfrentados individualmente. Com a proliferação da emancipação e da individualidade, cada indivíduo tornou-se o melhor conselheiro de si mesmo. Cada um tem de ser suficientemente responsável para saber lidar com as consequências de seus próprios atos. Nada de líderes e conselheiros *aeternum*. Na era fluida, leve e solta, tudo é *ad tempus*. Lembra-nos Bauman que, *"no mundo dos indivíduos há apenas outros indivíduos"* (BAUMAN, 2001, p. 39). Por fim, o combate do indivíduo contra o cidadão, aquele que busca os interesses comuns e seu próprio bem-estar por meio do bem-estar da comunidade, é sangrento e está longe de acabar.

Em tempos multinacionais e globais, tudo é cambiante e disperso. O mundo ideal é o mundo que o indivíduo escolhe para si mesmo. Em *lato sensu* não existe, pelo menos de forma relevante, o Estado, a Sociedade e as Instituições. O que existe é somente o indivíduo e seu querer. A busca excessiva do 'eu primeiro', inevitavelmente, põe em risco a etnicidade e todas as línguas e culturas consideradas não nacionais. A globalização no atual mundo liquefeito, como o mecanismo de modernização do mundo clementino, atenta diretamente contra os projetos e a visão de mundo, que se configura a partir da coexistência pacífica dos mais variados modelos de comunidades. No mundo globalizado é difícil separar, como diz Bauman, *"os atores e seus objetos passivos"* (BAUMAN, 2001, p. 220). A mecanização do mundo líquido-moderno desconsidera os poucos, os lentos, os fracos e os míopes. Em defesa dos princípios da soberania e do direito nacionais, freios, contrapesos, trincheiras, fronteiras, cercas e altos muros são edificados para manter o *outro diferente* sempre do lado de fora do território nacional. O impulso violento tornou-se, na modernidade fluida, uma *conditio sine qua non*.

Dado o exposto, passaremos a estudar agora, à luz do conhecimento do Redentorista Vincenzo La Mendola, como São Clemente M. Hofbauer e seus confrades transalpinos lidaram com o advento da modernização no período do Século das Luzes (1715-1789). A proposta e a ação pastoral de São Clemente M. Hofbauer para seu tempo contemplavam *o culto divino, a prática sacramental* e *as devoções* como meios viáveis para garantir a unidade na diversidade. Compreendendo a oração como um grande meio de salvação, o padre Clemente Hofbauer, seus confrades e colaboradores, abdicando-se de todo impulso violento, assumiram para com todos uma postura amigável e pacífica. A missão da comunidade redentorista transalpina era demolir, por meio da pregação do Evangelho de Jesus Redentor, as *"fronteiras entre o 'dentro' e o 'fora' da comunidade"* austríaca (BAUMAN, 2001, p. 222). No tempo de São Clemente M. Hofbauer, e também em nosso tempo fluido, encontramos, segundo os dizeres de Bauman,

> seres que estão fora ou nas fronteiras da sociedade; prisioneiros de guerra, escravos... indivíduos de fora ou marginais, incapazes de estabelecer ou compartilhar os laços sociais que unem o resto dos habitantes. Seu status como estrangeiros ou inimigos, sua condição servil, ou simplesmente sua idade, impedem essas futuras vítimas de se integrarem à comunidade (BAUMAN, 2001, p. 222).

Essa realidade, violenta e excludente, tocava profundamente o coração e a mente do padre Clemente Hofbauer. O que fazer para impedir a proliferação desse impulso violento? Como viver o carisma da Congregação Redentorista e os ensinamentos de Sant'Alfonso em uma sociedade onde a exclusão do *outro diferente* tornou-se uma *conditio sine qua non* para a garantia do *status quo* do Estado nacional, dos de *"dentro"* contra os de *"fora"*? Tal realidade exigia o renascimento da vida cristã. A espiritualidade e a apurada sensibilidade do padre Clemente Hofbauer, diante dos fatos, levaram-no a rever e a propor uma reavaliação do papel central da liturgia. A adequação da liturgia com os novos tempos era necessária. O culto divino, a prática sacramental e as devoções, segundo a compreensão do padre Clemente Hofbauer, não podiam, e continuam não podendo, estar desvinculadas das realidades temporais. No tempo do padre Clemente, segundo La Mendola,

> por causa das ideias reformistas de derivação jansenista, naquela última passagem do século XVIII, o culto divino havia perdido sua atração, significância, solenidade e se degradou. Perdendo, assim, sua função pedagógica na vida dos fiéis (LA MENDOLA, 2020, p. 67).

Que sentido tem a liturgia se ela não celebra o cotidiano das pessoas e os acontecimentos históricos? À sombra do Século da Luzes (1715-1789), as liturgias e todo o seu contexto comemorativo, nas palavras de La Mendola, *"foram equiparadas a cerimônias formais rígidas, perdendo, assim, seu caráter festivo e seu valor estético"* (LA MENDOLA, 2020, p. 67). A reforma religiosa em curso, segundo La Mendola, *"enfraqueceu as estruturas da Igreja e reduziu drasticamente seus vínculos com o Papa e a Cúria Romana"* (LA MENDOLA, 2020, p. 67). A reforma religiosa, derivada das ideias e dos princípios jansenistas, estreitou muito a ação da Igreja Católica nas terras transalpinas. As obras católicas foram removidas. Conventos, grandes e pequenos, foram fechados. Na obra *Vita di San Clemente*, encontram-se os seguintes dizeres:

> Foram proibidas as procissões, as peregrinações, as devoções habituais usadas pelos fiéis nos templos sagrados, ou seja, as bênçãos, as indulgências, o rosário, a exposição frequente do Santíssimo Sacramento, o sepulcro na Semana Santa. Proibiram-se também as ricas iluminações nas principais solenidades, vésperas e músicas e em qualquer outra expressão externa da fé católica (LA MENDOLA, 2020, p. 67).

A piedade cristã católica, com a reforma regida pelas ideias jansenistas, foi completamente devastada. Suas múltiplas expressões foram aniquiladas. O admirável e respeitado organismo da Igreja Católica foi dissolvido e substituído pelo indivíduo, pelo anonimato. Os princípios fundamentais do viver e crescer em comunidade, conforme nos orienta a Sagrada Escritura, perderam-se no meio de uma grande massa descomprometida com a vida, com o direito e com a justiça em prol dos mais pobres e abandonados. Nesse período, de mais trevas e menos luzes para a Igreja Católica, de forma particular, sedutores astutos, ao *modus operandi* do lobo, não faltaram. Diante de tudo isso, o padre Clemente Hofbauer entendeu que era urgentemente necessário que se fizesse, nas palavras de La Mendola, *"uma reconstrução espiritual real para combater as políticas drásticas, na Polônia e nos territórios do Império, que favoreciam a decadência do culto divino"* (LA MENDOLA, 2020, p. 67).

O padre Clemente Hofbauer agiu, nessa situação, fazendo escolhas corajosas para contrapor as teses jansenistas. Na obra *Vita del Beato Clemente*, há relatos de testemunhas que afirmam:

> O padre Clemente Hofbauer foi o primeiro em Viena que teve a coragem de não observar as leis Josefinas – Giuseppine – a respeito do número de velas a serem usadas nas missas e em outras celebrações. Ele restaurou os louváveis costumes da Igreja Romana, iluminando e decorando o templo e os altares com o máximo esplendor, que convém ao Sacramento Divino (LA MENDOLA, 2020, p. 68).

O padre Clemente Hofbauer, durante suas viagens pela Itália, visitando os mais famosos Santuários e Basílicas de Roma, não deixou de observar e se encantar com a beleza e a solenidade da liturgia romana. Nesse período estava em voga, lembra-nos La Mendola, *"a suntuosidade do aparato barroco"* (LA MENDOLA, 2020, p. 68). O padre Clemente era um observador cuidadoso. Ele gostava de estar em Roma, Tivoli, Genazzano e Loreto. Esses eram lugares sagrados propícios ao recolhimento e à degustação da boa liturgia. Segundo La Mendola, o padre Clemente Hofbauer entendia como ninguém *"o valor pedagógico da beleza e da solenidade em um ambiente comemorativo"* (LA MENDOLA, 2020, p. 68). Na *Monumenta Hofbaueriana*, V, podemos ler: *"Em toda grande festa a Igreja aparecia em outro esplendor. Todos os altares eram ricamente enfeitados de acordo com a cor correspondente da festa"* (LA MENDOLA, 2020, p. 68).

O padre Clemente Hofbauer era um Redentorista corajoso. Ele não temia nenhum conflito. Enfrentava todos eles com muita determinação. Sua primeira e verdadeira revolução, na esfera litúrgica, segundo La Mendola, *"foi restaurar a centralidade da Eucaristia, de sua celebração e de seu culto público fora da missa"* (LA MENDOLA, 2020, p. 68). Ainda segundo o padre La Mendola, a pregação do padre Clemente Hofbauer *"frequentemente se concentrava no mistério eucarístico e despertava no fiel amor e devoção ao tabernáculo"* (LA MENDOLA, 2020, p. 68). Todos os seus biógrafos testemunham e afirmam que: *"Sua extraordinária devoção não o impediu de observar as mais minúsculas rubricas e que seu comportamento no altar edificou muitos"* (LA MENDOLA,

2020, p. 68). Na obra *Vita del Beato Clemente*, assim testemunha a irmã Ursolina Giacoma Welschenau: "*O padre Clemente Hofbauer, com toda a sua vida sacerdotal, contribuiu admiravelmente para resgatar o devido esplendor das funções sagradas*" (LA MENDOLA, 2020, p. 68). O padre Clemente Hofbauer apresentava-se sempre com muita dignidade nas celebrações. Ele preparava bem suas homilias. Aproveitava esse momento para dar formação catequética para o povo. Para o padre Clemente Hofbauer, quanto mais o povo souber sobre as coisas de Deus e da Igreja e o que acontece em seu mundo cotidiano, melhor. As pessoas têm o direito de ser esclarecidas e não enganadas.

Dessa forma, o padre Clemente Hofbauer, segundo La Mendola, "*intensificou o culto eucarístico com exposições diárias do Santíssimo Sacramento, adoração comunitária, visitas, comunhões espirituais, celebração das 40 horas e com a comunhão dos enfermos*" (LA MENDOLA, 2020, p. 69). Informa-nos, uma vez mais, La Mendola que "*outra grande revolução no campo sacramental foi a promoção da comunhão frequente. Essa prática pastoral era vista com suspeita porque ela se opunha de frente e abertamente contra a rígida prática jansenista difundida na cidade*" (LA MENDOLA, 2020, p. 69). Para se ter uma ideia dos feitos do padre Clemente Hofbauer ao redor do Sacramento da Eucaristia um relatório anual feito pelos Redentoristas nos dá as seguintes informações: "*Em 1787, apenas 2.000 comunhões foram distribuídas na igreja de San Bennone. Em 1802, o número subiu para 60.000. Nos anos seguintes, mais de 100.000 pessoas por ano se aproximaram do Sacramento da Eucaristia*" (LA MENDOLA, 2020, p. 69). O padre Clemente Hofbauer não se dedicou, apenas, à liturgia do culto eucarístico. Com o mesmo empenho e ardor apostólico, nas palavras de La Mendola, "*sua atenção se estendeu a outras celebrações. A saber: o canto solene da Vésperas e o Ofício da Santíssima Virgem Maria*" (LA MENDOLA, 2020, p. 69).

Os Redentoristas transalpinos, à luz dos ensinamentos e da espiritualidade hofbaueriana, não se curvaram diante do Jansenismo. Ao contrário, com bravura e determinação, eles enfrentaram as teses e os nefastos argumentos jansenistas. Lembra-nos La Mendola que, "*nessa posição pastoral, tomada com plena consciência, o padre Clemente Hofbauer e seus confrades transalpinos estavam em total harmonia com seus confrades italianos. De forma unânime, os Redentoristas estavam comprometidos a enfrentar, de diferentes modos e maneiras, as teorias do jansenismo, tanto no campo teológico, como na prática pastoral*" (LA MENDOLA, 2020, p. 69). A prova dessa sintonia dos Redentoristas transalpinos com os Redentoristas napolitanos, contra o jansenismo, confirma-se nos seguintes episódios: *"o padre Alessandro Di Meo (1726-1786) foi um dos Redentoristas mais conhecidos da primeira geração. Ele refutou o jansenismo no Reino de Nápoles com pregações e escritos"* (LA MENDOLA, 2020, p. 69). Informa-nos, ainda, o padre La Mendola que *"os Redentoristas da comunidade de Agrigento, liderados pelo padre Pietro Paolo Blasucci (1729-1817), por suas posições no campo teológico e pastoral, a partir de 1772, sofreram perseguições por causa de um padre jansenista que os acusaram de negligência, chamando-os de probabilistas"* (LA MENDOLA, 2020, p. 69).

O padre Clemente Hofbauer presava muito pelo decoro e a dignidade do lugar sagrado. Tudo para ele tinha de estar muito bem arrumado. Para ele, o lugar onde vai acontecer a liturgia tem de estar harmônico e ser aconchegante para os fiéis se sentirem bem. Ninguém poderá participar bem da liturgia se estiver mal acomodado. Os fiéis que frequentavam a igreja de San Bennone testemunhavam dizendo: *"Nesta igreja você tem a impressão de estar em uma festa contínua"* (La Mendola, 2020, p. 69). As mais belas e solenes liturgias foram celebradas na igreja de San Bennone para contrapor a triste liturgia imposta pelo credo jansenista. Na *Monumenta Hofbaueriana* V encontram-se os dizeres detalhados das celebrações litúrgicas na igreja de San Bennone e seus efeitos sobre a vida dos homens e das mulheres da sociedade austríaca. Segundo o padre Giovanni Giuseppe Sabelli, um dos biógrafos de São Clemente M. Hofbauer, o impacto das celebrações litúrgicas sobre as pessoas foi inevitável. Vejamos:

> Essa igreja tornou-se muito famosa no Reino da Polônia. Os membros estrangeiros e passageiros que viveram por algum tempo em Varsóvia testemunharam que em toda a Europa não havia uma igreja que tivesse tanto esplendor e majestade divina e que tivesse sido igualmente frequentada por diferentes povos como foi a igreja de San Bennone em Varsóvia, administrada pelos padres da Congregação do Santíssimo Redentor (LA MENDOLA, 2020, p. 70).

Um outro aspecto que contribuiu muito para aumentar a solenidade das celebrações litúrgicas na igreja de San Bennone foi o resgate da música sacra e do canto litúrgico. O padre Clemente Hofbauer tinha uma sensibilidade apurada para perceber a beleza e a importância dos acordes musicais no aprofundamento da oração. A música certa na hora certa é uma via segura que nos leva para junto de Deus. Na *Monumenta Hofbaueriana* V, há uma carta que diz o seguinte:

> Não se trata de solicitar os ouvidos, mas de louvar a Deus: quanto mais solene a liturgia, mais o homem está em posição de provar a Deus; através da harmonia da música, o coração e o espírito do homem são elevados a Deus cheios de recolhimento (LA MENDOLA, 2020, p. 70).

O padre Clemente Hofbauer foi, primeiro em Varsóvia e depois em Viena, nas palavras de La Mendola, *"um verdadeiro mestre do movimento litúrgico popular. Com sua ação pastoral, ele introduziu os fiéis na compreensão dos mistérios celebrados durante o ano litúrgico"* (LA MENDOLA, 2020, p. 70). Ainda, segundo La Mendola, o padre Clemente Hofbauer aproveitava bem *"as solenidades, as festas religiosas e, sobretudo, os tempos do Advento e da Quaresma"* (LA MENDOLA, 2020, p. 70). Esses dois importantes tempos litúrgicos tornaram-se momentos de grande intensidade espiritual, ocasiões fecundas para o exercício de grandes pregações temáticas. O padre Clemente aproveitava os tempos fortes da liturgia – Advento e Quaresma – para a prática de algumas devoções típicas de nossa tradição redentorista. A saber: Novena de Natal, devoção à infância de Jesus, Via-Sacra e práticas piedosas em honra da Paixão e da Cruz de Cristo. O objetivo do padre Clemente Hofbauer com essas práticas devocionais era ajudar, segundo La Mendola, *"os fiéis a compreender e internalizar os mistérios celebrados"* (LA MENDOLA, 2020, p. 70).

Liturgia, piedade cristã e vida espiritual eram sagrados para o padre Clemente Hofbauer. Ele não abria mão de nenhuma delas. Todas elas eram devidamente bem preparadas e celebradas solenemente. Essas práxis litúrgicas fizeram parte do projeto pastoral e espiritual do padre Clemente Hofbauer e de seus confrades nas terras transalpinas. Elas formavam uma síntese harmoniosa e completa no interior da comunidade redentorista bennonita. Para o padre Clemente Hofbauer e seus confrades a liturgia estava mergulhada na vida das pessoas e a vida das pessoas estava, pela mesma forma, mergulhada na liturgia. Essa liturgia inculturada na vida das pessoas, principalmente das pessoas mais empobrecidas e abandonadas, trouxe de volta muita gente para a Igreja e levou muitos para Deus. E. Hosp, em sua obra *Il santo della preghiera e dell'azione*, descreve com propriedade e perspicácia:

> Como bom psicólogo, nosso santo sabia muito bem o que era necessário para despertar o interesse dos homens. Ele, portanto, manteve-se igualmente afastado da fria aridez protestante e do sentimento petista. Ele estava convencido de que as solenidades públicas da Igreja atraem almas com seu esplendor; e essas são conquistadas lentamente, apesar de sua resistência. As pessoas ouvem mais com os olhos do que com os ouvidos; e deixam-se levar pelos olhos (LA MENDOLA, 2020, p. 71).

A concepção da liturgia, como valor nutricional e educacional para a vida cristã, o padre Clemente Hofbauer herdou, segundo La Mendola, *"de Sant'Alfonso e da tradição redentorista"* (LA MENDOLA, 2020, p. 71). Informa-nos La Mendola que *"a celebração da missa, a observância das rubricas da Igreja, o cuidado e a decoração do lugar sagrado eram um estilo consolidado dentro da Congregação Redentorista"* (LA MENDOLA, 2020, p. 71). Informa-nos, ainda, La Mendola que *"o amor pela oração litúrgica e a atenção pelos 'sinais' faziam parte integrante da concepção afonsiana da comunicação dos mistérios da fé"* (LA MENDOLA, 2020, p. 71). A missão redentorista, desde seu início, procurou tocar os sentimentos, mover os afetos. Nossa missão redentorista, não podemos negar, é genuinamente afetiva. Lembra-nos La Mendola que *"o próprio Sant'Alfonso valorizou e disciplinou o uso da música e regulamentou o uso de equipamentos de palco, destacando seu papel como meio útil para a evangelização"* (LA MENDOLA, 2020, p. 71). Nosso Fundador Santo Afonso Maria de Ligório foi um Redentorista talentoso. Ele colocou seus dons de poeta, pintor, desenhista, compositor e músico a serviço da missão redentorista e nunca para sua autopromoção.

Em virtude dos fatos mencionados, é imprescindível que todos se conscientizem de que o padre Clemente Hofbauer e seus confrades transalpinos, sem perder a elegância litúrgica, usaram o culto divino, a prática sacramental e as devoções populares para demolir as fronteiras e aproximar os de *"dentro"* dos de *"fora"* e os de *"fora"* dos de *"dentro"*. Os Redentoristas transalpinos, sempre sob os cuidados e o olhar do padre Clemente Hofbauer, procuravam integrar todos na comunidade. É na comunidade que os laços sociais se renovam e se fortalecem. Fora da comunidade experimentamos, inevitavelmente, a violência e a vingança. Fora da comunidade somos semelhantes a um morto-vivo, um zumbi. Por isso os Redentoristas transalpinos se empenhavam na busca do indivíduo, como diz Bauman, *"não envolvido, morno ou indiferente"* (BAUMAN, 2001, p. 224). Para o padre Clemente Hofbauer, seus confrades e colaboradores, os *"estranhos"*, os *"diferentes"*, eram pessoas que possuíam um grande potencial.

Sendo assim, o *"outro diferente"*, *"estranho"* passou a ser para os Redentoristas transalpinos uma *conditio sine qua non* para a existência e a missão redentorista no mundo. Dessa forma, a não opção redentorista pelos mais pobres e abandonados seria nosso próprio genocídio. Uma comunidade redentorista, à luz dos ensinamentos de São Clemente M. Hofbauer, não pode ser uma comunidade explosiva e intolerante. Ao contrário, a comunidade redentorista é vocacionada a ser uma comunidade solidária, sempre a favor da vida e contra toda e qualquer *"natureza criminosa"* (BAUMAN, 2001, p. 225). Na era da Modernidade Líquida, as comunidades redentoristas não podem estar fora do lugar e do tempo. Lembra-nos Bauman que em *"um mundo dominado pela variedade leve, fluida e software, a norma é facilmente quebrada e não seguida"* (BAUMAN, 2001, p. 226). No moderno mundo líquido a mesa foi virada. Nele, o testemunho de vida diz mais do que o discurso. Que a consciência litúrgica e apostólica afonsiana e hofbaueriana nos ilumine e nos inspire para melhor atuarmos apostolicamente no admirável mundo novo líquido-moderno.

Palavras-chave

Mundo ideal. Etnicidade. Globalização. Instabilidade endêmica. Comunidade explosiva. Violência. Rivalidades. Ciúmes. *"Dentro"*. *"Fora"*. *"Diferente"*. Elegância litúrgica. Unidade. Não envolvido. Indiferente. Culto divino. Sacramentos. Devoções. Derivação Jansenista. Igreja. Pastoral. Evangelização. Amor pela pregação. Liturgia. Comunhão frequente.

Questões para refletir e melhorar

1. Nossas comunidades redentoristas são comunidades explosivas?
2. Nelas, nós nos sentimos sitiados por freios, contrapesos e limites regulares?
3. Quais são os limites de sua comunidade redentorista?
4. Como os de *"dentro"* da comunidade se relacionam com aqueles que se encontram do lado de *"fora"* da comunidade?

5. A ação apostólica de sua comunidade tem uma função pedagógica? E as devoções populares estão sendo bem celebradas?

Bibliografia

BAUMAN, Zygmunt. *Modernidade Líquida*. Tradução Plínio Dentzien. Rio de Janeiro: Jorge Zahar Ed., 2001, p. 33-34, 37-39, 220, 222, 224-226.

E. HOSP. Il santo della preghiera e dell'azione, p. 56-57. Apud MENDOLA, Vincenzo La. *La proposta pastorale di San Clemente Hofbauer*. In: SHCSR 68 (2020), p. 71.

MENDOLA, Vincenzo La. *La proposta pastorale di San Clemente Hofbauer*. In: SHCSR 68 (2020), p. 67-71.

Monumenta Hofbaueriana V, p. 119. Apud MENDOLA, Vincenzo La. *La proposta pastorale di San Clemente Hofbauer*. In: SHCSR 68 (2020), p. 70.

Vita del Beato Clemente, p. 195. Apud MENDOLA, Vincenzo La. *La proposta pastorale di San Clemente Hofbauer*. In: SHCSR 68 (2020), p. 68.

IX

São Clemente Maria Hofbauer: o educador da piedade do povo

Na era do indivíduo em combate com o cidadão, o sociólogo Zygmunt Bauman informa-nos que a marca registrada da sociedade líquido-moderna é a apresentação de seus *"membros como indivíduos"* (BAUMAN, 2001, p. 39). Assim sendo, a *"individualização"* (BAUMAN, 2001, p. 39) é um *modus vivendi et operandi* que veio para ficar. Ela chega a ser, nos dias atuais, lamentavelmente, uma *conditio sine qua non* de nossa sobrevivência. A individualização, seria de nossa parte imprudente negar, contesta frontalmente com os princípios e os valores comunitários. Na *"era da modernidade liquefeita"* (BAUMAN, 2001, p. 226), somos teleguiados pela variedade leve, fluida e software. No *"moderno mundo líquido"* (BAUMAN, 2001, p. 226), a mesa foi virada. As comunidades, por exemplo, sejam elas religiosas ou não, nas palavras de Bauman, *"tendem a ser voláteis, transitórias e de pouca duração"* (BAUMAN, 2001, 228). Nelas, os interesses não são mais semelhantes. Isso as separa ainda mais, em vez de uni-las.

Os interesses comuns, no interior das comunidades, são postos em *stand by*, em banho-maria ou inteiramente silenciados. Infelizmente, a performance do indivíduo é mais importante do que as causas comuns. Proliferam nos ambientes comunitários, por causa do excesso de *"desejo narcisístico"* (BAUMAN, 2001, p. 54), segundo Bauman, *"tensões emocionais e traumas geradores de agressividade"* (BAUMAN, 2001, p. 229). Na era liquefeita, vemos surgir como *conditio sine qua non* as comunidades virtuais que em nada diferem do *modus vivendi et operandi* dos guetos existentes mundo afora. As comunidades virtuais, eficazmente, impedem o advento de comunidades genuínas comprometidas com o bem comum. Com o esfriamento da sociabilidade surgem, inevitavelmente, impulsos violentos seguidos pela *"perpetuação da solidão"* (BAUMAN, 2001, p. 230), mesmo estando dentro de uma determinada comunidade. Comunidades virtuais ou guetificadas são, inevitavelmente, abismos não transpostos. Nelas, o indivíduo *de jure* entra em conflito com o indivíduo *de facto* e vice-versa.

As condições da Modernidade Líquida nos impõem uma nova visão de mundo. Temos de nos adaptar a ele para garantir nossa sobrevivência, como outrora, no Século da Luzes (1715-1789), fizeram São Clemente M. Hofbauer, seus confrades e colaboradores. Levando em consideração os aspectos mencionados, sobre as condições da Modernidade Líquida sobre as comunidades, religiosas ou não, abordarei, na companhia do padre Vincenzo La Mendola, Missionário Redentorista, uma particularidade relevante do nosso Santo: *São Clemente Maria Hofbauer: O Educador da Piedade do Povo*. Ainda neste capítulo vamos estudar três pontos relevantes da vida do padre Clemente Hofbauer. A saber: *O Ministério da Reconciliação. Acompanhamento e Direção Espiritual. Comparado com judeus e protestantes.*

Como já é de nosso conhecimento, a Igreja de San Bennone tinha uma intensa atividade pastoral. Entre as numerosas celebrações litúrgicas, destacamos as piedosas práticas devocionais. Essas práticas piedosas e devocionais faziam parte da sensibilidade religiosa da época. Além do mais, elas faziam parte das tradições religiosas dos Redentoristas. Sant'Alfonso sempre cultivou um carinho e uma preocupação particulares com as devoções populares. O padre Clemente Hofbauer, seguindo os passos de Sant'Alfonso, não foi diferente. Ele, particularmente, praticava algumas devoções populares. Para ele, elas não eram um passatempo ou uma prática espiritual irrelevante, própria dos ignorantes ou daqueles que tinham pouco conhecimento. O padre Clemente Hofbauer dava muito valor às devoções. Por isso ele as provia entre as pessoas. Segundo La Mendola, as devoções populares para o padre Clemente Hofbauer *"eram meios auxiliares na jornada da fé. Elas não eram concebidas como momentos separados das celebrações litúrgicas. Elas auxiliavam na configuração do caminho da fé"* (LA MENDOLA, 2020, p. 72). Ao contrário, elas funcionavam como uma via de preparação para as grandes celebrações litúrgicas. Uma espécie de aquecimento para a execução da grande corrida.

As devoções populares e piedosas tinham, no tempo do padre Clemente Hofbauer, o papel ou o objetivo de ajudar as pessoas, principalmente as mais simples, a assimilar o conteúdo da fé. Elas não eram práticas alienantes, fantasiosas e espetaculosas, como vemos na atualidade líquido-moderna. As devoções populares não eram magias. Eram levadas com muita seriedade. Elas abrem espaço, ainda hoje, para um tipo de *"oração afetiva"* (LA MENDOLA, 2020, p. 72). Elas tratam, de modo simples e objetivo, da vida de Cristo, de Maria e de nossos santos e nossas santas de devoção. O objetivo das devoções populares outro não é, senão promover nossa união com o *Deus-Abba*. O padre Clemente Hofbauer aproveitava tudo que tinha ao alcance de suas mãos para educar na fé seus preciosos fiéis, ovelhas carentes e exploradas pelo feroz sistema político austríaco. Por isso ele gastava muito de seu precioso tempo ajudando o povo a rezar e a compreender as verdades da fé. Na *Monumenta Hofbaueriana* II, há um precioso documento datado de 24 de outubro de 1805, em que o padre Taddeo Hübl atesta sobre a intensidade apostólica e devocional na igreja de San Bennone, ao longo do ano litúrgico. A esse respeito, informa-nos o padre La Mendola que o documento, acima citado,

> é um documento precioso para entender a vida litúrgica da comunidade bennonita, da qual o próprio Clemente Hofbauer foi sem dúvida a inspiração. O critério subjacente à densa sucessão de celebrações e momentos de oração devocional é o ascético quantitativo, típico do final do século XVIII (LA MENDOLA, 2020, p. 72).

Na igreja de San Bennone dava-se muita importância às celebrações das Solenidades das Festas do Senhor. A Missa, por exemplo, era celebrada com muita devoção, piedade, esplendor e cânticos litúrgicos solenes. O padre Clemente Hofbauer gostava de encher os olhos de seus fiéis. Ele costumava dizer que as pessoas pegam as coisas com o olhar e não somente com as mãos, evidentemente. Dava-se, também, muito valor às solenidades dedicadas à Virgem Maria: *La Madonna di Gesù Cristo*. A ela dedicava-se um fervor particular: novenas, recitações do terço e do rosário seguidas por oitavas. Alguns santos e algumas santas eram, pela mesma forma, homenageados. Recorda-nos La Mendola que *"cada celebração tinha um grau diferente de solenidade e estava ligada a uma irmandade em particular"* (LA MENDOLA, 2020, p. 72). Segundo a prática da época, nos dizeres de La Mendola,

> todo banquete era reservado à comunhão geral e à possibilidade de obter indulgências, muitas das quais obtidas pelo

> próprio santo, com súplicas às autoridades eclesiásticas competentes e ao próprio Papa. Um papel central foi reservado às devoções cristológicas, vinculadas aos momentos fundamentais da história da Salvação, Paixão, Morte e Ressurreição e Eucaristia" (LA MENDOLA, 2020, p. 72-73).

O padre Clemente Hofbauer tinha um enorme apreço pela devoção a *Gesù alla colonna.* Tanto que na igreja de San Bennone, segundo os dizeres da *Monumenta Hofbaueriana* V, *"um dos altares foi dedicado a Jesus Cristo encarcerado"*. Esse nicho era um lugar especial para o padre Clemente Hofbauer, seus confrades, colaboradores e fiéis. Muitas lágrimas foram derramadas e muitos gritos se ouviam diante da estátua de Jesus Cristo com os pés e as mãos acorrentados. Esse espaço era um lugar penitencial. Diante de Jesus apaixonado, os fiéis se entregavam plenamente ao amor misericordioso de Deus encarnado e dado a cada um de nós por meio de seu filho único: Jesus Redentor. Essa devoção a *Gesù alla colonna* enriqueceu muito as celebrações litúrgicas, na igreja de San Bennone. Muitas comunhões foram dadas, muitas confissões foram ouvidas e pecados perdoados. Muitas missas foram celebradas com devoção e piedade e uma infinidade de cânticos cantaram solenemente a Paixão e Morte de Jesus: O Redentor de todos nós.

Ainda, segundo a *Monumenta Hofbaueriana* V,

> a devoção à paixão de Jesus foi aumentada com a edificação, desde o princípio, de um altar no lado esquerdo da igreja dedicado ao Ecce Homo. A reproposição da devoção, tipicamente italiana e de origem espanhola, muito difundida no Reino de Nápoles, encontrou grande aceitação em Varsóvia, onde certamente não era nova, mas caiu em desuso (LA MENDOLA, 2020, p. 73).

O padre Clemente Hofbauer foi um Redentorista muito criativo. Ele gostava muito de evangelizar seus fiéis por meio da arte. Ele colocou em um outro altar da igreja de San Bennone *la statua della pietà*. O padre Clemente Hofbauer usava essas imagens expressivas que lembravam a paixão e morte de Jesus, nas palavras de La Mendola, *"para despertar a piedade e o fervor nos fiéis"* (LA MENDOLA, 2020, p. 73).

O rico patrimônio iconográfico, oferecido aos fiéis para a veneração na igreja de San Bennone, que estava aos cuidados dos Redentoristas, segundo La Mendola, encontrou uma acolhida entusiástica dos fiéis. Essa iconografia alimentou a aspiração popular por um relacionamento com Cristo que apresentasse características de sensibilidade, expressões de afetividade e motivos de sentimentos, reações coletivas à imposição fria da racionalidade iluminista na piedade dos fiéis, vistos com desconfiança por seus modos de viver. As expressões populares eram reguladas e limitadas em suas manifestações espontâneas (LA MENDOLA, 2020, p. 73-74).

O culto eucarístico tinha absoluta prioridade. Sua maior expressão pública e festiva se podia ver na Solenidade de *Corpus Domini*. Esse momento litúrgico era solenizado com uma suntuosa procissão. Na *Monumenta Hofbaueriana* V, encontra-se o detalhado escrito do Redentorista Giovanni Giuseppe Sabelli (1781-1863):

> Eu não saberia expressar a majestade dessa solenidade. A praça inteira, como a igreja, estava cheia de luzes e flores. Doze assistentes usavam queimadores de incenso. Uma variedade de meninos vestidos de branco e dourado colocou as flores em frente à sacristia. Os padres, vestidos com riquíssimas vestes litúrgicas, davam assistência imediata (LA MENDOLA, 2020, p. 74).

Continua informando-nos o padre Sabelli que

> o baldaquino, coberto de seda duplamente branca e sustentado por seis varas de prata era carregado por seis cavaleiros. Debaixo dele encontrava-se o Ostensório com o Corpus Domini. Um funcionário real calculou o valor do ouro do Ostensório, acima de mil e duzentos escudos. Essa belíssima e luxuosa peça foi uma doação feita por santas senhoras à Congregação do Santíssimo Redentor (LA MENDOLA, 2020, p. 74).

Informa-nos mais uma vez o padre Sabelli a respeito dessa solene procissão com *Corpus Domini* que

> alguns jovens também davam assistência para que tudo transcorresse bem e de forma esplendorosa. Esses representavam os querubins. Vestidos com um pano de prata, com brasões, também de prata, e com emblemas que expressavam os atributos divinos. Com exceção desses jovens e sacerdotes, todos os outros assis-

> tentes foram coroados com o louro dourado (LA MENDOLA, 2020, 74).

Nos dizeres da Monumenta Hofbaueriana II, *além de ser celebrada no dia litúrgico, na igreja, a celebração também foi solenizada na domenica infra octava Ascensionis – Domingo da Oitava da Ascensão –, com uma procissão solene e, no domingo seguinte, com outra procissão externa e a parada em quatro altares*" (LA MENDOLA, 2020, p. 74). T. Goffi-P. Zovatto, na obra *La spiritualità del Settecento*, informa-nos que

> a descrição detalhada de uma testemunha ocular é suficiente para nos fazer entender o tipo de aparato litúrgico, devocional e a coreografia sagrada concebida pelo padre Clemente Hofbauer com a preocupação de envolver crianças, jovens e adultos desde o início da preparação e na performance. Nesse aspecto, o padre Clemente Hofbauer estava em plena harmonia com a espiritualidade do século XVIII, que favorecia a devoção eucarística, dando importância singular à Solenidade de Corpus Domini, como uma glorificação pública da Eucaristia, visível a todos (LA MENDOLA, 2020, p. 74-75).

Na *Monumenta Hofbaueriana* II, encontra-se a seguinte reflexão:

> Embora as procissões e manifestações semelhantes tenham sido desaprovadas e mal toleradas pelas autoridades austríacas, o padre Clemente Hofbauer as propôs com ousadia, mas confinou-se apenas à igreja (LA MENDOLA, 2020, p. 75).

Ainda, segundo a *Monumenta Hofbaueriana* II, com muita dedicação, o padre Clemente Hofbauer

> prestou especial atenção à Solenidade do Santíssimo Redentor, titular da Congregação Redentorista, celebrando-a desde 1788, transformando, assim, sua oitava em uma espécie de missão popular, ao incrementar a participação das Igrejas fiéis e obter indulgências especiais para aqueles que participaram das instruções morais. As celebrações terminavam com a bênção papal, como nas missões (LA MENDOLA, 2020, p. 75).

T. Goffi-P. Zovatto, em sua obra, já citada, *La spiritualità del Settecento*, comunica-nos que, *"nos séculos XVII e XVIII, as festas marianas tiveram um grande espaço. O culto à Virgem Maria assumiu, nesse período citado, maior consistência na liturgia, com a introdução de novas festas e memórias"* (LA MENDOLA, 2020, p. 75). A *Monumenta Hofbaueriana* V informa-nos que,

> nos séculos XVII e XVIII, as festividades marianas estavam vinculadas a eventos particulares ou a devoções de Ordens Religiosas, Congregações, Irmandades e de cidades e nações. A Madonna foi venerada pelo padre Clemente Hofbauer sob diferentes títulos. Seu culto na igreja de San Bennone era praticado semanalmente, particularmente em todos os sábados do ano. Em todas as Vigílias, Novenas e Festas de Maria Santíssima, o padre Clemente Hofbauer fazia uma pregação ou um discurso específico (LA MENDOLA, 2020, p. 75).

Pode parecer-nos simples ou fácil a promoção dessas festividades marianas. Entretanto, ao contrário do que se pensa, promover a devoção mariana em qualquer cidade do império austríaco era muito perigoso. Mesmo assim, o padre Clemente Hofbauer, com muita coragem e determinação, divulgava dos telhados a devoção à Imaculada Conceição. Seu amor pela Virgem Maria era incondicional. Nada, nem mesmo as perseguições do Estado Austríaco, impediriam-no de celebrar com alegria, devoção e solenidade o culto e as devoções marianas. O padre Clemente Hofbauer não somente pregava sobre o valor e a importância da devoção mariana na vida dos cristãos, ele também fazia discursos claros e objetivos em defesa da devoção à Imaculada Conceição. Com a mesma clareza, ele discursava em defesa de Nossa Senhora das Dores e a Nossa Senhora do Rosário. Para o padre Clemente Hofbauer, Maria era uma verdadeira biblioteca. Maria era, sem sombra de dúvida, o *refugium peccatorum* ou a *Mãe da Misericórdia*. Informa-nos La Mendola que

> os títulos marianos ligados à conversão dos pecadores eram típicos da espiritualidade missionária dos Redentoristas, amplamente tratados e desenvolvidos nas obras mariológicas de Sant'Alfonso, do Beato Januário Sarnelli e do padre Francesco Antonio De Paola (LA MENDOLA, 2020, p. 76).

A respeito dos discursos do padre Clemente Hofbauer em defesa das devoções marianas, o padre redentorista S. Raponi, em sua obra *La Spiritualità redentorista delle origini*, informa-nos que

> o padre Clemente Hofbauer propagava a devoção e o culto mariano em obediência à Regra (Codex Regularum et Constitutionum, 32, n. 8), que dizia com objetividade e clareza que nossa protetora principal será Maria Santíssima, sob o título de Imaculada Conceição. Seu dia será solenizado por nós com muita pompa. E, os coristas, tendo terminado o curso de teologia, farão o voto de defender a doutrina de sua Imaculada Conceição (LA MENDOLA, 2020, p. 75).

Na obra *Vita del Beato Clemente* temos a informação de que o padre Clemente Hofbauer externava seu amor incondicional à Virgem Maria, organizando e participando *"periodicamente de peregrinações aos santuários marianos mais renomados, cujos detalhes são abundantemente relatados na primeira biografia, que dedica amplo espaço ao assunto"* (LA MENDOLA, 2020, p. 76).

Informa-nos La Mendola *"que, para o padre Clemente Hofbauer, os santuários marianos eram lugares favoráveis onde as pessoas podiam receber graças especiais"* (LA MENDOLA, 2020, p. 76). Por isso o próprio padre Clemente Hofbauer participou de várias peregrinações marianas. Visitar um Santuário Mariano era uma *práxis* sagrada para o padre Clemente Hofbauer. Sua experiência mariana era oferecida às pessoas como um meio eficaz de nutrir sua própria fé e sua vida espiritual. O padre Clemente Hofbauer suplicou ao Papa a permissão para a Congregação Redentorista, e suas futuras fundações, celebrarem com solenidade a Festa do mais Puro Coração de Maria. O padre Clemente Hofbauer acreditava fielmente que nas atuais circunstâncias de seu tempo, e também do nosso tempo, evidentemente que Maria é possuidora de uma força e coragem, que muito nos ajudam a enfrentar e a vencer as calamidades temporais existentes em todos os tempos. A *Monumenta Hofbaueriana* II nos informa que o desejo do padre Clemente era o de celebrar a Solenidade do Puríssimo Coração de Maria no *"terceiro domingo de outubro"* (LA MENDOLA, 2020, p. 76).

A esse respeito, informa-nos La Mendola que *"A Festa do Puríssimo Coração de Maria não se encontrava no calendário litúrgico do ano de 1805.*

Naqueles anos, de fato, as ameaças e o perigo de repressão tornaram-se cada vez mais prementes. As festas marianas eram cada vez mais restritas" (LA MENDOLA, 2020, p. 76). A devoção do padre Clemente Hofbauer ao Puríssimo Coração de Maria veio de onde? Nas palavras do padre La Mendola,

> é provável que essa devoção remonta à experiência da primeira formação, em Roma, quando ele teve contato com o Redentorista padre Francesco Antonio De Paola (1736-1814). De fato, o padre De Paola dedicou um discurso inteiro à devoção aos corações sagrados. A devoção ao Sagrado Coração de Jesus, por exemplo, foi aprovada pelo Papa Pio VII em Roma, em 1805. Nesse contexto, provavelmente, o padre De Paola entrou em contato com a devoção, transmitindo-a a seus religiosos e, consequentemente, para Clemente Hofbauer (LA MENDOLA, 2020, p. 76).

Um programa sólido de pregação, organizado pelo padre Clemente Hofbauer, muito ajudou a nutrir no coração dos fiéis transalpinos a devoção e a piedade mariana. Nesse processo de formação mariana, as obras *Glorie di Maria*, de Sant'Alfonso, e *Grandezze di Maria*, do Redentorista padre Francesco Antonio De Paola, foram autênticas fontes de inspirações. Auxiliaram nessa formação da consciência dos fiéis a respeito da Virgem Maria as obras do Beato Januário Sarnelli. Tratar a respeito das devoções marianas na era do Iluminismo não era uma tarefa tão simples quanto parece. Mesmo assim, Maria se fazia presente em todos os cantos e recantos redentoristas. Na igreja de San Bennone, *sull'altare maggiore*, encontrava-se a venerada pintura da Santíssima Virgem Maria Auxiliadora, que havia sido adquirida em Viena e começou a fazer milagres. Um texto da *Monumenta Hofbaueriana* V nos diz que

> também no altar principal da igreja de San Giuliano, em Roma, havia uma imagem da Madonna ligada a fenômenos milagrosos, como o movimento dos olhos. Não sabemos se poderia haver, ou não, uma conexão entre as duas imagens" (LA MENDOLA, 2020, p. 77).

O padre Clemente Hofbauer e seus confrades transalpinos, e também os Redentoristas do Reino de Nápoles, cultivavam outras formas particulares de veneração. Desde o princípio, os Redentoristas, segundo o padre La Mendola,

> procuraram sempre cultivar com piedade e devoção a veneração a São José, ao Anjo da Guarda São Rafael, às Almas do purgatório, aos Santos Apóstolos e, também, aos Santos Jesuítas: Francesco Saverio, Stanislao e Luigi Gonzaga. Cultivava-se, ainda, a devoção a San Giovanni Nepomuceno e Santa Teresa, cujas festas foram precedidas com solenes novenas (LA MENDOLA, 2020, p. 77).

As devoções locais eram, também, recordadas e celebradas solenemente pelo padre Clemente Hofbauer. Elas não eram, por ele e seus confrades, negligenciadas. Recorda-nos la Mendola que

> os Redentoristas transalpinos davam muita importância à Festa de San Bennone: O Titular da igreja e da Nação Polonesa. O padre Clemente Hofbauer não perdia tempo na divulgação das devoções à Virgem Maria e aos Santos, aos Anjos, aos Apóstolos e às Almas do Purgatório. Ele encomendava aos Redentoristas de Roma que lhe enviassem moldes dos santos, imagens, medalhas, escapulários e outros afins e distribuía entre seus fiéis (LA MENDOLA, 2020, p. 77).

O objetivo do padre Clemente e seus confrades com a divulgação, a todo custo, da importância da devoção à Virgem Maria e aos Santos e Santas de Deus, não era contribuir com a proliferação do devocionismo, do pietismo, ou de algum tipo de exploração da fé das pessoas, particularmente, as mais empobrecidas e exploradas. O objetivo dos Redentoristas transalpinos com a divulgação das devoções marianas e, também, aos Santos e às Santas era, nas palavras do padre La Mendola, *"reviver no povo fiel a prática real e pessoal da devoção extinta pelas meticulosas proibições legislativas estaduais e pela circulação das ideias jansenistas"* (LA MENDOLA, 2020, p. 77-78). M. Brudzisz, em sua obra: *Le "devozioni" nella chiesa di San Bennone e le Costituzioni dei novizi redentoristi a Varsavia, 1787-1808*, diz-nos que o padre Clemente Hofbauer *"compreendeu o valor agregado e pedagógico da devoção, especialmente se praticado em comum e sob a orientação de padres e religiosos"* (LA MENDOLA, 2020, p. 78).

A experiência devocional que o padre Clemente Hofbauer adquiriu ao longo de sua vida e missão em Varsóvia e em Viena teve, sempre, uma dimensão comunitária. Portanto todas as celebrações devocionais realizadas no interior da igreja redentorista tinham como objetivo estimular nos fiéis o valor e a importância de viver e crescer em comunidade. Nesse sentido, podemos afirmar que a concepção hofbaueriana de *"devoção"* supera o intimismo devocional, o devocionismo e o pietismo ou qualquer outra ação que possa pôr em risco a vivência comunitária. M. Brudzisz afirma, em sua obra já citada, que o padre Clemente Hofbauer *"considerava a devoção como um meio de entrar em intimidade com Jesus Cristo e ser transformado em membros do corpo eclesial"* (LA MENDOLA, 2020, p. 78). Quando o assunto era a propagação da devoção à Virgem Maria e aos Santos e às Santas, coragem não faltava ao padre Clemente Hofbauer e, evidentemente, a seus confrades transalpinos.

Certa vez, ele teve coragem suficiente de introduzir em sua Igreja a estátua de São Pedro Apóstolo, cujos pés são de bronze, sentado e abençoando o povo, como se pode ver a original na Basílica de São Pedro, em Roma. Segundo a *Monumenta Hofbaueriana* V, a estátua de São Pedro sentado, abençoando e tendo os pés de bronze e beijado pelos fiéis é *"o desejo e a expressão clara do padre Clemente Hofbauer de restaurar a centralidade da figura do Papa e restaurar o apego e a obediência por parte dos fiéis"* (LA MENDOLA, 2020, p. 78). Por fim, o primeiro biógrafo do padre Clemente Hofbauer registrou o empenho dele para adquirir fundos para ajudar no processo de beatificação e canonização de Sant'Alfonso, de São Gerardo Majella. Assim, registrou o primeiro biógrafo do padre Clemente Hofbauer:

> Também em ordem de importância, o Fundador da Congregação Redentorista e o Servo de Deus Gerardo Majella (1726-1755), que ainda não eram canonizados, tinham um espaço relativamente limitado. Os trabalhos literários de Santo Alfonso Maria de Ligório foram traduzidos e divulgados e ofertas foram coletadas em apoio à beatificação (LA MENDOLA, 2020, p. 78).

O Ministério da Reconciliação

G. Heinzmann, em sua obra *Una evangelizzazione nuova*, diz-nos que *"a missão permanente, implantada em San Bennone, tinha o objetivo de aproximar os fiéis do sacramento da penitência, considerado pelo padre Clemente Hofbauer 'o ponto principal do ministério sacerdotal'"* (LA MENDOLA, 2020, p. 78-79). A antiga Regra de Vida dos Redentoristas reafirmava, veementemente, essa prioridade pastoral para todos os congregados clérigos.

Assim dizia o *Codex Regularum et Constitutionum*:

> Se as confissões são o único meio de reconciliar as almas com Deus, deve-se dizer também que ouvir confissões é o principal uso das Santas Missões. Portanto, os padres missionários devem atender a confissão de todo o povo, excluindo qualquer ajuda do padre do lugar. Se o povo não confessa aos missionários seus pecados, a missão é inútil (LA MENDOLA, 2020, p. 79).

O texto legislativo redentorista – *Codex Regularum e Constitutionum* –, ao tratar do ministério da reconciliação, é bastante rigoroso. Daí o empenho do padre Clemente Hofbauer e de seus confrades no atendimento, diário, das confissões na igreja de San Bennone. A pastoral, ao entorno do sacramento da reconciliação, era levada muito a sério pelo Redentorista da igreja de San Bennone. A atividade de atender diariamente as pessoas em confissão é uma atividade muito onerosa. Ela exige do padre confessor muita paciência, dedicação, vontade, disponibilidade, preparação e muito conhecimento teológico. E, às vezes, situações que vão além dos limites humanos. Sobre a dedicação que o Redentorista devia dar ao sacramento da reconciliação nosso antigo texto legislativo – *Codex Regularum et Constitutionum* – dizia: "*Cada um como um verdadeiro filho do nosso instituto, apesar de qualquer tipo de incômodo, dor ou fadiga, deve estar sempre com fome de almas e um grande desejo de ajudá-las a se salvarem*" (LA MENDOLA, 2020, p. 79).

A procura das pessoas pelos padres confessores era muito intensa na igreja de San Bennone. Isso, evidentemente, exigia o envolvimento de todos os sacerdotes no confessionário. Na *Monumenta Hofbaueriana* V, encontra-se a seguinte informação:

> Após a meditação da manhã, ou cinco horas após a meia-noite, sete confessionários estavam cheios de penitentes até a noite, exceto apenas duas horas do meio dia, nas quais não confessavam. Toda semana há uma grande competição de estrangeiros que percorriam 40 quilômetros até chegar à igreja de San Bennone para se confessar. Isso sem falar dos que vinham da própria cidade para se confessar diariamente (LA MENDOLA, 2020, p. 79).

Ainda sobre a dedicação do padre Clemente Hofbauer e seus confrades, no desempenho do exercício do sacramento da confissão, na igreja de

San Bennone, a obra *Vita del Beato Clemente* informa-nos que *"de várias províncias distantes os fiéis vinham para se confessar. Eles permaneciam na cidade por três, cinco ou até oito dias, para receber os sacramentos e depois voltar para casa consolados pela graça de Deus"* (LA MENDOLA, 2020, p. 79). Com isso, a igreja de San Bennone, sob a responsabilidade dos Redentoristas transalpinos, tornou-se um grande centro de missão e evangelização. Eram muitos aqueles e aquelas que queriam participar das celebrações na igreja de San Bennone. Eles se sentiam atraídos pela boa e solene liturgia e, também, evidentemente, pela acolhida e o jeito simples de ser, de agir e falar do padre Clemente Hofbauer e seus confrades. Daí a máxima: *"Acolher bem também é Evangelizar"*.

O testemunho entusiasmado, porém muito realista, do padre Giovanni Giuseppe Sabelli, faz referência a um problema muito comum na época iluminista: *"a falta de padres e religiosos que se dedicassem em tempo integral ao sacramento da confissão e que, realmente, fossem capazes de fazê-lo"* (LA MENDOLA, 2020, p. 80). Essa situação se agravou, ainda mais, depois da supressão dos missionários Jesuítas. Os Redentoristas transalpinos, sob a regência do padre Clemente Hofbauer, logo tomaram consciência da gravidade da situação e se puseram, do maior ao menor, a acolher os penitentes com carinho e atendê-los em confissão. Os Redentoristas estavam sendo motivados e incentivados pelo *Codex Regularum et Constitutionum* que dizia: *"quem mais se dedicar a isso terá um verdadeiro espírito missionário e será um verdadeiro seguidor de Jesus Cristo"* (LA MENDOLA, 2020, p. 80). Os Redentoristas na igreja de San Bennone levaram a sério a prática do atendimento de confissão. Atender o penitente tornou-se para eles um dever moral. Não se pode brincar quando o que está em jogo é a salvação da alma. Sendo assim, Segundo La Mendola,

> na igreja de San Bennone, realizavam-se diariamente pregações e instruções morais sobre o decálogo e os preceitos da Igreja, sobre o pecado e a necessidade periódica de buscar o sacramento da reconciliação. Entre os exercícios diários foi introduzida a prática do exame de consciência em forma comunitária para preparar a pessoa para fazer a confissão individual (LA MENDOLA, 2020, p. 80).

Os biógrafos do padre Clemente Hofbauer descrevem que ele abordava e tratava os penitentes, nas palavras de La Mendola, *"com a pedagogia da benevolência, sem se descuidar da firmeza e da clareza na identificação e detestação do pecado"* (LA MENDOLA, 2020, p. 80). O método do padre Clemente Hofbauer visava o essencial. Seus biógrafos afirmam que o objetivo hofbaueriano, quando o assunto era o sacramento da reconciliação, *"era a salvação das almas às quais todos os outros requisitos estavam subordinados. Ele partiu, principalmente, para restaurar a confiança dos penitentes para que eles voltassem ao sacramento da reconciliação"* (LA MENDOLA, 2020, p. 80). Na obra Vita di San Clemente, encontra-se o seguinte relato:

> O padre Clemente Hofbauer era como uma mãe muito terna em acolher e tratar seus penitentes. Ele sempre mostrou aos pecadores no confessionário a dignidade combinada com uma dilatação paterna e uma compaixão eviscerada, pois no coração daqueles que lhe confessavam, assim que se ajoelhavam diante dele, ele exercia uma força extraordinária repleta de gentileza (LA MENDOLA, 2020, p. 80).

Na *Monumenta Hofbaueriana* XIV, encontramos a seguinte afirmação sobre o comportamento do padre Clemente Hofbauer: *"O padre Clemente Hofbauer é um homem sensível e prático na maneira de conduzir os espíritos e a perspicácia"* (LA MENDOLA, 2020, p. 80). O padre Clemente Hofbauer criou um método adequado à situação vigente. Os critérios básicos adotados por ele contemplavam a brevidade, a paciência e o traço humano. Não escapava a simplicidade no falar e no aconselhar sem perder a ternura. A imediatez também contava muito. Nada de ir além do tempo necessário. A graça de Deus diante daqueles que se arrependem é muito mais veloz do que nossas interrogações. Como já disse: a confissão dos pecados era uma tarefa levada muito a sério pelo padre Clemente Hofbauer e seus confrades transalpinos.

A esse respeito, na obra *Vita di San Clemente*, temos a elucidativa declaração do redentorista padre Kràal, a respeito do *modus operandi* do padre Clemente Hofbauer no exercício do sacramento da reconciliação:

> Posso testemunhar, por sua própria experiência, que o servo de Deus foi breve nas instruções e avisos que ele deu no confessionário com amor paterno. Ele não deixou de ajudar os penitentes com perguntas bem pensadas e com advertências salutares, seguindo bem de perto a doutrina de Sant'Alfonso. O padre Clemente Hofbauer possuía o raro dom de instruir, corrigir, aconse-

> lhar e levar seus penitentes à mágoa e a um propósito sincero com poucas palavras; cada uma delas penetrava o coração daqueles que confessavam (LA MENDOLA, 2020, p. 81).

Na já mencionada *Monumenta Hofbaueriana* XIV, o Núncio expressou um julgamento bastante claro nesse sentido: *"O padre Clemente Hofbauer é tão zeloso quanto prudente e tem a graça de Deus para converter as pessoas que infelizmente não a conhecem com fé santa"* (LA MENDOLA, 2020, p. 81). Na mesma obra, anteriormente citada, encontramos o seguinte testemunho: *"Seu equilíbrio e contenção são atestados por muitas pessoas. Ele era indulgente ao impor a penitência sacramental, especialmente quando sabia que o penitente estava por disposição divina incomodado"* (LA MENDOLA, 2020, p. 81). Os testemunhos a respeito do *modus vivendi et operandi* do padre Clemente Hofbauer, durante o exercício do sacramento da penitência, deixam transparecer, com bastante clareza, as qualidades humanas de São Clemente M. Hofbauer. A saber: *"a pedagogia do cuidado espiritual, a intuição, a capacidade de introspecção psicológica e a capacidade de exercitar a práxis da maiêutica"* (LA MENDOLA, 2020, p. 81).

Na obra *Vita del Beato Clemente*, encontra-se o seguinte testemunho: *"Oh, como ele se alegrava quando as almas se confiavam a seus cuidados; com muito amor ele ia ao encontro das almas penitentes. Com quanta ternura e carinho paterno os homens recorriam ao seu peito"* (LA MENDOLA, 2020, p. 81). Testemunhas afirmam que a altura, a robustez física e a austeridade da aparência do padre Clemente Hofbauer não o impediam de falar com as pessoas com, segundo E. Hosp, em sua obra *Il santo della preghiera e dell'azione*, *"voz pacata e amorosa. Com gestos expressivos ele externava sua bondade juntamente com uma delicadeza incomum de sentir"* (LA MENDOLA, 2020, p. 81). Os penitentes se sentiam bem-vindos, acolhidos e compreendidos pelos Redentoristas da igreja de San Bennone. Na relevante obra acima citada, temos testemunhos que nos informam que de fato *"os pecadores que recorriam à igreja de San Bennone para se confessarem sentiam-se atraídos não somente pela palavra do padre Clemente Hofbauer, mas, também, eram atraídos por seu olhar"* (LA MENDOLA, 2020, p. 81-82). Palavras e, sobretudo, um olhar de ternura faziam os penitentes irem até o confessionário. Ajoelhados nos pés do padre Clemente Hofbauer, os penitentes confessavam com profundo arrependimento os pecados cometidos e todos saíam agradecidos e confortados pela graça divina.

O padre Clemente Hofbauer colocava-se à disposição de todos os penitentes. Com pedagogia e amor ele procurava tranquilizar o penitente e o ajudava a se libertar de todo e qualquer tipo de constrangimento de não se sentir entendido. Outros elementos que emergem dos mais variados testemunhos ressaltam, segundo La Mendola, as seguintes qualidades do Pe. Clemente Hofbauer no confessionário: "*paciência, serenidade ao fazer as necessárias abordagens, facilidade para estabelecer bons relacionamentos. A tipologia dos penitentes era muito variada. Vinham se confessar na Igreja de San Bennone fiéis de todas as esferas sociais*" (LA MENDOLA, 2020, p. 82). E. Hosp, na obra *Il santo della preghiera e dell'azione*, informa-nos que

> o padre Clemente Hofbauer tinha como filhos espirituais representantes de todas as classes sociais: pessoas simples do meio do povo e pessoas da alta nobreza; pessoas instruídas e membros do clero, que mais tarde também chegaram ao episcopado, professores de universidades como Zangerle e Ziegler, o bispo missionário Monsenhor Baraga e muitos outros (LA MENDOLA, 2020, p. 82).

A humanidade de nosso estimado e respeitado confrade São Clemente M. Hofbauer, segundo o padre La Mendola,

> manifestou-se diante dos penitentes que foram afetados pela doença espiritual do escrúpulo. Seguindo os ensinamentos de Sant'Alfonso, São Clemente M. Hofbauer lidou com competência e delicadeza com as consequências de um distúrbio difícil de lidar e administrar: o escrúpulo; revelando-se assim um profundo conhecedor do homem e de sua psique (LA MENDOLA, 2020, p. 82).

Na obra *Vita del Beato Clemente*, um empolgante e sincero testemunho nos diz que

> o padre Clemente Hofbauer demonstrou ser um consolador de almas angustiadas e pusilânimes, e possuía um grau eminente de sigilo para acalmar e curar os escrupulosos, como, por exemplo, o padre Federico Rinn. Apenas alguns desses escrupulosos o padre Clemente Hofbauer não conseguiu curar. Mas, para com todos eles, ele exerceu sua paciência de forma suficiente e heroica (LA MENDOLA, 2020, p. 82).

O padre Clemente Hofbauer foi de fato um Redentorista de alto quilate. Sua vida e missão redentoristas muito nos inspiram. De onde vem toda essa sua eficácia para tratar do penitente e principalmente dos escrúpulos? Nas palavras do padre La Mendola,

> a eficácia do método não foi apenas o resultado de suas qualidades humanas, colocadas a serviço da missão. Mas uma consequência de seu conhecimento da teologia moral de Sant'Alfonso e de sua longa experiência no ministério sacerdotal (LA MENDOLA, 2020, p. 82).

Acompanhamento e Direção Espiritual

O padre Clemente Hofbauer, como já é de nosso conhecimento, não perdia tempo, principalmente quando o que estava em jogo era a vida das pessoas. O ministério da reconciliação, por exemplo, estava intimamente ligado com o acompanhamento e a direção espiritual dos fiéis que a ele recorriam no confessionário, e em algum outro lugar. Na *Monumenta Hofbaueriana*, encontra-se o testemunho do pároco de Babenhusia que diz que o padre Clemente Hofbauer era conhecido pelo povo e chamado de "*senhor pai espiritual*" (LA MENDOLA 2020, p. 83). O padre Clemente Hofbauer, nesta área do acompanhamento e direção espiritual dos fiéis, foi um Redentorista excepcional. A esse ministério ele não hesitou em demonstrar seus dons naturais, sua capacidade empática e sua intuição. A serviço da missão redentorista transalpina ele externou sua paternidade espiritual com simplicidade, afeto e discrição.

Gastar os dias em prol da redenção foi uma máxima vivida pelo padre Clemente Hofbauer durante toda a sua vida na Congregação do Santíssimo Redentor. Os carismas espirituais do padre Clemente Hofbauer iam ao encontro de sua humanidade madura e equilibrada. Afirma o padre La Mendola que

> o padre Clemente Hofbauer compreendeu o esforço e o compromisso exigidos daqueles que embarcaram no caminho da santidade. Por esse motivo, ao apontar os objetivos e as metas a serem alcançadas, ele encorajou e acompanhou seus fiéis com grande

> humanidade. Ele abominou a severidade, o frio e o desumano e todos os tipos de formalidades (LA MENDOLA, 2020, p. 83).

O padre Clemente Hofbauer conhecia e aplicava, como ninguém, as regras da gratuidade e da moderação. Para ele o compromisso de servir a Deus, ajudando os mais pobres e abandonados, era algo muito sério. Ele não apreciava os falsos e exagerados fervores. Nesse sentido, o padre Clemente Hofbauer era muito cuidadoso e zeloso. Com seriedade e objetividade, ele ajudava seus fiéis a trilharem o caminho espiritual, sem perder de vista a humanidade pessoal e, também, a humildade. Informa-nos o padre La Mendola que o padre Clemente Hofbauer, sem nunca perder a ternura e a paciência no trato com as pessoas, fossem elas quem fossem,

> preferiu guiar seus fiéis por caminhos comuns, ensinando as almas favorecidas por dons particulares e escondê-las sob o véu da humildade. E a essas pessoas particularmente favorecidas ele não poupou a humilhação necessária para a aquisição da humildade, ligada à prática de São Filipe Neri e à espiritualidade de seu tempo (LA MENDOLA, 2020, p. 83).

O padre Clemente Hofbauer tinha o dom da discrição e da percepção. Fazendo sempre uso de palavras simples e de uma rica e abundante paciência e ternura, ele conseguia amolecer o coração de seus penitentes enrijecido pelo pecado, pela desesperança e pelos mais variados tipos de decepções. Todos os penitentes conheciam o amor, a ternura e a paciência do padre Clemente Hofbauer. Por isso ele era muito procurado, especialmente por homens e mulheres que queriam fazer discernimento vocacional. Atesta-se também que ele era muito procurado por religiosos e religiosas que se encontravam em crise vocacional. Informa-nos La Mendola que

> o Cardeal Rausher, vários redentoristas, freiras ursulinas, leigos e leigas, testemunham nos processos relatando os detalhes de suas histórias vocacionais. O testemunho da Superiora da Visitação de Gleink, Irmã Thérése Scarfenberger, relata em uma carta datada em 13 de março de 1865 de forma emocionante e convincente o dom de discernimento do padre Clemente Hofbauer e todas as maravilhas feita por ele como padre espiritual (LA MENDOLA, 2020, p. 83).

Na obra *Vita di san Clemente*, lê-se que,

> a direção espiritual ministrada pelo padre Clemente Hofbauer também foi dirigida a famílias inteiras. Ele acompanhou, por exemplo, toda a família do filósofo Federico Schlegel, Secretário da Chancelaria do Estado, convertido ao cristianismo juntamente com sua esposa, Dorotea Mendelssohn, filha do célebre filósofo Mosé (LA MENDOLA, 2020, p. 84).

Ainda, na obra acima citada, os biógrafos da vida do padre Clemente Hofbauer apresentam uma carta escrita pela própria Dorotea Mendelssohn a seu pai e amigo espiritual, que nos permite, hoje, *"vislumbrar com o vínculo de amizade e confiança espiritual estabelecido entre o padre Clemente Hofbauer e seus filhos e suas filhas espirituais"* (LA MENDOLA, 2020, p. 84). Segundo o padre La Mendola, o padre Clemente, por meio de Federico Schlegel,

> entrou em contato com as principais figuras políticas que desempenharam um papel de liderança no Congresso de Viena, muitas das quais estavam sob sua liderança. O padre Clemente Hofbauer aproveitou dessa densa rede de relacionamento para formar consciências cristãs e orientar as escolhas e posições dos homens que deram sua contribuição ao movimento cultural do romantismo e restauração católicos (LA MENDOLA, 2020, p. 84).

Nesse ambiente de influência política e social o padre Clemente Hofbauer não perdeu tempo. Ele atendeu a confissão de muitos e dirigiu espiritualmente, quando eram Núncios Apostólicos em Viena, os Cardeais Severoli e Lenandri Giuseppe; Otmaro de Rauscher, *"que foi Cardeal Arcebispo daquela Capital que confiava plenamente na direção espiritual ministrada pelo padre Clemente Hofbauer. O mesmo ele fez com Romano Zängerle, professor de teologia da Universidade"* (LA MENDOLA, 2020, p. 84). Todas as autoridades políticas e religiosas obedeciam e respeitavam muito o padre Clemente Hofbauer. Todos conheciam e degustavam de sua alma transbordante de bondade, paciência e amor. O padre Clemente Hofbauer era muito respeitado pelos mais pobres e abandonados e, também, segundo La Mendola, por homens influentes de seu tempo. A saber: *"O capelão da*

Corte Federico Rinn, Barão Buchholz, historiador do Imperador Ferdinando I e especialmente o príncipe herdeiro da Baviera, que mais tarde foi rei sob o nome de Lodovico I" (LA MENDOLA, 2020, p. 84).

Diante dos fatos mencionados, a respeito da ação apostólica do padre Clemente Hofbauer, somos levados a afirmar que, de fato, ele foi um Redentorista extraordinário que esteve à frente de seu tempo, e a mim parece estar ele bem além de nosso tempo. O padre Clemente Hofbauer, homem da oração e da ação, foi um relevante protagonista na história da Igreja na Áustria. Com determinação e coragem, envolveu-se nas questões fundamentais da vida eclesial e no processo de reforma. Com seu jeito simples e sua persistência, influenciou o comportamento das pessoas nos mais variados contextos sociais. Conhecido por todos, pobres e ricos, o padre Clemente Hofbauer desenvolveu com eficácia sua ação pastoral e seu papel político na sociedade austríaca. Seu *modus operandi et vivendi*, nas palavras de La Mendola, *"atingiu todas as áreas da sociedade vienense, permeando-a com valores cristãos e com um forte desejo de renovação"* (LA MENDOLA, 2020, p. 85). Na obra Vita di San Clemente, diz o biógrafo: *"Nunca mais terminaríamos se quiséssemos relatar a longa lista de estudantes universitários, funcionários, oficiais do exército e muitos outros personagens que tiveram nosso Santo como confessor e guia espiritual"* (LA MENDOLA, 2020, p. 85).

Na obra *Vita di San Clemente*, encontra-se o seguinte registro:

> O padre Clemente Hofbauer deu sua notável contribuição para a reforma da Igreja, começando com a reforma das consciências. Ele trabalhou para restaurar a confiança dos fiéis, ao aproximar-se da direção espiritual, desmembrando com sua benevolência paterna a imagem austera e sombria da vida espiritual, introduzida pelos movimentos de matriz jansensiana, que desequilibravam o caminho cristão com práticas penitenciais excessivas, impondo um ascetismo rigoroso reservado para poucos privilegiados (LA MENDOLA, 2020, p. 85).

A. Alimento, em sua obra *La direzione spirituale giansenista*, informa-nos que

> a direção espiritual jansenista, teorizada e praticada na França, nos séculos XVII e XVIII, de maneira diferente, embora com ên-

> fases diferentes, espalhou-se para outras áreas geográficas europeias, por meio de ordens e congregações religiosas e obras espirituais impressas. Esse processo teve vantagens indiscutíveis com a supressão da Companhia de Jesus, que representava o único baluarte e a única alternativa real às teorias rigoristas (LA MENDOLA, 2020, p. 85).

Comparado com Judeus e Protestantes

A atividade pastoral exercida pelo padre Clemente Hofbauer e seus confrades dirigia-se principalmente aos cristãos católicos da cidade e das periferias. Entretanto não somente ou exclusivamente a eles. Segundo o padre La Mendola,

> o padre Clemente Hofbauer e seus confrades transalpinos, com espírito missionário, olharam bem mais além do universo cristão católico. Eles olharam para as pessoas que estavam distantes e que, por sua vez, estavam separadas da Igreja Católica. O ambiente em que os Redentoristas transalpinos começaram a pregar o Evangelho não era uniforme, nem do ponto de vista civil nem do ponto de vista religioso (LA MENDOLA, 2020, p. 86).

Varsóvia era um grande centro urbano. Um centro estratégico intelectual e econômico com todas as outras principais cidades da época. Em Varsóvia, havia pessoas de vários lugares. Nela havia também vários grupos étnicos nacionais, com suas bagagens, suas tradições e, sobretudo, com sua fé religiosa. Esse elemento religioso marcou fortemente a identidade da cidade de Varsóvia. Em Varsóvia havia, segundo La Mendola, *"uma das mais numerosas comunidades hebraicas da Europa, que constituía uma ponte entre a Rússia e o resto da Europa"* (LA MENDOLA, 2020, p. 86). Mas a maior parte era composta pelos filhos e pelas filhas da terra. Lembra-nos La Mendola que, *"em todo o distrito de Varsóvia, tinha a presença de judeus. Em alguns momentos eles chegaram a atingir a marca de dois milhões. Os judeus tinham na cidade de Varsóvia um papel bem definido"* (LA MENDOLA, 2020, p. 86). Ainda, segundo La Mendola, os judeus residentes em Varsóvia *"construíram sinagogas, escolas e hospitais; eles administravam lojas de artesanatos, grandes empresas e bancos.*

Eles estavam envolvidos com profissões independentes. Muitos deles eram artistas" (LA MENDOLA, 2020, p. 86). Nesse período, os judeus viveram momentos regidos ora pela serenidade, ora pela tensão e intimidação. M. Buber, na obra *Le storie di Rabbi Nachman*, define esse momento dos judeus em Varsóvia como *"hostis e desdenhosos"* (LA MENDOLA, 2020, p. 86).

A. Demandt, em sua obra *Piccola Storia del mondo*, informa-nos que *"as autoridades estatuais não tiveram uma atitude unívoca em relação à presença dos Judeus na cidade de Varsóvia. Tanto que, em 1781, um decreto de tolerância foi emitido contra judeus e protestantes"* (LA MENDOLA, 2020, p. 86). N. Davies, na obra *Storia d'Europa*, informa-nos que,

> posteriormente, no entanto, as partições da Polônia, que ocorreram sucessivamente em 1772, 1793 e 1795, comprometeram a estabilidade da comunidade judaica, que teve um momento de crise, começando em 1806, e foi desestabilizada pelos administradores prussianos da cidade, que adotaram medidas restritivas contra a comunidade judaica, como, por exemplo, a redistribuição de sobrenomes e as tentativas de confinamento ou expulsão, que não ocorreram, devido à guerra com a França (LA MENDOLA, 2020, p. 86-87).

R. Calimani, na obra *Storia del pregiudizio contro gli Ebrei, Antigiudaismo, Antisemitismo, Antisionismo*, informa-nos que *"a comunidade era muito apegada a suas tradições culturais e religiosas. Daí a comunidade judaica se organizou para se defender de todas as tentativas de adulteração cultural e religiosa impostas pelos cristãos"* (LA MENDOLA, 2020, p. 87). Nesse exato momento histórico, Varsóvia havia se tornado um reduto do hassidismo ou chassidismo, um movimento místico, que segundo M. Ghiretti, na obra *Storia dell'antigiudaismo e dell'antisemitismo*, *"se distinguia por uma forte aversão a qualquer expectativa messiânica, elemento que sustentava a forte identidade polonesa"* (LA MENDOLA, 2020, p. 87). Essa intolerância cultural e religiosa e a dificuldade de conviver com a ambivalência cultural, religiosa e étnica alimentou tensões e fomentou o ódio contra o *outro diferente*.

Ainda, nesse exato momento histórico, marcante na cidade de Varsóvia, havia também o grupo religioso formado pela comunidade protestante que, em grande parte, segundo la Mendola, *"era de língua e cultura alemã"* (LA MENDOLA, 2020, p. 87). Ainda, segundo La Mendola, *"os protestantes iniciaram uma intensa campanha de proselitismo, por todos os meios de propaganda, reprimida entre compatriotas católicos alemães privados de assistência religiosa eficiente*" (LA MENDOLA, 2020, p. 87). Na *Monumenta Hofbaueriana* V, o Redentorista Giovanni Giuseppe Sabelli (1781-1863) assim descreve a situação protestante em Varsóvia:

> Os últimos protestantes sob o governo da Prússia haviam aumentado muito. Tanto que eles construíram sua igreja no coração da Capital – Varsóvia, e foram chamados de evangélicos, ou seja, Luteranos. Eles, ao contrário das outras correntes protestantes, não criaram nenhum sistema próprio, senão protestar constantemente contra tudo o que estava em conflito com seus diferentes sentimentos, vidas e negócios (LA MENDOLA, 2020, p. 87).

Os protestantes, principalmente os de língua e cultura alemã, segundo La Mendola, "*eram favorecidos por políticas imperiais, hostis ao clero e a Roma. Sua hegemonia econômica vinha de atividades comerciais e artesanais*" (LA MENDOLA, 2020, p. 87). Às vezes, acontecia de católicos frequentarem o culto protestante e vice-versa, sem distinção. As atitudes dos protestantes com os católicos tendiam essencialmente à tolerância. A *Monumenta Hofbaueriana* informa-nos que "*embora os protestantes, sendo na época soberanos, eles eram muitos mais tolerantes à religião católica dominante do que os próprios católicos franceses*" (LA MENDOLA, 2020, p. 87-88). O padre Clemente Hofbauer encontrou nesse clima de tensões e hostilidades rivalidades religiosas e culturais. Lembra-nos La Mendola que "*o padre Clemente Hofbauer foi muitas vezes confundido com protestante por causa de sua língua alemã. Alguns protestantes frequentavam a igreja de San Bennone. Eles se sentiam atraídos pela boa música e pelas suntuosas celebrações*" (LA MENDOLA, 2020, p. 88).

Em uma outra parte da *Monumenta Hofbaueriana* V, sobre a ida dos protestantes à igreja de San Bennone, encontramos o seguinte texto:

> Os protestantes imediatamente entenderam que uma devoção alemã à música era praticada com frequência na igreja de San Bennone. Motivados pela curiosidade eles pouco a pouco iam chegando. Só que, antes da música tão desejada de ser ouvida, acontecia o sermão do padre Clemente Hofbauer. Em seguida ao sermão, colocava-se a tal desejada música (LA MENDOLA, 2020, p. 88).

Segue o texto da *Monumenta Hofbaueriana* V, informando-nos que,

> enquanto esperavam, os visitantes olhavam para cima e vendo toda a beleza da igreja de San Bennone ficavam admirados, encantados com os adornos e a festividade litúrgica. Reverências e devoções não faltavam dentro da igreja de San Bennone. Assim, os protestantes visitantes eram levados a se conformarem a ela, pelo menos externamente. Muitos acabavam dando, também, atenção nas palavras do padre Clemente Hofbauer ditas durante sua pregação. A música, tão desejada e esperada pelos protestantes, sempre acontecia mais tarde, depois do sermão (LA MENDOLA, 2020, p. 88).

O trabalho dos Redentoristas na igreja de San Bennone era bem intenso. Todos estavam muito empenhados e seguiam as orientações do padre Clemente Hofbauer. Na Missa, durante a pregação, sobretudo quando havia protestantes presentes, os Redentoristas faziam perguntas sobre a história da salvação. Aproveitando, assim, o momento para aprofundar a exegese do Antigo e do Novo Testamentos. Assim eles iam despertando o interesse em alguns e a perplexidade em outros. Todos os Redentoristas estavam abertos ao debate e prontos para esclarecerem as dúvidas que fossem surgindo. Eles sempre davam espaço para as controvérsias. Dessa práxis pedagógica surgiram muitas abordagens e intensos debates. Segundo La Mendola, *"essas abordagens e confrontos, entre protestantes e religiosos abriram caminho para uma série de reuniões e debates sistemáticos"* (LA MENDOLA, 2020, p. 88). A esse respeito informa-nos o Redentorista Giovanni Giuseppe Sabelli na *Monumenta Hofbaueriana* V:

> A seis passos do Colégio ao lado, havia ainda outras casas. Isto é, pequenas escolas que foram construídas desde o início. Mas, por causa de sua proximidade, conveniência e publicidade foram destinadas a um uso mais importante, ou seja, para a instrução dos Judeus, de seus rabinos e protestantes estrangeiros (LA MENDOLA, 2020, p. 88).

Recorda-nos La Mendola que a casa dos Redentoristas *"tornou-se um local de encontro, uma referência para os vários grupos existentes na cidade"* (LA MENDOLA, 2020, p. 88). O padre Clemente Hofbauer e seus confrades, sempre atentos e solícitos, planejaram com muito cuidado uma pastoral de boas-vindas com o objetivo de discutir e compartilhar ideias, comuns ou não, sempre com base no respeito e no propósito apostólico. O padre Clemente Hofbauer preparou sua comunidade para acolher, com fraternidade, segundo La Mendola, *"os cristãos de outras confissões na Igreja, principalmente judeus com o propósito de convertê-los"* (LA MENDOLA, 2020, p. 89). Ainda, segundo La Mendola, *"a iniciativa dos Redentoristas, à luz do pensamento e visão de mundo e de Igreja do padre Clemente Hofbauer, foi bastante eficaz e completamente nova para a época. Até então essa visão ecumênica era incomum e impensável na Igreja"* (LA MENDOLA, 2020, p. 89). Os Redentoristas transalpinos, nas pequenas casas-escolas, acolhiam e ensinavam pessoas de ambos os sexos e de várias profissões religiosas. Todos eram bem acolhidos. E, às vezes, acontecia de ter novas profissões de fé.

O padre Clemente Hofbauer e seus confrades transalpinos eram, claro, muito cuidadosos e zelosos quando o assunto era, evidentemente, a reintegração das pessoas de outras religiões na Igreja Católica. Por isso a reintegração dessas pessoas, na Igreja Católica, foi de forma gradual para não constranger os novos convertidos, sobretudo em seu relacionamento e sua convivência com seus familiares. Com certeza, os neoconvertidos ao catolicismo eram perseguidos e incompreendidos por seus parentes e amigos. Por isso os Redentoristas aceitavam fazer essas novas profissões de fé em segredo. Lembra-nos o padre La Mendola que, nesse contexto de ecumenismo, o padre Clemente Hofbauer *"revelou uma extraordinária capacidade de se adaptar às várias situações e elasticidade mental, que, por si só, expressavam a modernidade de seu pensamento. Com sapiência ele soube lidar com o diálogo inter-religioso e interconfessional"* (LA MENDOLA, 2020, p. 89). Segundo a Monumenta Hofbaueriana, *"Autoridades Eclesiásticas polonesas e os Núncios Apostólicos afirmaram que aqueles protestantes que se converteram em Viena foram frutos do trabalho e da conquista do padre Clemente Hofbauer e do exemplo do Sr. Schlegel"* (LA MENDOLA, 2020, p. 89).

A conversão dos judeus era bem mais complexa do que a conversão dos protestantes. Ela exigia uma estratégia diferente. Sensível a tal questão, o padre Clemente Hofbauer, cheio de zelo e fervor, ia ministrando seus ensinamentos de forma pedagógica e com muita calma. O diálogo inter-religioso é algo muito delicado. Tem de ter muita prudência para não pôr tudo a perder. Tem de focar naquilo que é mais comum e não naquilo que é diferente. Esse discernimento e essa compreensão só são possíveis à luz do Espírito Santo. Os judeus e seus rabinos exigiram uma atenção a mais do padre Clemente e seus confrades transalpinos. Entre os judeus, alguns mais outros menos, recusavam-se a participar das discussões, dos debates inter-religiosos. O padre Clemente tinha um bom conhecimento bíblico e também da cultura judaica. Isso ajudou muito no processo de conversão dos judeus para o cristianismo católico. Na *Monumenta Hofbaueriana*, V, encontramos o seguinte testemunho do Redentorista Giovanni Giuseppe Sabelli:

> Na outra sala da mesma casa, o ensino da divindade da fé católica foi feito aos judeus, pelo órgão do R. P. Nicolaus Lenior Schwartz, da nação francesa e professor de língua hebraica. Sua conversão foi iluminada com muito zelo. Quando o assunto era a conversão de um judeu e seus rabinos, o padre Clemente Hofbauer tinha muita paciência, cautela e muito diálogo (LA MENDOLA, 2020, p. 90).

Continua o testemunho do Redentorista Giovanni Giuseppe Sabelli:

> Os rabinos, conhecendo bem a insistência e o poder de persuasão do padre Clemente Hofbauer, o tinham como o flagelo dos judeus, embora ele não fosse conhecedor da língua hebraica. O ensinamento do padre Clemente Hofbauer partia da explicação do famoso Talmud, no qual ele descobriu as confusões mais vergonhosas que eles professavam. O padre Clemente Hofbauer sempre recorria às Sagradas Escrituras. Dessa maneira ele ia apresentando o verdadeiro Messias. Daí ele os instruía e pedia a eles que professassem a fé do coração e recebessem o Batismo (LA MENDOLA, 2020, p. 90).

O padre Clemente Hofbauer tinha um profundo conhecimento da Sagrada Escritura. Esse conhecimento o ajudou muito, até porque ele não tinha domínio sobre a língua hebraica, a confrontar com os rabinos, muito conhecidos por causa de seu conhecimento meticuloso dos textos contidos na Sagrada Escritura. O conhecimento do *outro diferente*, e de sua respectiva cultura, era para o padre Clemente Hofbauer uma *conditio sine qua non*. Sem o devido conhecimento, não se pode evangelizar de forma nova e criativa. Toda evangelização que ignora a importância do conhecimento do *outro diferente* e de sua respectiva cultura é perigosa. A missão apostólica do padre Clemente Hofbauer junto aos judeus nem sempre teve resultados duradouros. Não era tão simples não ser judeu dentro de uma comunidade judaica. A pressão, principalmente dos avós e dos pais, era muito grande.

Assim, diz o padre La Mendola: *"Os judeus convertidos (aliás, conversos) tiveram dificuldade de abandonar o culto de seus pais, que secretamente continuavam praticando em suas casas, participando semanalmente do culto católico"* (LA MENDOLA, 2020, p. 90). A esse respeito informa-nos a *Monumenta Hofbaueriana*: *"Com os judeus eles celebravam no Sábado e com os cristãos, aparentemente, aos Domingos, pelos quais eram os judeus 'convertidos' odiados pelos judeus e pelos cristãos"* (LA MENDOLA, 2020, p. 90). C. Henze, em sua obra *Un ex-aluno apóstata*, informa-nos a respeito da *"conversão do jovem judeu Joseph Wolf (1795-1862), filho de um conhecido rabino de Halle, especialista em línguas hebraicas e orientais"* (LA MENDOLA, 2020, p. 91). A conversão desse jovem e talentoso judeu foi bastante atormentada. Ele, não somente se converteu ao cristianismo católico, mas, tomou a decisão de se tornar Redentorista. A correspondência relativa à história desse jovem judeu pode ser encontrada na Monumenta Hofbaueriana XIV, 67-89. Esse processo de conversão e entrada desse jovem judeu na Congregação do Santíssimo Redentor foi acompanhado, segundo La Mendola, *"pela Santa Sé através de seus canais de informação diplomática, para evitar o perigo iminente de que o jovem convertido pudesse ser sequestrado por uma sociedade secreta ou seitas protestantes"* (LA MENDOLA, 2020, p. 91). Há uma densa correspondência entre os Núncios europeus, que traz de forma detalhada a participação do padre Clemente Hofbauer na conversão do judeu Joseph Wolf, e posteriormente a participação do padre Passerat nesse processo de conversão e entronização do judeu convertido na Congregação Redentorista. A história do diálogo inter-religioso, no tempo do padre Clemente, foi emblemática e bastante corajosa e ousada pela época. Decepções e fracassos, evidentemente, não faltaram. No entanto não foram suficientes para desencorajar o padre Clemente Hofbauer. Ele foi, no tempo, o precursor do delicado e misterioso diálogo inter-religioso.

Levar em consideração todos esses aspectos acima abordados, ao longo desse nosso caminho de investigação, a respeito da experiência pastoral de São Clemente M. Hofbauer, e tentar relê-la para aplicá-la na atualidade fluida, em que tudo se transforma velozmente, quase que na velocidade da luz, é imprescindível que todos nós, Missionários Redentoristas, conscientizemo-nos a respeito do valor e de nossa missão redentorista em um mundo liquefeito. Esse nosso trabalho investigativo teve a preocupação de jogar um pouco mais de luz sobre um período da vida de São Clemente M.

Hofbauer até agora, segundo minha compreensão, pouco examinado e conhecido. Evidentemente, quando o assunto é São Clemente M. Hofbauer e sua missão apostólica nas terras transalpinas, uma infinidade de luzes ainda continuam apagadas. Ao longo desse nosso empreendimento vimos que algumas experiências foram, realmente, significativas e, posteriormente, segundo La Mendola, *"determinaram as escolhas pastorais feitas por São Clemente M. Hofbauer. Por exemplo: As peregrinações romanas, a experiência eremítica em Tivoli, a formação inicial, as comunidades redentoristas nas quais o Santo completou o noviciado e os estudos necessários para a ordenação sacerdotal"* (LA MENDOLA, 2020, p. 91).

Biógrafos, estudiosos redentoristas escreveram muitas coisas sobre São Clemente M. Hofbauer. Há uma extensa fonte documental, que pode ajudar-nos a descobrir muitas coisas desse nosso Redentorista que viveu intensamente sua consagração com seus confrades, colaboradores e fiéis em um mundo marcado e regido, de um lado, pelo laxismo imposto pelo Iluminismo e, do outro, regido pelo rigorismo imposto pelas ideias jansenistas. Com esse trabalho espero estar contribuindo para a abertura de novas possibilidades e interpretações a respeito de São Clemente M. Hofbauer, um Redentorista que viveu à frente de seu tempo, e quiçá, até mesmo de nosso tempo. São Clemente M. Hofbauer foi construindo ao longo de seu processo formativo seu perfil redentorista. Algumas figuras-chave redentoristas muito contribuíram com o crescimento vocacional, espiritual e missionário de São Clemente M. Hofbauer. Entre elas merece ser destacada, por causa de sua visão de mundo e postura expansionista e futurista, o segundo Superior Geral da Congregação Redentorista, o padre Francesco Antonio De Paola (1736-1814). Esse missionário Redentorista marcou profundamente a vida de São Clemente M. Hofbauer no seminário e, posteriormente, durante toda a sua vida missionária na Congregação Redentorista. Os dois se tornaram grandes amigos.

No segundo momento de nosso trabalho investigativo, a respeito da experiência pastoral de São Clemente M. Hofbauer, recorremos às fontes biográficas e documentais que se encontram registradas na *Monumenta Hofbaueriana*. Essas fontes de informação nos ajudam a compreender o *modus operando et vivendi* dos Redentoristas, sempre à luz das orientações de São Clemente M. Hofbauer, em Varsóvia e Viena: A Cidade das Luzes. Segundo o padre La Mendola, foi em Varsóvia e Viena que *"São Clemente*

M. Hofbauer deixou emergir seu espírito missionário e sua identidade carismática em perfeita harmonia com a comunidade e a Congregação Redentorista" (LA MENDOLA, 2020, p. 92). São Clemente M. Hofbauer fez muitas coisas além de seu tempo. Entretanto ele nunca perdeu a unidade com a Congregação Redentorista e seu respeito por Sant'Alfonso e seus demais confrades napolitanos. Lembra-nos, uma vez mais, La Mendola que

> na análise da atividade pastoral multifacetada de São Clemente M. Hofbauer, algumas escolhas pastorais foram destacadas. Tais como: a centralidade do papel da liturgia na vida cristã, a promoção de algumas devoções específicas e os critérios pastorais que acompanharam, a importância dada ao ministério da reconciliação e direção espiritual (LA MENDOLA, 2020, p. 92).

São Clemente M. Hofbauer dedicou-se profundamente as suas atividades pastorais. Todas eram para ele uma via de salvação. Um meio de fazer chegar a todos, principalmente aos mais pobres e abandonados, o amor de Deus externado, visualizado e concretizado na pessoa de Jesus Cristo: O Redentor de todos nós. Mas, sem querer desmerecer as outras atividades apostólicas, São Clemente M. Hofbauer dedicou-se incansavelmente à pregação do Evangelho. Para tudo ele usava o Evangelho. Estudava, lia várias vezes o texto bíblico. Depois ele se punha de joelhos e rezava. Segundo ele, essa era a melhor maneira de preparar uma boa homilia. A pregação do Evangelho foi, sem dúvida, considerada, segundo La Mendola, *"a principal atividade apostólica de São Clemente M. Hofbauer"* (LA MENDOLA, 2020, p. 92). Métodos inovadores, criados por São Clemente M. Hofbauer, nas palavras de La Mendola, *"implementaram o trabalho de mediação social e o diálogo inter-religioso com judeus e protestantes"* (LA MENDOLA, 2020, p. 92).

São Clemente M. Hofbauer viveu tempos difíceis. Nem por isso ele deixou de ser, juntamente com seus confrades transalpinos, um homem de esperança. Seu rosto sisudo e sua postura introspectiva não eram suficientes para barrar o amor que transbordava de dentro de seu coração e ir ao encontro das pessoas, principalmente as mais simples e abandonadas pela sociedade austríaca. São Clemente M. Hofbauer não omitiu, em nenhum momento, sua opinião sobre as condições ambientais, culturais, sociais e eclesiais de seu tempo. Envolvia-se com tudo e relacionava-se com todos. Fazendo uso de estratégicas apostólicas inovadoras e criativas, ele ia se opondo ao pensamento jansenista e iluminista – em seu significado anticristão e anticlerical. Com a mesma disposição e convicção, São Clemente M. Hofbauer se opôs, segundo La Mendola, *"às reformas impostas pelo josefismo, defendeu a liberdade da Igreja diante de projetos que tendiam a enfraquecer sua estrutura e isolá-la da comunhão com a catolicidade"* (LA MENDOLA, 2020, p. 92).

São Clemente M. Hofbauer foi um Redentorista de perfil emergente, que apresentou em seu tempo características interessantes e muito originais. Recorda-nos o padre La Mendola que São Clemente M. Hofbauer, com *"elasticidade mental, espírito de adaptação, aberturas pastorais dignas de nota, escolhas audaciosas e muitas vezes contracorrentes, capacidade de animar e coordenar uma comunidade missionária, internacional e multicultural no ministério"* (LA MENDOLA, 2020, p. 92), encantou o coração de muitos e levou outros tantos para Deus. São Clemente M. Hofbauer assumiu as conotações e as características de um reformador da vida cristã. Ele acreditava nas Missões Populares como um *modus operandi* seguro para formar novas consciências e reconstruir o tecido comunitário dilacerado pelas ideias iluministas e jansenistas. Empenhado na renovação espiritual de seus fiéis, São Clemente não economizou esforços. Fiel a sua profissão religiosa e intimamente ligado com as linhas carismáticas da Congregação Redentorista, São Clemente M. Hofbauer colocou seus dons a serviço da missão, alcançando, assim, segundo La Mendola, *"resultados notáveis"* (LA MENDOLA, 2020, p. 93). Esses notáveis resultados alcançados por São Clemente M. Hofbauer vieram também, evidentemente, segundo La Mendola, *"por causa de sua extraordinária capacidade de envolver sua comunidade religiosa"* (LA MENDOLA, 2020, p. 93).

Nesse sentido, São Clemente M. Hofbauer, seria imprudente de nossa parte negar, ou mesmo subestimar, tornou-se, nas palavras do padre La Mendola, *"o intérprete de uma nova maneira de viver a missão redentorista, lançando as bases para o futuro da Congregação Redentorista na Europa e no Mundo"* (LA MENDOLA, 2020, p. 93). Dado o exposto, somos levados a acreditar que São Clemente M. Hofbauer foi e continuará sendo um Redentorista relevante. Com São Clemente M. Hofbauer nós, Redentoristas do atual mundo líquido-moderno, somos chamados a pregar não somente com a boca, mas, sobretudo com as mãos, o Evangelho de Jesus Redentor no *"mundo ferido"*. Portanto despertemos nossa autoconsciência, a compreensão e a responsabilidade individuais, a fim de promover a autonomia e a liberdade, para compreender melhor como funciona o mundo líquido-moderno e nele continuar anunciando, evidentemente, *"de modo sempre novo"* o Evangelho de Jesus Redentor. À luz dos princípios inspiradores e ousados da Reestruturação para a missão, cada um de nós, Missionários Redentoristas, somos chamados a uma conversão radical e a uma renovação profética para que o espírito de nossa missão, à luz de nosso carisma fundante, seja de fato um *modus operandi et vivendi* libertador e fecundo, a exemplo de São Clemente M. Hofbauer, seus confrades e colaboradores transalpinos.

Palavras-chave

Missão Permanente. Pecado. Reconciliação. Conversão. Constituições e Estatutos. Testemunho. Acompanhamento. Direção Espiritual. Espiritualidade. Confrontos. Judaísmo. Cristianismo. Protestantismo. Ecumenismo. Diálogo inter-religioso. Perseguição. Conhecimento. Cultura. Outro diferente. Formação. Disponibilidade missionária.

Questões para refletir e melhorar

1. As Missões Populares, pregadas por nós, Missionários Redentoristas, ainda são por nós compreendidas como uma *conditio sine qua non* de nossa sobrevivência?
2. Quem são os de *"dentro"* e quem são os de *"fora"* de nossa comunidade religiosa?
3. Quais são os limites de sua comunidade religiosa?
4. Sua comunidade tem feito investimentos na formação permanente de seus membros?
5. As atividades pastorais em sua comunidade são um trabalho de todos ou, somente, de alguns?
6. Em sua comunidade, os objetivos estão acima dos objetivos pessoais ou individuais? Em sua comunidade religiosa tem-se dado mais atenção às pessoas reais ou aos *"amigos"* virtuais? Você participa dos acontecimentos diários de sua comunidade ou fica sempre na defensiva, curtindo as agonias solitárias? E as causas comuns? A quantas andam? Tem tido acompanhamento ou direção espiritual? Acha isso importante? Sim? Não? Por quê?

Bibliografia

A. ALIMENTO. *La direzione Spirituale giansenista, in La direzione spirituale tra medioevo ed età moderna, Percorsi di ricercar e contesti specifici*, a cura de M. Catto, Bolonha 2004, p. 71-103. Apud LA MENDOLA, Vincenzo. *La proposta pastorale di San Clemente Hofbauer*. In: SHCSR 68 (2020), p. 85.

A. DEMANDT. *Piccola Storia del mondo,* Roma, 2004, p. 193; *E. CAMPI – M. RUBBOLI, Protestantesimo nei secoli, Fonti e documenti*, 2 (Settecento) Torino, 1997, p. 150-153. Apud LA MENDOLA, Vincenzo. *La proposta pastorale di San Clemente Hofbauer*. In: SHCSR 68 (2020), p. 85.

BAUMAN, Zygmunt. *Modernidade Líquida*. Tradução, Plínio Dentzien. Rio de Janeiro: Jorge Zahar Ed., 2001, p. 35, 54, 226, 228-230.

Codex Regularum et Constitutionum, p. 50-51. Apud LA MENDOLA, Vincenzo. *La proposta pastorale di San Clemente Hofbauer*. In: SHCSR 68 (2020), p. 79.

E. HOSP. *Il santo della preghiera e dell'azione*, p. 38, 158. Apud LA MENDOLA, Vincenzo. *La proposta pastorale di San Clemente Hofbauer*. In: SHCSR 68 (2020), p. 81-82

G. HEINZMANN. *Una evangelizzazione nuova*, p. 67. Apud LA MENDOLA, Vincenzo. *La proposta pastorale di San Clemente Hofbauer*. In: SHCSR 68 (2020), p. 79.

In modo improprio fu definito "un psicoterapeutico di eccezionale valore". Cf. E. HOSP, Il santo della preghiera e dell'azione, p. 159. Apud LA MENDOLA, Vincenzo. *La proposta pastorale di San Clemente Hofbauer*. In: SHCSR 68 (2020), p. 82.

LA MENDOLA. Vincenzo. *La proposta pastorale di San Clemente Hofbauer*. In: SHCSR 68 (2020), p. 72-93.

Lettera di Soeur Thérése Scarfenbergerm 13 marzo 1865, in MH, XII, p. 131. Apud LA MENDOLA, Vincenzo. *La proposta pastorale di San Clemente Hofbauer*. In: SHCSR 68 (2020), p. 84.

M. BRUDZISZ, *Le "devozioni" nella chiesa di San Bennone e le Costituzioni dei novizi redentorista a Varsavia,* 1787-1808, in SHCSR 49 (2001), p. 57-163. Apud LA MENDOLA, Vincenzo. *La proposta pastorale di San Clemente Hofbauer*. In: SHCSR 68 (2020), p. 78.

M. BUBER. *Le storia di Rabbi Nachman*, traduzione italiana di M. L. Milazzo, Milano, 1995, p. 13. Apud LA MENDOLA, Vincenzo. *La proposta pastorale di San Clemente Hofbauer*. In: SHCSR 68 (2020), p. 86.

M. GHIRETTI. Storia dell'antigiudaismo e dell'antisemitismo, Milano, 2002, p. 135. Apud LA MENDOLA, Vincenzo. *La proposta pastorale di San Clemente Hofbauer*. In: SHCSR 68 (2020), p. 86.
MONUMENTA HOFBAUERIANA II, p. 62-66. Apud LA MENDOLA, Vincenzo. *La proposta pastorale di San Clemente Hofbauer*. In: SHCSR 68 (2020), p. 72, 74, 75,76.
MONUMENTA HOFBAUERIANA VI, p. 184. Apud LA MENDOLA, Vincenzo. *La proposta pastorale di San Clemente Hofbauer*. In: SHCSR 68 (2020), p. 83.
MONUMENTA HOFBAUERIANA V, p. 122-123, 125-127, 129-130. Apud LA MENDOLA, Vincenzo. *La proposta pastorale di San Clemente Hofbauer*. In: SHCSR 68 (2020), p. 73, 75, 77-78, 88.
MONUMENTA HOFBAUERIANA XIV, p. 118. Apud LA MENDOLA, Vincenzo. *La proposta pastorale di San Clemente Hofbauer*. In: SHCSR 68 (2020), p. 80.
N. DAVIES, Storia d'Europa, vol. I, Milano, 1996, p. 193. Apud LA MENDOLA, Vincenzo. *La proposta pastorale di San Clemente Hofbauer*. In: SHCSR 68 (2020), p. 86.
S. RAPONI, La Spiritualità redentorista delle origini, p. 473-474. Apud LA MENDOLA, Vincenzo. *La proposta pastorale di San Clemente Hofbauer*. In: SHCSR 68 (2020), p. 75.
T. GOFFI-P. ZOVATTO, *La spiritualità del Settecento*, p. 157. Apud LA MENDOLA, Vincenzo. *La proposta pastorale di San Clemente Hofbauer*. In: SHCSR 68 (2020), p. 75.
Vita Del Beato Clemente, p. 52, 197-202, 234, 237 238. Apud LA MENDOLA, Vincenzo. *La proposta pastorale di San Clemente Hofbauer*. In: SHCSR 68 (2020), p. 76, 79, 81, 83.
Vita di San Clemente, p. 121-122, 146. Apud LA MENDOLA, Vincenzo. *La proposta pastorale di San Clemente Hofbauer*. In: SHCSR 68 (2020), p. 80-81, 85.
Zahar Ed., 2001, p. 35, 54, 226, 228-230.